D1751925

Rolf Dobelli
Die Kunst des klugen Handelns

Rolf Dobelli

Die Kunst des klugen Handelns

52 Irrwege, die Sie besser anderen überlassen

Neuausgabe: Komplett überarbeitet und mit umfangreichem Workbook-Teil

Mit Illustrationen von El Bocho und Simon Stehle

PIPER

Mehr über unsere Autoren und Bücher:
www.piper.de

Von Rolf Dobelli liegen im Piper Verlag vor:
Die Kunst des guten Lebens
Die Kunst des klaren Denkens
Die Kunst des digitalen Lebens
Die Kunst des klugen Handelns

MIX
Papier aus verantwortungsvollen Quellen
FSC
www.fsc.org
FSC® C083411

ISBN 978-3-492-05901-5
© Piper Verlag GmbH, München 2020
Illustrationen: El Bocho und Simon Stehle, Berlin
Satz: Presse- und Verlagsservice, Erding
Gesetzt aus der Corporate
Litho: Lorenz & Zeller, Inning am Ammersee
Druck und Bindung: CPI books GmbH
Printed in Germany

INHALT

Vorwort 11

1 Begründungsrechtfertigung
   Warum schlechte Gründe oft ausreichen 15

2 Entscheidungsermüdung
   Warum Sie besser entscheiden, wenn
   Sie weniger entscheiden 19

3 Berührungsdenkfehler
   Warum Sie Hitlers Pullover nicht tragen würden 23

4 Das Problem mit dem Durchschnitt
   Warum es keinen durchschnittlichen Krieg gibt 27

5 Motivationsverdrängung
   Wie Sie mit Boni Motivation zerstören 31

6 Plappertendenz
   Wenn du nichts zu sagen hast, sage nichts 35

7 Will-Rogers-Phänomen
   Wie Sie als Manager bessere Zahlen ausweisen,
   ohne etwas dafür zu tun 39

8 Information Bias
   Hast du einen Feind, gib ihm Information 43

9 Clustering Illusion
   Warum Sie im Vollmond ein Gesicht sehen 47

10 Aufwandsbegründung
Warum wir lieben, wofür wir leiden mussten 51

11 Das Gesetz der kleinen Zahl
Warum kleine Filialen aus der Reihe tanzen 55

12 Erwartungen
Gehen Sie mit Ihren Erwartungen vorsichtig um 59

13 Einfache Logik
Glauben Sie nicht jeden Mist, der Ihnen
spontan einfällt 63

14 Forer-Effekt
Wie Sie einen Scharlatan entlarven 67

15 Volunteer's Folly
Warum Freiwilligenarbeit etwas für Stars ist 71

16 Affektheuristik
Warum Sie eine Marionette Ihrer Gefühle sind 75

17 Introspection Illusion
Warum Sie Ihr eigener Ketzer sein sollten 79

18 Die Unfähigkeit, Türen zu schließen
Warum Sie Ihre Schiffe verbrennen sollten 83

19 Neomanie
Warum wir Gutes gegen Neues eintauschen 87

20 Schläfereffekt
Warum Propaganda funktioniert 91

21 Alternativenblindheit
Warum Sie oft blind für das Beste sind 95

22 Social Comparison Bias
Warum wir schlecht über die Aufsteiger reden 99

23 Primär- und Rezenzeffekt
Warum der erste Eindruck täuscht 103

24 Aderlasseffekt
Warum wir kein Gefühl für das Nichtwissen
haben   107

25 Not-Invented-Here-Syndrom
Warum selbst gemacht besser schmeckt   111

26 Der Schwarze Schwan
Wie Sie das Undenkbare nutzen können   115

27 Domain Dependence
Warum Ihr Wissen nicht transportierbar ist   119

28 Falscher-Konsens-Effekt
Warum Sie denken, die anderen würden
so denken wie Sie   123

29 Geschichtsfälschung
Warum Sie immer schon recht hatten   127

30 In-Group/Out-Group Bias
Warum Sie sich mit Ihrem Fußballteam
identifizieren   131

31 Ambiguitätsintoleranz
Warum wir nicht gerne ins Blaue hinaussegeln   135

32 Default-Effekt
Warum uns der Status quo heilig ist   139

33 Die Angst vor Reue
Warum die »Letzte Chance« Ihren Kopf verdreht   143

34 Salienz-Effekt
Warum auffällig nicht gleich wichtig ist   147

35 Die andere Seite des Wissens
Warum probieren über studieren geht   151

36 House Money Effect
Warum Geld nicht nackt ist   155

37 Prokrastination
Warum Neujahrsvorsätze nicht funktionieren … 159

38 Neid
Warum Sie Ihr eigenes Königreich brauchen … 163

39 Personifikation
Warum Sie lieber Romane lesen als Statistiken … 167

40 Was-mich-nicht-umbringt-Trugschluss
Warum Krisen selten Chancen sind … 171

41 Aufmerksamkeitsillusion
Warum Sie gelegentlich am Brennpunkt vorbeischauen sollten … 175

42 Strategische Falschangaben
Warum heiße Luft überzeugt … 179

43 Zu viel denken
Wann Sie Ihren Kopf ausschalten sollten … 183

44 Planungsirrtum
Warum Sie sich zu viel vornehmen … 187

45 Déformation professionnelle
Der Mann mit dem Hammer betrachtet alles als Nagel … 191

46 Zeigarnik-Effekt
Warum Pläne beruhigen … 195

47 Fähigkeitsillusion
Das Boot, in dem du sitzt, zählt mehr als die Kraft, mit der du ruderst … 199

48 Feature-Positive Effect
Warum Checklisten blind machen … 203

49 Rosinenpicken
Warum die Zielscheibe um den Pfeil herumgemalt wird … 207

50 Die Falle des einen Grundes	
Die steinzeitliche Jagd auf Sündenböcke	211
51 Intention-To-Treat-Fehler	
Warum Raser scheinbar sicherer fahren	215
52 News-Illusion	
Warum Sie keine News lesen sollten	219
Dank	223
Der Dobelli-Disclaimer	225
Stimmen zu Rolf Dobelli	226
Das Workbook	229
Auswertung	389
Ihre Top-Five-Denkfehler	392
Literatur	394

VORWORT

Der Papst fragte Michelangelo: »Verraten Sie mir das Geheimnis Ihres Genies. Wie haben Sie die Statue von David erschaffen – dieses Meisterwerk aller Meisterwerke?« Michelangelos Antwort: »Ganz einfach. Ich entfernte alles, was nicht David ist.«

Seien wir ehrlich. Wir wissen nicht mit Sicherheit, was uns erfolgreich macht. Wir wissen nicht mit Sicherheit, was uns glücklich macht. Aber wir wissen mit Sicherheit, was Erfolg oder Glück zerstört. Diese Erkenntnis, so einfach sie daherkommt, ist fundamental: Negatives Wissen (was *nicht* tun) ist viel potenter als positives (was tun).

Klarer zu denken, klüger zu handeln bedeutet, wie Michelangelo vorzugehen: Konzentrieren Sie sich nicht auf David, sondern auf alles, was nicht David ist, und räumen Sie es weg. In unserem Fall: Entfernen Sie alle Denk- und Handlungsfehler, und ein besseres Denken und Handeln wird sich von alleine einstellen.

Die Griechen, Römer und mittelalterlichen Denker hatten einen Namen für dieses Vorgehen: *Via Negativa*. Wörtlich: der negative Weg, der Weg des Verzichts, des Weglassens, des Reduzierens. Es war die Theologie, die als Erste die *Via Negativa* beschritt: Man kann nicht sagen, was Gott ist, man kann nur sagen, was Gott *nicht* ist. Auf die heutige Zeit angewandt: Man kann nicht sagen, was uns Erfolg beschert. Man kann nur sagen, was Erfolg verhindert oder zerstört. Mehr muss man auch nicht wissen.

Als Firmengründer und Unternehmer bin ich selbst in eine Vielzahl von Denkfallen getappt. Ich konnte mich zum Glück immer noch daraus befreien, aber wenn ich heute Vorträge halte (aus unerfindlichen Gründen neuerdings »Keynotes« genannt) vor Ärzten, Vorständen, Aufsichtsräten, Managern, Bankiers, Politikern oder Regierungsmitgliedern – dann fühle ich mich ihnen verwandt. Ich habe das Gefühl, im selben Boot mit meinen Zuhörern zu sitzen – versuchen wir doch alle, durch das Leben zu rudern, ohne von den Strudeln verschluckt zu werden. Theoretiker haben Mühe mit der *Via Negativa*. Praktiker hingegen verstehen sie. So schreibt der legendäre Investor Warren Buffett über sich und seinen Partner Charlie Munger: »Wir haben nicht gelernt, schwierige Probleme im Geschäftsleben zu lösen. Was wir gelernt haben: sie zu vermeiden.« *Via Negativa*.

Auf *Die Kunst des klaren Denkens* folgt nun also *Die Kunst des klugen Handelns*. Sie fragen: Worin unterscheiden sich Denk- von Handlungsfehlern? Die ehrliche Antwort: eigentlich gar nicht. Ich brauchte einen neuen Buchtitel für die folgenden 52 Kapitel, und dieser erschien mir passend. Die Texte stammen wiederum aus den Kolumnen, die ich für die *Zeit*, die *Frankfurter Allgemeine Zeitung* und die *Schweizer SonntagsZeitung* geschrieben habe.

Nimmt man beide Bücher zusammen, sind die wichtigsten 100 Denkfallen nun aufgedeckt.

Mein Wunsch ist ein ganz einfacher: Wenn es uns allen gelänge, die wichtigsten Denkfehler zu vermeiden – sei es im Privatleben, im Beruf oder im politischen Entscheidungsprozess –, resultierte ein Quantensprung an Wohlstand. Kurzum: Wir brauchen keine zusätzliche Schlauheit, keine neuen Ideen, keine Hyperaktivität, wir brauchen nur weniger Dummheit. Der Weg zum Besseren führt über die *Via Negativa*. Michelangelo hatte dies erkannt, und vor ihm schon Aristoteles: »Das Ziel des Weisen ist nicht Glück zu erlangen, sondern Unglück zu vermeiden.« Jetzt ist es an Ihnen, sich in die Schar der Weisen einzureihen.

Ganz wichtig: Für die Neuausgabe hat das Buch einen Workbook-Teil bekommen. Schauen Sie einmal nach: ab Seite 229!

Rolf Dobelli

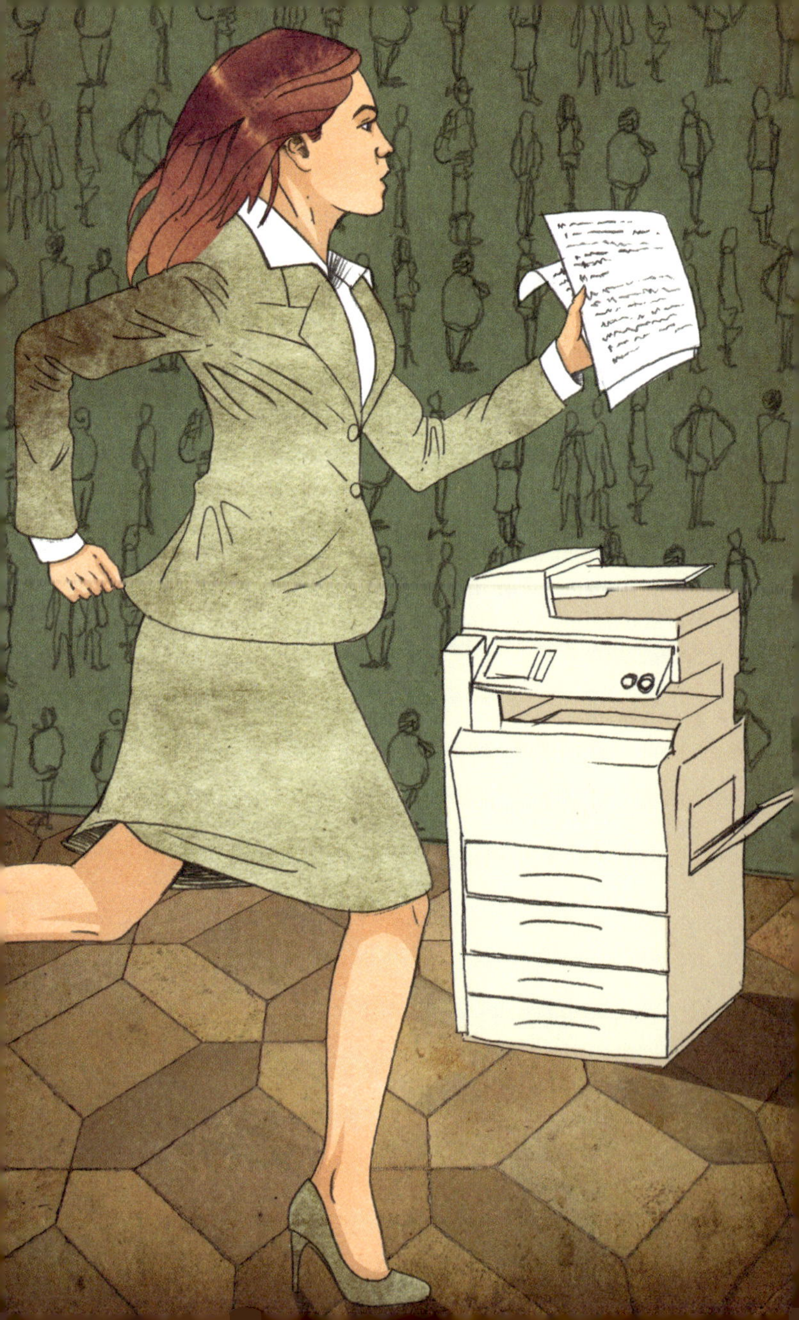

> Siehe Workbook-Teil S. 234

1
BEGRÜNDUNGSRECHTFERTIGUNG

Warum schlechte Gründe oft ausreichen

Stau auf der Autobahn zwischen Basel und Frankfurt. Belagsanierung. Ich rege mich auf, quälte mich eine Viertelstunde lang im Schritttempo auf der Gegenfahrbahn vorwärts, bis ich den Stau endlich hinter mir hatte. Hinter mir glaubte. Eine halbe Stunde später stand ich wieder still, wieder wegen Belagsanierung. Aber komischerweise regte ich mich jetzt nicht mehr groß auf. Neben der Straße standen in regelmäßigen Abständen Schilder: »Wir sanieren die Autobahn für Sie.«

Der Stau erinnerte mich an ein Experiment, das die Harvard-Psychologin Ellen Langer in den 70er-Jahren durchführte. In einer Bibliothek wartete sie, bis sich vor dem Kopierer eine Schlange gebildet hatte. Dann fragte sie den Vordersten: »Entschuldigen Sie. Ich habe fünf Seiten. Würden Sie mich bitte vorlassen?« Nur selten gab man ihr den Vortritt. Sie wiederholte das Experiment, aber diesmal gab sie einen Grund an: »Entschuldigen Sie. Ich habe fünf Seiten. Würden Sie mich bitte vorlassen? Ich bin in Eile.« In nahezu allen Fällen ließ man ihr den Vortritt. Das ist nachvollziehbar; Eile ist ein guter Grund. Überraschend waren die folgenden Versuche. Wieder wartete sie, bis sich eine Schlange gebildet hatte: »Entschuldigen Sie. Ich habe fünf Seiten. Würden Sie mich bitte vorlassen, denn ich möchte ein paar Kopien machen?« Wieder ließ man sie in fast allen Fällen vor, obwohl der Grund lächerlich war, denn jeder stand in der Schlange, um Kopien zu machen.

Wir stoßen auf mehr Verständnis und Entgegenkommen, wenn wir für unser Verhalten einen Grund angeben. Was überrascht: Oft spielt es keine Rolle, ob der Grund sinnvoll ist oder nicht. Das ist die Begründung durch das Wörtchen »weil«. Ein Schild, das verkündet: »Wir sanieren die Autobahn für Sie«, ist komplett überflüssig, denn was sonst wird wohl auf einer Autobahnbaustelle vor sich gehen? Spätestens bei einem Blick aus dem Fenster wissen wir, was los ist. Und doch beruhigt uns die Angabe des Grundes. Umgekehrt nervt es uns, wenn dieses »weil« ausbleibt.

Flughafen Frankfurt, das Boarding verzögerte sich. Dann die Durchsage: »Ihr Flug LH 1234 ist um drei Stunden verspätet.« Ich schritt zum Gate und fragte die Dame nach dem Grund. Ohne Erfolg. Ich war stinksauer: eine Ungeheuerlichkeit, uns Wartende auch noch im Unwissen zu lassen! In einem anderen Fall lautete die Durchsage: »Ihr Flug LH 5678 ist aus betrieblichen Gründen um drei Stunden verspätet.« Ein komplett nichtssagender Grund, aber er genügte, um mich und die anderen Passagiere zu beruhigen.

Menschen sind »weil«-süchtig. Wir brauchen das Wort, selbst wenn es nicht stichhaltig ist. Wer andere Menschen führt, weiß das. Wenn Sie Ihren Mitarbeitern kein »weil« geben, lässt ihre Motivation nach. Es genügt nicht, zu verkünden, der Zweck Ihrer Schuhfirma bestehe in der Produktion von Schuhen – obwohl genau das der Zweck ist. Nein, es braucht Zwecke wie: »Wir wollen mit unseren Schuhen den Markt revolutionieren« (was immer das heißt) oder: »Wir verschönern Frauenbeine und damit die Welt.«

Steigt oder sinkt die Börse um ein halbes Prozent, wird ein Börsenkommentator niemals schreiben, was der Wahrheit entspricht: dass es sich nämlich um weißes Rauschen, also das zufällige Resultat aus unendlich vielen Marktbewegungen handelt. Die Leser wollen einen Grund, und den wird ihnen der Kommentator liefern – was er sagt, ist dabei völlig nebensächlich (besonders beliebt sind Äußerungen von Zentralbankpräsidenten).

Werden Sie nach dem Grund gefragt, warum Sie eine Frist verpasst haben, antworten Sie am besten: »Weil ich leider noch nicht dazu gekommen bin.« Eine redundante Information (denn wären Sie dazu gekommen, hätten Sie die Frist ja eingehalten), aber eine oft akzeptable.

Eines Tages beobachtete ich meine Frau, die schwarze Wäsche sorgfältig von blauer trennte. Das war aus meiner Sicht sinnlos, denn Abfärben ist hier, soweit ich das beurteilen kann, kein Problem. Zumindest war es das nie seit meiner Studentenzeit. »Warum trennst du Blau von Schwarz?«, fragte ich. »Weil ich's lieber separat wasche.« Mir genügte das als Antwort.

Fazit: Das »weil« muss sein. Dieses unscheinbare Wörtchen ist der Schmierstoff des Zwischenmenschlichen. Verwenden Sie es inflationär.

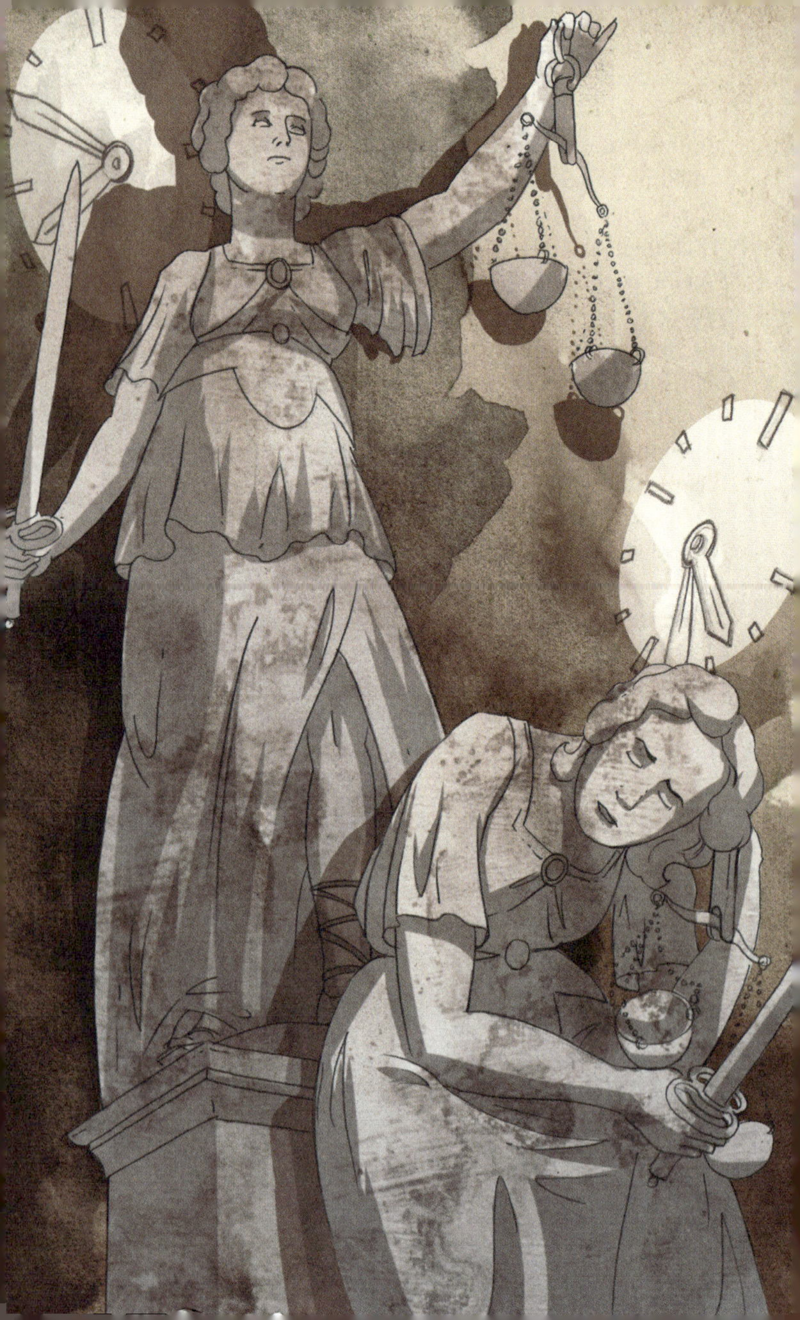

> Siehe Workbook-Teil S. 237

2
ENTSCHEIDUNGSERMÜDUNG

Warum Sie besser entscheiden, wenn Sie weniger entscheiden

Sie haben wochenlang bis an den Rand der Erschöpfung an dem Projektpapier gearbeitet. Die PowerPoint-Folien sind poliert. Jede Zelle im Excel stimmt. Die Story-Line besticht durch glasklare Logik. Für Sie hängt alles von diesem Projekt ab. Bekommen Sie das grüne Licht vom CEO, sind Sie auf dem Weg in die Konzernleitung. Wird das Projekt abgeschmettert, suchen Sie sich besser einen neuen Job. Die Assistentin schlägt Ihnen folgende Zeiten für die Präsentation vor: 8:00 Uhr, 11:30 Uhr oder 18:00 Uhr. Welche Zeit wählen Sie?

Der Psychologe Roy Baumeister belegte einen Tisch mit Hunderten von billigen Artikeln – von Tennisbällen über Kerzen, T-Shirts, Kaugummi bis zu Cola-Dosen. Er teilte seine Studenten in zwei Gruppen ein. Die erste Gruppe nannte er die »Entscheider«, die zweite die »Nichtentscheider«. Den Versuchspersonen der ersten Gruppe sagte er: »Ich zeige euch jeweils zwei beliebige Artikel, und ihr müsst entscheiden, welchen der beiden ihr vorzieht. Je nachdem, wie ihr wählt, werde ich euch am Ende des Experiments einen Artikel schenken.« Den Versuchspersonen der zweiten Gruppe sagte er: »Schreibt auf, was euch zu jedem Produkt einfällt, und ich werde euch am Ende des Experiments einen Artikel schenken.« Unmittelbar danach musste jeder Student die Hand in eiskaltes Wasser stecken und möglichst lange ausharren. Das ist in der Psychologie die klassische Methode, um die Willenskraft beziehungsweise Selbstdisziplin zu messen – denn es braucht Willenskraft, um gegen den natürlichen Impuls anzukämpfen, die Hand aus dem Wasser zu ziehen.

Das Resultat: Die »Entscheider« rissen die Hand viel früher aus dem Eiswasser als die »Nichtentscheider«. Die intensive Entscheidungsarbeit hatte sie Willenskraft gekostet – ein Effekt, der in vielen anderen Experimenten bestätigt wurde.

Entscheiden ist also anstrengend. Jeder, der mal einen Laptop online konfiguriert oder eine lange Reise inklusive Flügen, Hotels und Freizeitangeboten zusammengestellt hat, kennt das Gefühl: Nach all dem Vergleichen, Abwägen und Entscheiden ist man erschöpft. Die Wissenschaft nennt das *Entscheidungsermüdung* (englisch: *Decision Fatigue*).

Entscheidungsermüdung ist gefährlich. Als Konsument werden Sie anfälliger für Werbebotschaften und Impulskäufe. Als Entscheidungsträger werden Sie anfälliger für erotische Verführungen. Im Kapitel über Prokrastination werden wir sehen: Willenskraft funktioniert wie eine Batterie. Nach einer Weile ist sie leer und muss wieder aufgeladen werden. Wie? Indem man Pause macht, sich entspannt, etwas isst. Hat Ihr Kreislauf zu wenig Blutzucker, fällt die Willenskraft zusammen. IKEA weiß das nur allzu gut: Auf dem langen Weg durch 10.000 Artikel macht sich bei den Konsumenten *Entscheidungsermüdung* bemerkbar. Darum befinden sich die IKEA-Restaurants genau in der Mitte des Rundgangs. IKEA opfert gern etwas von der Marge auf Schwedentorten, wenn Sie danach wieder fit genug sind, um sich für Kerzenständer zu entscheiden.

Vier inhaftierte Männer eines israelischen Gefängnisses ersuchten das Gericht, frühzeitig entlassen zu werden. Fall 1 (vom Gericht angehört um 8:50 Uhr): ein Araber, zu 30 Monaten verurteilt für Betrug. Fall 2 (13:27 Uhr): ein Jude, zu 16 Monaten verurteilt für Körperverletzung. Fall 3 (15:10 Uhr): ein Jude, zu 16 Monaten verurteilt für Körperverletzung. Fall 4 (16:35 Uhr); ein Araber, zu 30 Monaten verurteilt für Betrug. Wie urteilten die Richter? Entscheidender als die Religion oder die Schwere des Verbrechens war die *Entscheidungsermüdung* der Richter. Den Gesuchen 1 und 2 wurde stattgegeben, weil der Kreislauf der Richter voller Blutzucker war (vom Frühstück beziehungsweise Mittagessen). Die Gesuche 3 und 4 wurden abgelehnt. Die Richter brachten nicht genug Willenskraft auf, um das Risiko einer frühzeitigen Entlassung einzugehen. Folglich fielen sie auf den Status quo zurück (der Mann bleibt im Gefängnis). Eine Studie über Hunderte von Gerichtsentscheiden zeigt: Der Prozentsatz von »mutigen« Gerichtsentscheiden fällt innerhalb einer Gerichtsverhandlung von 65 % fast auf null und steigt nach einer Pause abrupt wieder auf 65 % an. So viel zur sorgfältig abwägenden Justitia. Und so viel auch zur Eingangsfrage, um welche Zeit Sie Ihr Projekt dem CEO präsentieren sollten.

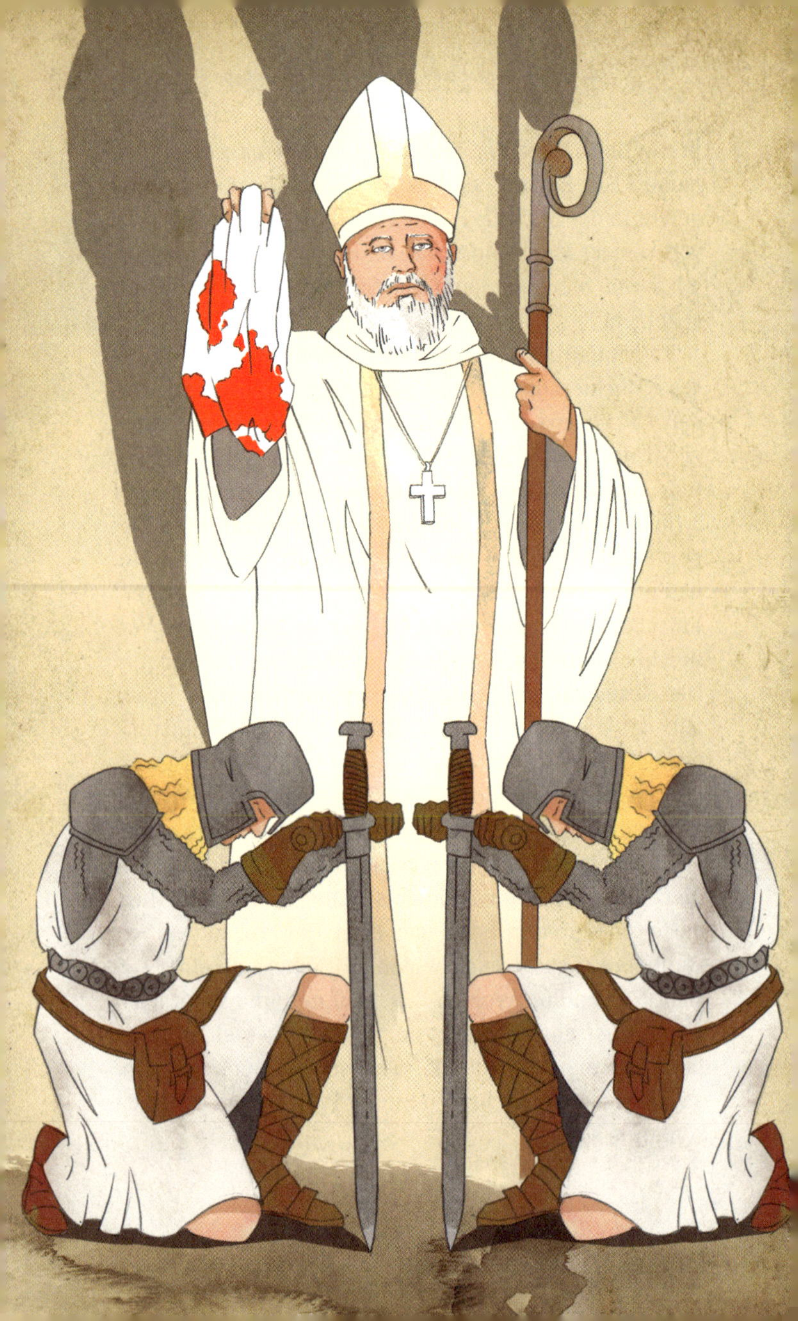

3
BERÜHRUNGSDENKFEHLER

Warum Sie Hitlers Pullover nicht tragen würden

Würden Sie einen frisch gewaschenen Pullover anziehen, den Adolf Hitler einst getragen hat?

Im neunten Jahrhundert, nach dem Zerfall des karolingischen Reichs, versank Europa – besonders Frankreich – in Anarchie. Grafen, Burgvögte, Ritter und andere lokale Herrscher kämpften pausenlos gegeneinander. Die rücksichtslosen Haudegen plünderten Bauernhöfe, vergewaltigten Frauen, zertrampelten Ährenfelder, verschleppten Pfarrer und zündeten Klöster an. Weder die Kirche noch die Bauern konnten dem irrsinnigen Kriegstreiben des Adels etwas entgegensetzen. Im Gegensatz zu den Rittern waren sie waffenlos.

Im zehnten Jahrhundert kam dem Bischof von Auvergne eine Idee. Er bat die Fürsten und Ritter, sich an einem bestimmten Tag auf einem Feld zu einer Art Symposium einzufinden. Pfarrer, Bischöfe und Äbte sammelten derweil alle Reliquien, die sie in der Umgebung auftreiben konnten, und stellten sie auf dem Feld aus – Knochenstücke von verstorbenen Heiligen, blutgetränkte Stofffetzen, Steine und Fliesen, ja überhaupt alles, was je in Berührung mit Heiligen gekommen war. Der Bischof – damals eine Respektsperson – forderte nun die versammelten Adligen auf, in der Präsenz all dieser Reliquien der maßlosen Gewalt abzuschwören und künftig auf Angriffe gegen Unbewaffnete zu verzichten. Um seiner Forderung Nachdruck zu verleihen, wedelte er vor ihren Gesichtern mit den blutigen Tüchern und heiligen Knochen. Der Respekt vor den Reliquien muss gewaltig gewesen sein, denn das Beispiel des französischen Bischofs machte Schule: Seine eigenwillige Art des Gewissensappells breitete sich unter den Begriffen »Gottesfrieden« (lateinisch *Pax Dei*) und »Waffenruhe Gottes« (*Treuga Dei*) in ganz Europa aus. »Man sollte niemals die Angst der Menschen im Mittelalter vor den Heiligen und deren Reliquien unterschätzen«, kommentiert der amerikanische Historiker Philip Daileader.

Als aufgeklärter Mensch können Sie über diese dumpfe Furcht nur lachen. Aber warten Sie mal – wie haben Sie auf die Eingangsfrage geantwortet? Würden Sie Hitlers Pullover tragen? Wohl kaum, oder? Das ist erstaunlich, denn es zeigt, dass auch Sie keineswegs allen Respekt vor unfassbaren Kräften verloren haben. Hitlers Pullover hat rein materiell nichts mehr mit Hitler zu tun. Trotzdem ekeln Sie sich davor.

Magische Wirkungen dieser Art lassen sich nicht einfach ausschalten. Paul Rozin und seine Forschungskollegen der University of Pennsylvania baten Versuchspersonen, ein Foto von einer ihnen nahestehenden Person mitzubringen. Die Wissenschaftler pinnten das Foto ins Zentrum einer Zielscheibe und forderten die Probanden auf, Dartpfeile darauf zu werfen. Es tut der Mutter ja nicht weh, wenn ihr Bild mit Pfeilen durchlöchert wird!

Trotzdem war die Hemmung groß. Die Teilnehmer trafen viel schlechter als eine Kontrollgruppe mit leerer Zielscheibe. Ja, sie verhielten sich so, als würde sie eine magische Kraft abhalten, auf die Bilder zu zielen.

Verbindungen zwischen Personen und Dingen – selbst wenn sie längst vergangen oder nur immaterieller Art sind wie bei den Fotos – lassen sich kaum ignorieren: Das besagt der *Berührungsdenkfehler* (englisch *Contagion Bias*). Eine Freundin war lange Zeit Kriegskorrespondentin für den staatlichen Fernsehsender France 2. So wie Passagiere einer Karibik-Kreuzfahrt von jeder Insel ein Souvenir mitnehmen – einen Strohhut, eine bemalte Kokosnuss –, besitzt auch sie einen Schrank voller Kriegssouvenirs. Einer ihrer letzten Einsätze war Bagdad 2003. Wenige Stunden nachdem die amerikanischen Truppen Saddam Husseins Regierungspalast gestürmt hatten, schlich sie sich in die Privatgemächer. Im Speisesaal erspähte sie sechs vergoldete Weingläser, die sie prompt mitgehen ließ. Als ich sie neulich in Paris besuchte, servierte sie den Wein in diesen Gläsern. Jedermann war von dem Prunk begeistert. »Gibt es die bei Lafayette?«, fragte jemand. »Das sind Saddam Husseins Gläser«, sagte sie lakonisch. Eine aufgebrachte Kollegin spuckte den Wein angeekelt zurück ins Glas und begann hysterisch zu husten. Ich konnte nicht anders und musste noch einen draufsetzen: »Ist es dir eigentlich klar, wie viele Moleküle du mit jedem Atemzug einatmest, die Hussein auch schon in seiner Lunge hatte?«, frage ich sie. »Ungefähr eine Milliarde.« Ihr Hustenanfall verstärkte sich noch.

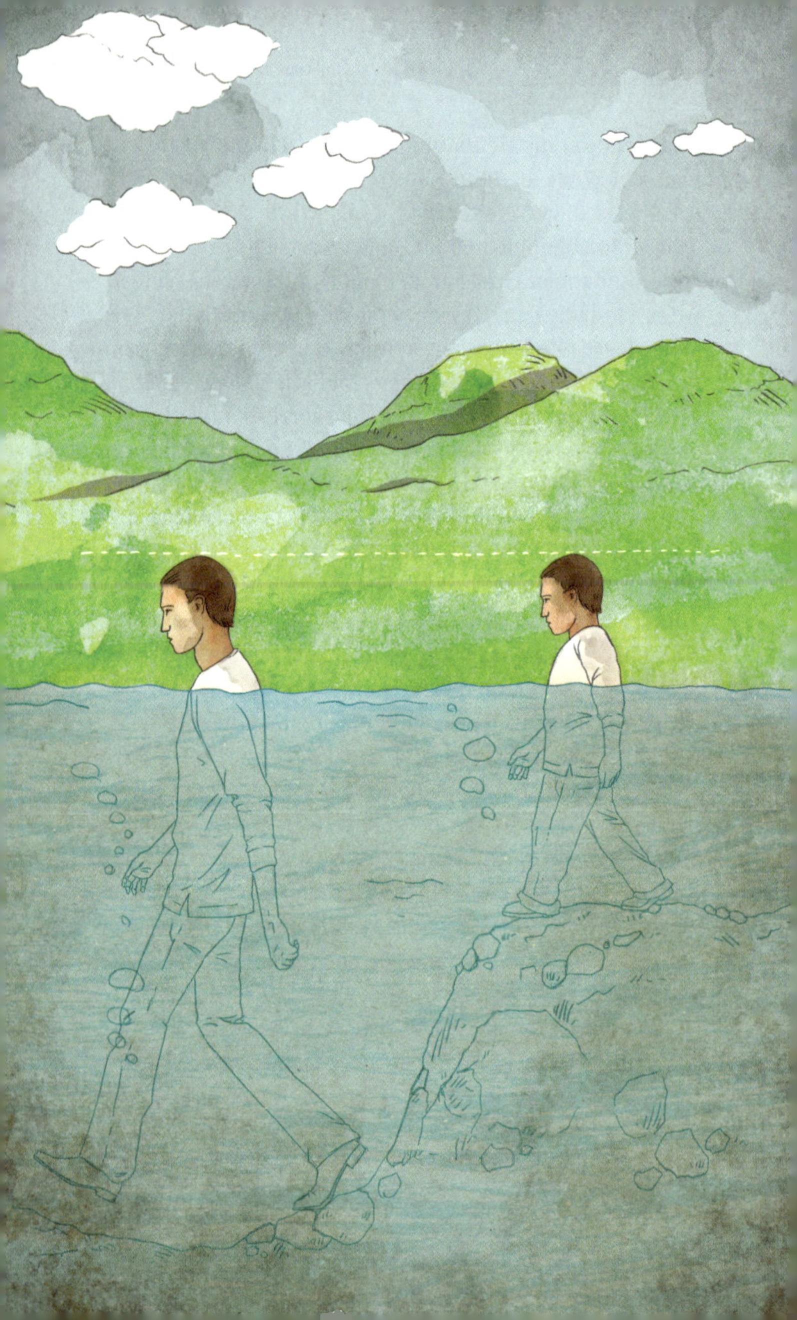

4
DAS PROBLEM MIT DEM DURCHSCHNITT

Warum es keinen durchschnittlichen Krieg gibt

Angenommen, Sie sitzen im Bus mit 49 weiteren Personen. Bei der nächsten Haltestelle steigt die schwerste Person Deutschlands ein. Frage: Wie stark verändert sich das Durchschnittsgewicht der Menschen im Bus? Um 4 %? 5 %? – Etwas in dieser Größenordnung.

Angenommen, Sie sitzen immer noch im selben Bus, aber jetzt steigt Karl Albrecht ein, der reichste Mann Deutschlands. Wie stark verändert sich das Durchschnittsvermögen der Passagiere? Um 4 %? 5 %? – Weit gefehlt!

Rechnen wir das zweite Beispiel kurz durch. Nehmen wir an, jede der 50 zufällig ausgewählten Personen hat ein Vermögen von 54.000 Euro. Das entspricht dem statistischen Zentralwert (Median). Nun setzt sich Karl Albrecht mit geschätzten 25 Milliarden Euro hinzu. Das neue Durchschnittsvermögen im Bus schießt auf 500 Millionen hoch, eine Steigerung von einer Million Prozent. Ein einziger Ausreißer verändert das Bild komplett, und der Begriff »Durchschnitt« macht in diesem Fall überhaupt keinen Sinn mehr.

»Überquere nie einen Fluss, der im Durschnitt einen Meter tief ist«, warnt Nassim Taleb, von dem ich auch die

Bus-Beispiele habe. Der Fluss kann über lange Strecken wenige Zentimeter seicht, aber in der Mitte ein reißender Strom von zehn Metern Tiefe sein – in dem man ertrinken würde. Mit Durchschnitten zu rechnen kann gefährlich sein, weil der Durchschnitt die dahinterliegende Verteilung maskiert. Ein anderes Beispiel: Die durchschnittliche UV-Strahlenbelastung an einem Sommertag ist gesundheitlich unbedenklich. Wenn Sie aber praktisch den ganzen Sommer im abgedunkelten Büro verbringen, dann nach Mallorca fliegen und dort eine Woche lang ungeschützt in der Sonne braten, haben Sie ein Problem – obwohl Sie im Durschnitt nicht mehr UV-Licht abbekommen haben als jemand, der regelmäßig im Freien war.

Das alles ist nicht neu und ziemlich logisch. Neu aber ist das: In einer komplexen Welt sind die Verteilungen zunehmend unregelmäßig. Oder um zu den Bus-Beispielen zurückzukehren: Sie gleichen eher dem zweiten Beispiel als dem ersten. Von Durchschnitten zu sprechen ist deshalb immer öfter unangemessen. Wie viele Besuche hat eine durchschnittliche Website? Es gibt keine durchschnittliche Website. Es gibt ganz wenige Webseiten (jene von *Bild*, Facebook oder Google zum Beispiel), die die Mehrzahl der Besuche auf sich ziehen – und es gibt die restlichen Webseiten, beinahe unendlich viele, die ganz wenige Besuche verbuchen. Mathematiker sprechen in diesen Fällen von einem sogenannten Potenzgesetz. Extreme dominieren die Verteilung, und das Konzept des Durchschnitts wird nichtssagend.

Was ist die durchschnittliche Größe einer Firma? Was ist die durchschnittliche Einwohnerzahl einer Stadt? Was ist ein durchschnittlicher Krieg (in Anzahl Toten oder in

Anzahl Kriegstagen gerechnet)? Was ist die durchschnittliche tägliche Veränderung des DAX? Wie groß ist die durchschnittliche Kostenüberschreitung von Bauprojekten? Wie hoch ist die durchschnittliche Auflage von Büchern? Wie hoch die durchschnittliche Schadenssumme eines Wirbelsturms? Was ist der durchschnittliche Bonus eines Bankers? Der durchschnittliche Erfolg einer Marketingkampagne? Wie viele Downloads hat im Durchschnitt eine iPhone-App? Wie viel verdient der durchschnittliche Filmschauspieler? Natürlich lässt sich das alles ausrechnen, aber es bringt nichts. In all diesen Fällen haben wir es mit Verteilungen nach dem Potenzgesetz zu tun. Um nur das letzte Beispiel herauszupicken: Eine Handvoll Schauspieler kassieren mehr als zehn Millionen pro Jahr, während Abertausende am Existenzminimum kratzen. Würden Sie Ihrer Tochter oder Ihrem Sohn also raten, sich im Schauspielfach zu versuchen, weil dort die Löhne im Schnitt ganz anständig sind? Besser nicht.

Fazit: Wenn jemand das Wort »Durchschnitt« sagt, werden Sie hellhörig. Versuchen Sie die dahinterliegende Verteilung zu ergründen. In Bereichen, wo ein einzelner Extremfall fast keinen Einfluss auf den Durchschnitt hat – wie im ersten Bus-Beispiel –, macht das Konzept des Durchschnitts Sinn. In den Bereichen, wo ein einzelner Extremfall dominiert – wie im zweiten Bus-Beispiel –, sollten Sie (und Journalisten) auf das Wort »Durchschnitt« verzichten.

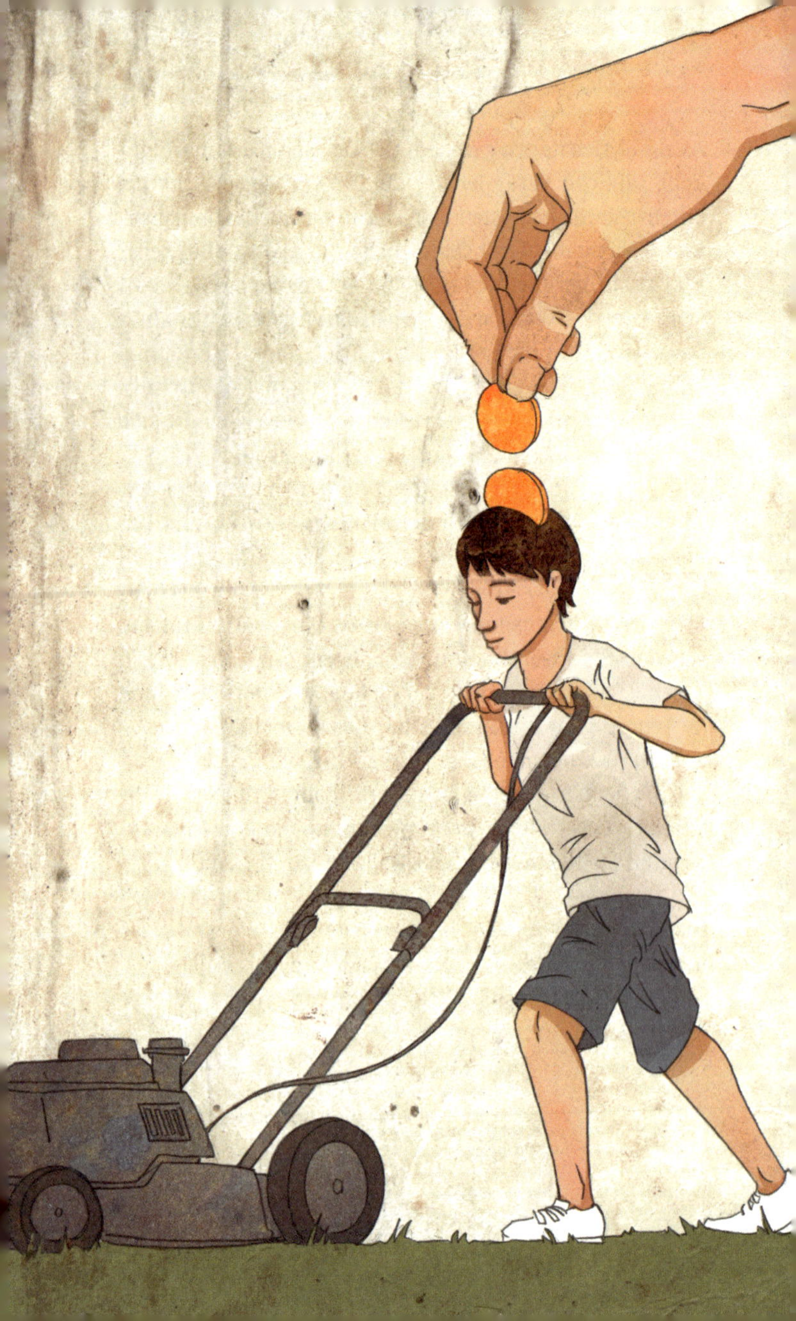

5
MOTIVATIONSVERDRÄNGUNG

Wie Sie mit Boni Motivation zerstören

Vor einigen Monaten zog ein Freund von Frankfurt nach Zürich. Ich bin oft in Frankfurt, und so bot ich ihm an, seine heiklen Gegenstände (mundgeblasene Gläser aus altem Familienbesitz und antike Bücher) nach Zürich zu fahren. Ich weiß, wie stark er an diesem Besitz hängt. Es hätte ihn geärgert, wenn die Umzugsfirma seine Wertsachen weniger sorgfältig als rohe Eier behandelt hätte. Also lud ich die Ware in Zürich ab. Zwei Wochen später bekam ich einen Brief, in dem er sich bedankte. Beigelegt war eine 50er-Note.

Die Schweiz sucht seit Jahren ein Endlager für ihre radioaktiven Abfälle. Verschiedene Standorte kommen für ein Tiefenlager in Betracht, darunter Wolfenschiessen in der Zentralschweiz. Der Ökonom Bruno Frey und seine Mitforscher der Universität Zürich befragten die Teilnehmer einer Gemeindeversammlung, ob sie dem Bau eines Tiefenlagers zustimmen würden. 50,8 % beantworteten die Frage mit Ja. Dies aus verschiedenen Gründen: nationaler Stolz, Fairness, soziale Verpflichtung, Aussicht auf Arbeitsplätze. Die Forscher befragten sie ein zweites Mal. Diesmal offerierten sie jedem Bürger (hypothetische)

5.000 Franken Kompensation – bezahlt von allen Steuerzahlern der Schweiz. Was passierte? Die Zustimmung fiel auf die Hälfte zusammen. Nur noch 24,6 % waren bereit, ein Endlager zu akzeptieren.

Und noch ein Beispiel: Kinderkrippen. In aller Welt kämpfen sie mit dem gleichen Problem: Eltern, die ihre Kinder nach der Öffnungszeit abholen. Der Krippenleiterin bleibt nichts anderes übrig, als zu warten. Sie kann das Kind ja nicht einfach in ein Taxi setzen. Viele Krippen haben deshalb eine Gebühr für Eltern eingeführt, die ihre Kinder zu spät abholen. Studien zeigen: Die Anzahl der zu spät kommenden Eltern nimmt dadurch nicht wie erwartet ab, sondern zu.

Die drei Geschichten zeigen eines: Geld motiviert in diesen Fällen nicht. Im Gegenteil. Indem mir mein Freund 50 Franken zuschob, entwertete er meine Hilfe – und entwürdigte damit unsere Freundschaft. Die Bußen der Kinderkrippen transformierten das Verhältnis zwischen Eltern und Krippe von einem zwischenmenschlichen in ein monetäres. Das Zuspätkommen war jetzt legitim – schließlich bezahlte man dafür. Und das Geldangebot für ein Atomendlager wurde als Bestechung wahrgenommen, oder zumindest reduzierte es den Bürgersinn, die Bereitschaft, etwas für das Gemeinwohl zu tun. Die Wissenschaft nennt dieses Phänomen *Motivationsverdrängung* (englisch *Motivation Crowding*). Überall dort, wo Menschen etwas aus nicht monetären Gründen tun, führt Bezahlung zum Zerfall dieser Bereitschaft. In anderen Worten: Monetäre Motivation verdrängt die nicht monetäre.

Angenommen, Sie leiten eine Non-Profit-Unternehmung. Die Löhne, die Sie bezahlen, liegen natürlicherweise unter dem Durchschnitt. Trotzdem sind Ihre Mitarbeiter hoch motiviert, denn sie glauben an ihre Mission. Wenn Sie nun eine Art Bonussystem einführen – soundso viel Prozent Lohnzuschlag pro eingeheimste Spende –, wird genau der *Motivationsverdrängungseffekt* einsetzen: Die monetäre Motivation wird die nicht monetäre verdrängen. Ihre Leute werden sich keinen Deut mehr um Dinge scheren, die nicht direkt bonusrelevant sind. Kreativität, die Reputation der Firma oder die Weitergabe von Wissen an neue Mitarbeiter: All das wird ihnen egal sein.

Wenn Sie eine Unternehmung führen, wo es keine intrinsische Motivation zu verdrängen gibt, dann ist das kein Problem. Kennen Sie einen Anlageberater, Versicherungsagenten oder Wirtschaftsprüfer, der seine Arbeit aus Leidenschaft macht? Der an eine Mission glaubt? Ich nicht. Deshalb funktionieren Boni in diesen Branchen so gut. Wenn Sie hingegen ein Start-up gründen und Mitarbeiter suchen, tun Sie gut daran, Ihre Firma mit Sinn aufzuladen – und nicht mit Geldreserven für deftige Boni.

Und noch ein Tipp, falls Sie Kinder haben: Die Erfahrung zeigt, dass gerade junge Menschen nicht käuflich sind. Wollen Sie, dass Ihre Kinder die Schulaufgaben erledigen, ihr Musikinstrument üben oder auch mal den Rasen mähen, dann winken Sie nicht mit Geld. Geben Sie ihnen stattdessen ein fixes Taschengeld pro Woche. Ansonsten werden sich die Kleinen bald weigern, abends ins Bett zu gehen – es sei denn, Sie bezahlen etwas dafür.

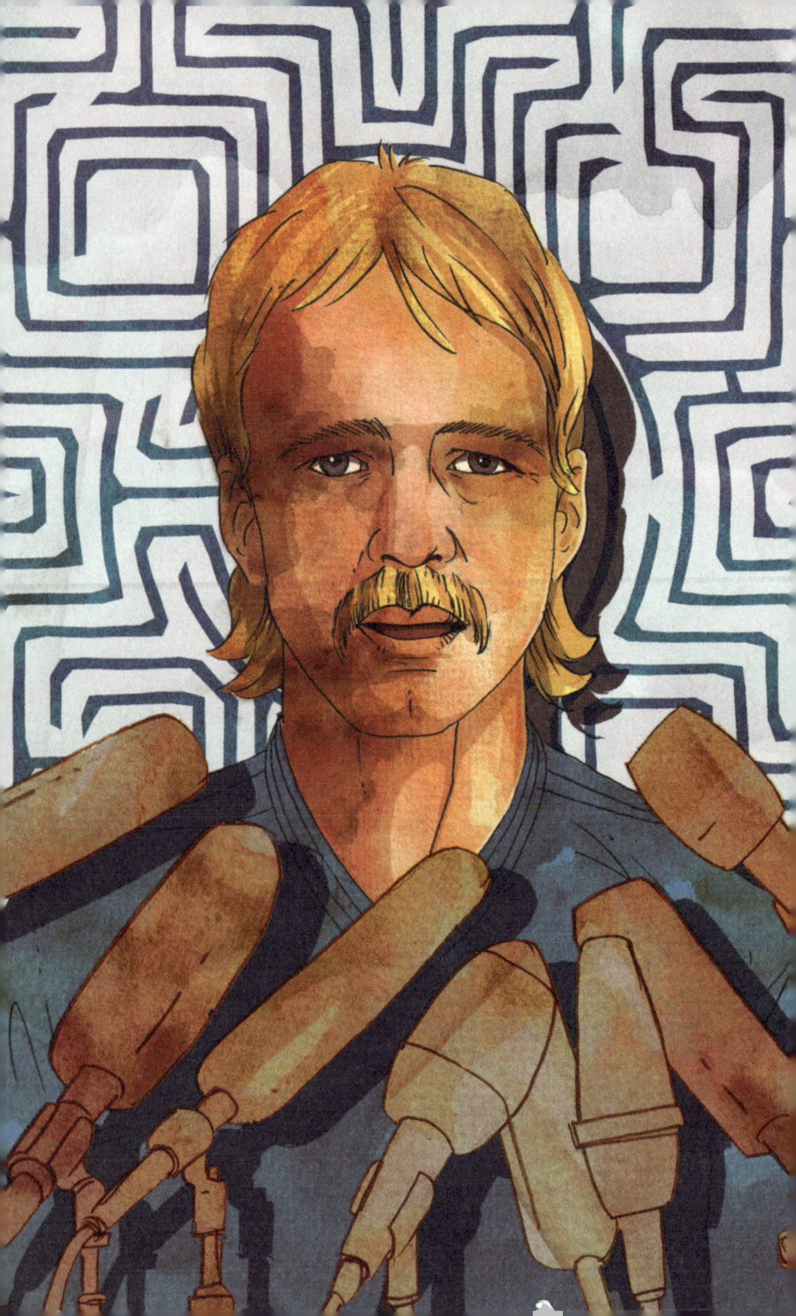

6
PLAPPERTENDENZ

Wenn du nichts zu sagen hast, sage nichts

Gefragt, warum ein Fünftel der Amerikaner ihr Land auf einer Weltkarte nicht findet, antwortete die Miss Teen South Carolina, immerhin eine Frau mit Highschool-Abschluss, vor laufenden Kameras: »Ich glaube persönlich, dass US-Amerikaner es nicht können, weil einige Leute draußen in unserer Nation keine Karten haben, und ich glaube, dass unsere Ausbildung, wie zum Beispiel Südafrika und Irak, überall so und so ähnlich, und ich glaube, dass die sollten, unsere Ausbildung hier, in den USA sollte den USA helfen, sollte Südafrika helfen, sollte Irak helfen und die Länder in Asien, damit es möglich sein wird, unsere Zukunft zu wachsen.« Das YouTube-Video ging um die Welt.

Okay, sagen Sie, aber mit Missen gebe ich mich nicht ab. Wie wär's dann mit dem folgenden Satz? »Das Reflexivwerden der kulturellen Überlieferungen muss nun keineswegs im Zeichen von subjektzentrierter Vernunft und futuristischem Geschichtsbewusstsein stehen. In dem Maße, wie wir der intersubjektiven Konstituierung der Freiheit gewahr werden, zerfällt der possessiv-individualistische Schein einer als Selbstbesitz vorgestellten

Autonomie.« – Erkannt? Jürgen Habermas in *Faktizität und Geltung*.

Die Beispiele der Schönheitskönigin und des deutschen Starphilosophen sind Ausprägungen des gleichen Phänomens: der *Plappertendenz* (englisch: *Twaddle Tendency*). Denkfaulheit, Dummheit oder Nichtwissen führen zu Unklarheit im Kopf. Ein Schwall von Wörtern soll diese geistige Unklarheit maskieren. Manchmal gelingt es, manchmal nicht. Bei der Schönheitskönigin hat die Vernebelungsstrategie versagt. Bei Jürgen Habermas hat sie funktioniert, zumindest vorläufig. Je eloquenter die Vernebelungsstrategie, desto leichter fallen wir darauf herein. In Verbindung mit der *Autoritätshörigkeit* (vorgestellt in *Die Kunst des klaren Denkens*) kann Geplapper zu einer gefährlichen Mischung werden.

Wie oft bin ich schon auf die *Plappertendenz* hereingefallen! In meiner Jugend war ich von Jacques Derrida fasziniert. Ich habe seine Bücher verschlungen, aber selbst nach intensivem Nachdenken nichts verstanden. Dadurch bekam seine Philosophie die Aura einer Geheimwissenschaft. Das Ganze hat mich dazu getrieben, sogar eine Dissertation in diesem Bereich zu schreiben. Rückblickend betrachtet war beides nutzloses Geplapper – Derrida und meine Dissertation. Ich hatte mich in meiner Unwissenheit selbst in eine verbale Rauchmaschine verwandelt.

Am deutlichsten ist die *Plappertendenz* bei Sportlern. Der arme Fußballspieler wird vom Interviewer zu irgendwelchen Analysen gedrängt. Eigentlich möchte er nur sagen: »Wir haben das Spiel verloren, so ist es halt nun einfach.« Doch der Moderator muss die Sendezeit irgendwie füllen – am besten, indem er drauflosplappert und Sportler und Trainer zum Plappern nötigt.

Aber auch in akademischen Sphären grassiert, wie gesehen, die Plapperei. Je weniger Resultate eine Wissenschaft generiert, desto mehr neigt sie dazu. Besonders anfällig für die *Plappertendenz* sind die Ökonomen – wie Sie unschwer aus den Kommentaren und Wirtschaftsprognosen ersehen können. Dasselbe gilt für die Wirtschaft im Kleinen. Je schlechter eine Unternehmung läuft, desto größer die Plauderei des CEOs. Hinzu kommt oft noch das Plappern durch Taten, also Hyperaktivität. Eine löbliche Ausnahme ist der frühere CEO von General Electric, Jack Welch. Er sagte in einem Interview: »Sie glauben es nicht, wie schwierig es ist, einfach und klar zu sein. Die Leute fürchten, dass sie als Einfaltspinsel gesehen werden. In Wirklichkeit ist es gerade umgekehrt.«

Fazit: Geplapper maskiert Nichtwissen. Ist etwas nicht klar ausgedrückt, weiß der Sprecher nicht, wovon er spricht. Die sprachliche Äußerung ist der Spiegel der Gedanken: Klare Gedanken – klare Äußerungen. Unklare Gedanken – Geplapper. Das Dumme ist, dass wir in den wenigsten Fällen wirklich klare Gedanken haben. Die Welt ist kompliziert, und es braucht viel Denkarbeit, um auch nur einen Aspekt zu verstehen. Bis Sie so eine Erleuchtung haben, ist es besser, sich an Mark Twain zu halten: »Wenn du nichts zu sagen hast, dann sage nichts.« Einfachheit ist der Endpunkt eines langen, beschwerlichen Weges, nicht der Ausgangspunkt.

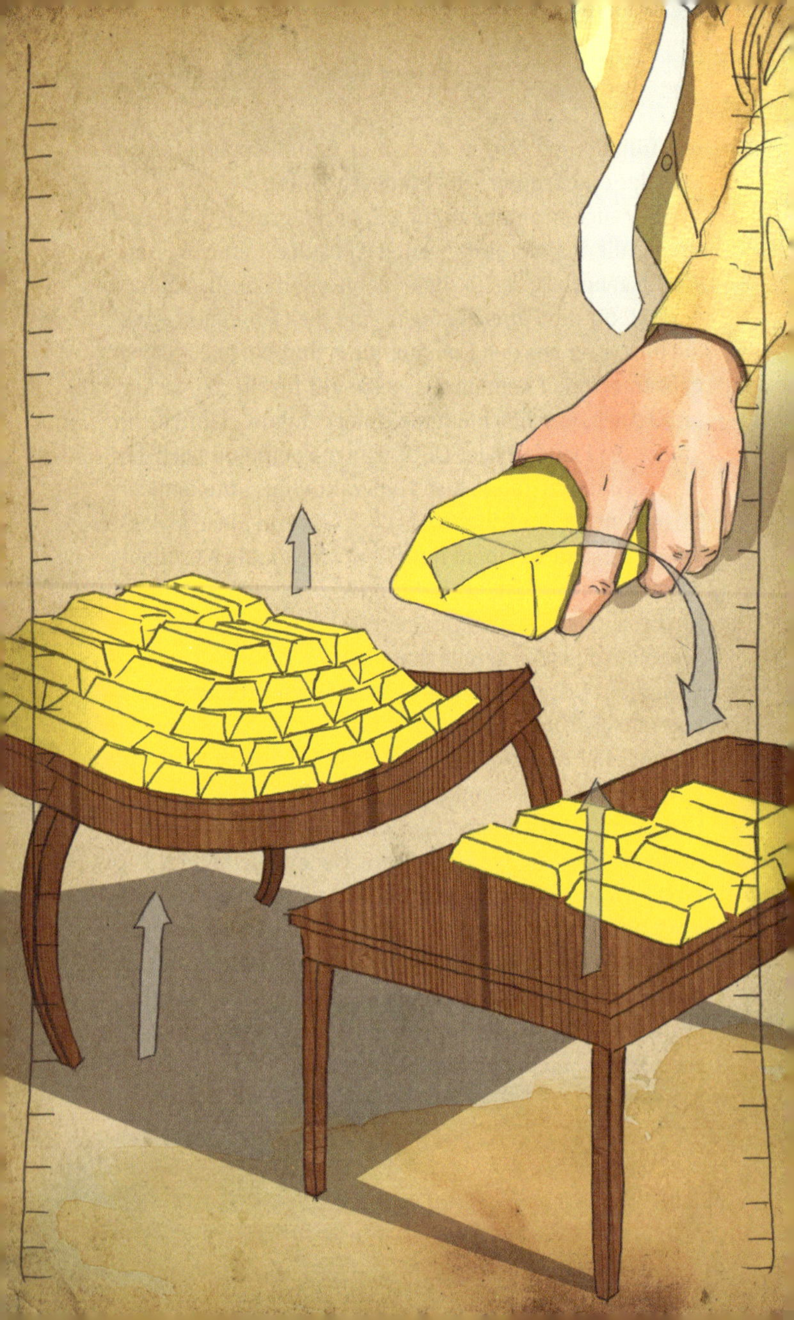

7
WILL-ROGERS-PHÄNOMEN

Wie Sie als Manager bessere Zahlen ausweisen, ohne etwas dafür zu tun

Angenommen, Sie sind Fernsehdirektor eines Unternehmens mit zwei Sendern. Kanal A hat hohe Einschaltquoten, Kanal B extrem niedrige. Der Aufsichtsrat fordert Sie auf, die Quote beider Sender zu steigern, und zwar innerhalb eines halben Jahres. Schaffen Sie es, winkt ein Superbonus. Schaffen Sie es nicht, sind Sie Ihren Job los. Wie gehen Sie vor?

Ganz einfach: Sie schieben eine Sendung, die die durchschnittliche Einschaltquote des Kanals A bisher leicht heruntergezogen hat, aber immer noch ganz gut läuft, zu Kanal B hinüber. Weil Kanal B miserable Einschaltquoten hat, erhöht die transferierte Sendung dessen Durchschnittsquote. Ohne eine einzige neue Sendung zu konzipieren, haben Sie die Quoten beider Fernsehsender gleichzeitig angehoben und sich damit den Superbonus gesichert.

Angenommen, Sie sind zum Manager von drei Hedgefonds befördert worden, die vorwiegend in privat gehaltene Unternehmen (Private Equity) investieren. Fonds A hat eine sensationelle Rendite, Fonds B eine mittelmäßige und Fonds C eine miserable. Sie möchten der Welt beweisen, dass Sie der weltbeste Fondsmanager sind. Was tun?

Sie kennen nun das Spiel: Sie verkaufen einige Beteiligungen des Fonds A an die Fonds B und C. Welche? Jene Beteiligungen, die bisher die Durchschnittsrendite des Fonds A heruntergezogen haben, aber immer noch lukrativ genug sind, um die Durchschnittsrendite der Fonds B und C zu steigern. Im Nu haben Sie alle drei Fonds besser aussehen lassen. Weil sich das alles intern abspielt, fallen nicht einmal Gebühren an. Natürlich verdienen die drei Hedgefonds zusammengerechnet keinen Euro mehr – aber man wird Sie für Ihr glückliches Händchen feiern.

Diesen Effekt nennt man *Stage Migration* oder *Will-Rogers-Phänomen*, benannt nach einem amerikanischen Komiker aus Oklahoma. Dieser soll gewitzelt haben, dass Einwohner von Oklahoma, die Oklahoma verlassen und nach Kalifornien ziehen, den durchschnittlichen IQ beider Bundesstaaten erhöhen. Das *Will-Rogers-Phänomen* ist nicht intuitiv verständlich. Um es im Gedächtnis zu verankern, muss man es einige Male in verschiedenen Settings durchexerzieren.

Ein Rechenbeispiel aus der Automobilbranche. Ihnen sind zwei kleine Verkaufsfilialen unterstellt mit insgesamt sechs Verkäufern – Autoverkäufer 1, 2 und 3 in der Filiale A und Autoverkäufer 4, 5 und 6 in der Filiale B. Verkäufer 1 verkauft im Durchschnitt ein Auto pro Monat, Verkäufer 2 zwei Autos pro Monat und so weiter bis zum Starverkäufer 6, der sechs Autos pro Monat verkauft. Wie Sie leicht nachrechnen können, beträgt der durchschnittliche Umsatz pro Verkäufer in Filiale A zwei Autos, in Filiale B fünf Autos. Nun transferieren Sie Verkäufer 4 von Filiale B in die Filiale A. Was geschieht? Filiale A besteht neu aus den Verkäufern 1, 2, 3 und 4. Der durchschnittliche Umsatz pro Verkäufer ist von zwei Stück auf 2,5 Stück gestiegen. Filiale B besteht nur noch aus den Verkäufern 5 und 6. Der durchschnittliche Umsatz pro Verkäufer ist von fünf auf 5,5 gestiegen. Solche Umschichtungsspiele verändern gesamthaft nichts, aber sie machen Eindruck. Besonders Journalisten, Investoren und Aufsichtsräte sollten auf der Hut sein, wenn sie über steigende Durchschnittswerte in verschiedenen Ländergesellschaften, Abteilungen, Kostenstellen, Produktlinien etc. informiert werden.

Ein besonders tückischer Fall des *Will-Rogers-Phänomens* findet sich in der Medizin. Tumore werden üblicherweise in vier Entwicklungsstadien eingeteilt – von Stadium 1 bis 4 – daher der Begriff *Stage Migration* (*Stadiumsmigration*). Bei den kleinsten und am besten therapierbaren Tumoren spricht man von Stadium 1, bei den schlimmsten von Stadium 4. Entsprechend ist die Überlebenschance für Stadium-1-Patienten am größten, für Stadium-4-Patienten am geringsten. Nun kommen jedes Jahr neue Verfahren auf den Markt, die eine immer genauere Diagnose ermöglichen. Die Folge: Es werden winzige Tumore entdeckt, die früher keinem Arzt aufgefallen wären. Die Folge: Patienten, die früher – fälschlicherweise – als kerngesund galten, werden nun dem Stadium 1 zugerechnet. Automatisch steigt die durchschnittliche Lebensdauer der Stadium-1-Patienten an. Ein großartiger Therapieerfolg? Leider nicht: bloße *Stage Migration*.

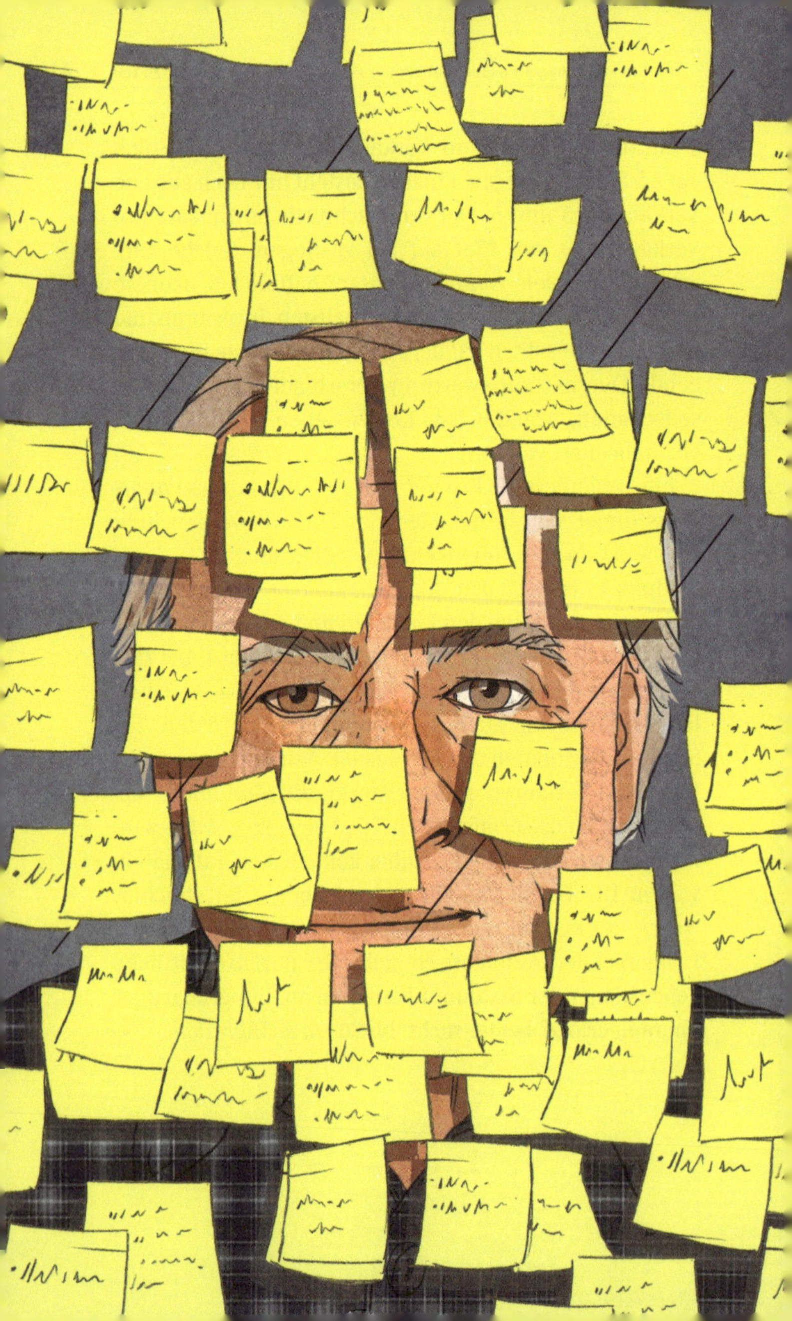

> Siehe Workbook-Teil S. 255

8
INFORMATION BIAS

Hast du einen Feind, gib ihm Information

In seiner Kurzgeschichte *Del rigor en la ciencia*, die aus einem einzigen Abschnitt besteht, beschreibt Jorge Luis Borges ein Land, wo die Wissenschaft der Kartografie so ausgereift ist, dass nur die detaillierteste aller Karten genügt – also eine Karte im Maßstab eins zu eins, die so groß ist wie das Land selbst. Dass eine solche Karte keinen Erkenntnisgewinn liefert, leuchtet ein, denn sie dupliziert bloß das Vorhandene. Borges' Landkarte ist der Extremfall eines Denkfehlers, den man *Information Bias* nennt: Des Irrglaubens, mehr Information führe automatisch zu besseren Entscheidungen.

Ich suchte ein Hotel in Berlin, stellte eine Vorauswahl von fünf Angeboten zusammen und entschied mich spontan für eines, das mir auf Anhieb gefiel. Doch so ganz vertraute ich meinem Bauchgefühl nicht und wollte die Qualität der Entscheidung dadurch verbessern, dass ich noch mehr Informationen einholte. Ich ackere mich durch Dutzende von Kommentaren, Bewertungen und Blog-Einträgen zu den verschiedenen Hotels und klicke mich durch unzählige Fotos und Videos. Zwei Stunden später entschied ich mich für jenes Hotel, das mich schon ganz am Anfang angesprochen hatte. Die Lawine an zusätzlicher Information führte zu keiner besseren Entscheidung. Im Gegenteil, meinen Zeitaufwand in Geld umgerechnet, hätte ich ebenso gut im Adlon Kempinski absteigen können.

Der Forscher Jonathan Baron hat Ärzten folgende Frage gestellt: Ein Patient leidet an Symptomen, die mit einer Wahrscheinlichkeit von 80 % auf Krankheit A hinweisen. Falls es nicht Krankheit A ist, handelt es sich entweder um Krankheit X oder Y. Jede Krankheit muss anders behandelt werden. Jede der drei Krankheiten ist etwa gleich schlimm, und jede Behandlung zieht vergleichbare Nebeneffekte nach sich. Welche Behandlung würden Sie als Arzt vorschlagen? Logischerweise würden Sie auf Krankheit A tippen und somit Therapie A empfehlen.

Angenommen, es gibt einen Diagnosetest, der im Fall von Krankheit X »positiv« angibt, im Fall von Krankheit Y »negativ«. Falls der Patient jedoch Krankheit A hat, sind die Testresultate in der Hälfte der Fälle positiv, in der anderen Hälfte negativ. Würden Sie als Arzt diesen Test empfehlen? Die meisten Ärzte, denen diese Frage gestellt wurde, empfahlen ihn – und das, obwohl die dadurch gewonnene Information irrelevant ist. Angenommen, das Testresultat ist positiv. Dann ist die Wahrscheinlichkeit für Krankheit A noch immer viel größer als für Krankheit X. Die zusätzliche Information, die der Test liefert, ist für die Entscheidung komplett nutzlos.

Nicht nur Ärzte haben den Drang, Informationen zu sammeln, selbst wenn sie irrelevant sind, auch Manager und Anleger sind geradezu süchtig danach. Wie oft wird noch eine Studie in Auftrag gegeben und noch eine, obwohl die entscheidenden Fakten längst auf dem Tisch liegen? Mehr Information ist nicht nur überflüssig, sie kann auch nachteilig sein. Frage: Welche Stadt hat mehr Einwohner – San Diego oder San Antonio? Gerd Gigerenzer vom Max-Planck-Institut hat diese Frage einigen Studenten der Universitäten Chicago und München gestellt. 62 % der amerikanischen Studenten haben auf die richtige Antwort getippt – San Diego. Aber 100 % der deutschen Studenten haben richtig getippt! Der Grund: Alle deutschen Studenten hatten schon mal von San Diego gehört, aber nur wenige von San Antonio. Also tippten sie auf den bekannteren Namen. Den Amerikanern hingegen waren beide Städte ein Begriff. Sie hatten mehr Informationen und tippten genau darum öfters daneben.

Stellen Sie sich die 100.000 Ökonomen vor – im Dienste von Banken, Thinktanks und Staaten – und all das Papier, das sie in den Jahren 2005 bis 2007 produziert haben. All die Unmengen an Forschungsberichten und mathematischen Modellen. Den ganzen Wust an Kommentaren. Die geschliffenen PowerPoint-Präsentationen. Die Terabytes an Information auf Bloomberg und Reuters. Der bacchanalische Tanz zu Ehren des Gottes »Information«. Alles heiße Luft. Die Finanzkrise kam und pflügte die Welt um. Keiner hat sie kommen sehen.

Fazit: Versuchen Sie, mit dem Minimum an Informationen durchs Leben zu kommen. Sie werden bessere Entscheidungen treffen. Was man nicht wissen muss, bleibt wertlos, selbst wenn man es weiß.

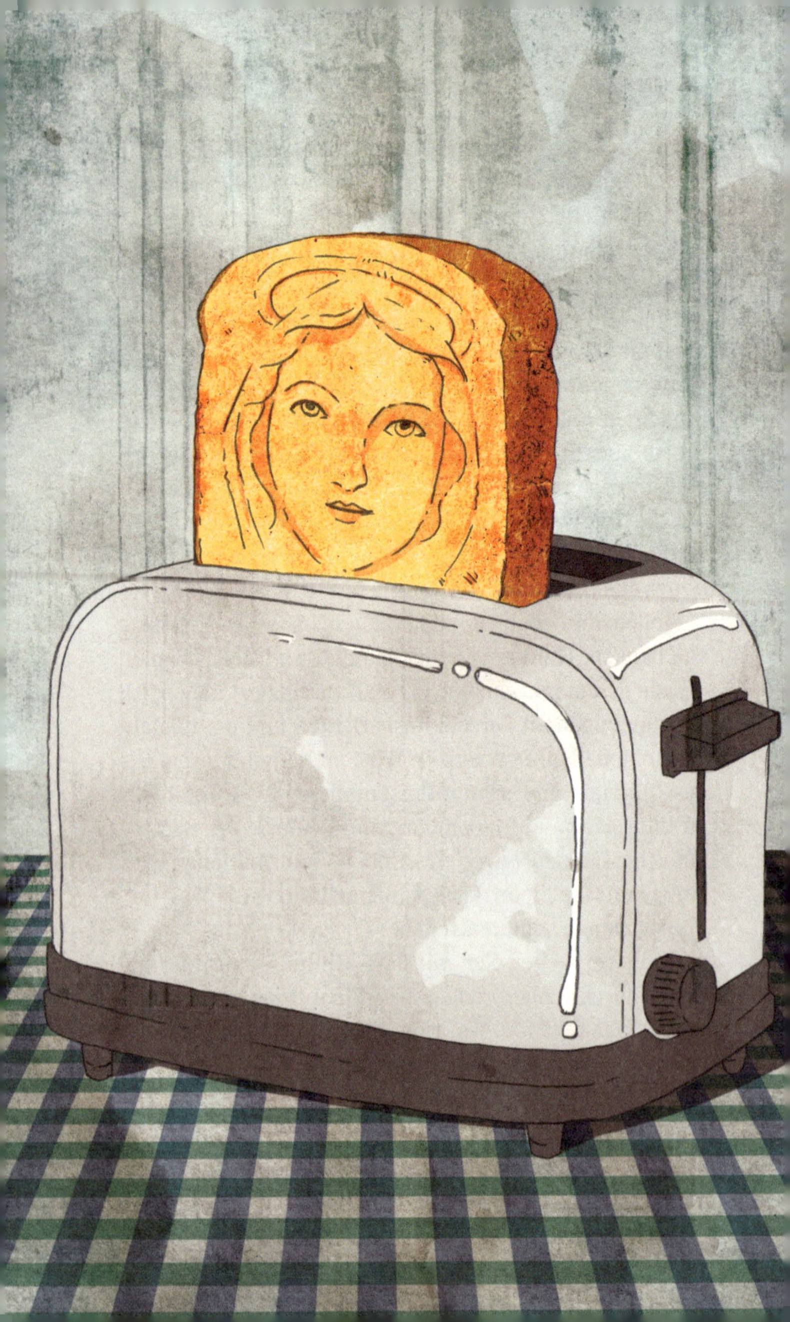

9

CLUSTERING ILLUSION

Warum Sie im Vollmond ein
Gesicht sehen

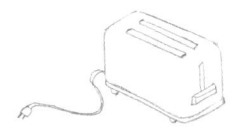

1957 kaufte der schwedische Opernsänger Friedrich Jürgenson ein Tonbandgerät, um seinen Gesang aufzuzeichnen. Beim Abspielen hörte er zwischendurch seltsame Geräusche, Geflüster, das sich wie Botschaften von Außerirdischen anhörte. Einige Jahre später zeichnete er Vogelstimmen auf. Diesmal vernahm er im Hintergrund die Stimme seiner verstorbenen Mutter, die ihm zuflüsterte: »Friedel, kannst du mich hören? Hier ist Mami.« Das war genug. Jürgenson krempelte sein Leben um und widmete sich fortan hauptsächlich der Kommunikation mit Toten via Tonbandaufnahmen.

Ein ähnlich verblüffendes Erlebnis hatte 1994 Diane Duyser aus Florida. Nachdem sie eine Scheibe Toast angebissen zurück auf den Teller gelegt hatte, fiel ihr auf, dass das Gesicht der heiligen Maria darauf zu sehen war. Sofort hörte sie zu essen auf und bewahrte die Botschaft Gottes (also das Toastbrot) zehn Jahre lang in einer Plastikdose auf. Im November 2004 versteigerte sie den noch recht gut erhaltenen Imbiss auf eBay für 28.000 Dollar.

Und man erinnerte sich: Schon 1978 war einer Frau aus New Mexico etwas Ähnliches geschehen, nicht mit einem Toast, mit einer Tortilla. Die verbrannten Stellen auf dem Fladen ähnelten Jesus. Die Presse schnappte die Geschichte auf, und Tausende von Menschen strömten nach New Mexico, um den Maisfladen-Heiland zu sehen. Zwei Jahre davor, 1976, fotografierte der Orbiter der Raumsonde Viking aus großer Höhe eine Felsformation, die an ein menschliches Gesicht erinnert. Das »Marsgesicht« machte fette Schlagzeilen.

Und Sie? Haben Sie auch schon ein Gesicht in den Wolken oder die Silhouette eines Tiers in einem Felsen gesehen? Natürlich. Das ist völlig normal. Unser Hirn sucht Muster und Regeln. Mehr noch: Findet es keine, dann erfindet es sie. Je diffuser die Signale – wie beim Rauschen des Tonbandes –, desto leichter ist es, Muster hineinzuinterpretieren. Je schärfer die Signale, desto schwieriger. 25 Jahre nach Entdeckung des »Marsgesichts« machte der Mars Global Surveyor gestochen scharfe Aufnahmen, und das schöne Antlitz zerbröselte zu gewöhnlichem Felsschutt.

Die frivolen Beispiele lassen die *Clustering Illusion* (*Musterillusion*) harmlos aussehen. Ist sie aber nicht. Nehmen wir den Finanzmarkt, der in jeder Sekunde eine Flut von Daten ausspuckt. Ein Freund erzählte mir freudestrahlend, dass er folgende Gesetzmäßigkeit im Datenmeer entdeckt habe: »Der Dow Jones multipliziert mit dem Ölpreis antizipiert den Goldpreis um zwei Tage.« In anderen Worten: Gehen heute Aktienkurse und Ölpreis hoch, steigt übermorgen das Gold. Das ging einige Wochen gut, bis mein Freund mit immer größeren Summen spekulierte und schließlich seine Ersparnisse verlor. Er hatte ein Gesetz gesehen, wo es keines gab.

OXXXOXXXOXXOOOXOOXXOO. Ist diese Sequenz reiner Zufall oder nicht? Der Psychologieprofessor Thomas Gilovich befragte Hunderte von Menschen. Die meisten mochten bei der Buchstabenfolge nicht an Zufall glauben. Irgendein Gesetz, sagten sie, müsse dahinterstehen. Falsch, erklärte Gilovich, und verwies aufs Würfeln: Auch dort liegt manchmal die gleiche Zahl viermal hintereinander oben, was viele Menschen verblüfft. Offenbar trauen wir dem Zufall nicht zu, solche Cluster hervorzubringen.

Im Zweiten Weltkrieg bombardierten die Deutschen London. Unter anderem setzten sie die V1-Rakete ein, eine Art selbständig navigierende Drohne. Die Einschlagsorte wurden säuberlich auf einer Karte eingezeichnet, was die Londoner in Schrecken versetzte: Sie glaubten, Cluster zu entdecken, spannen Theorien, welche Stadtteile wohl die sichersten seien. Doch die statistische Auswertung nach dem Krieg bestätigte, dass es sich um eine reine Zufallsverteilung handelte. Heute ist klar, warum: Das Navigationssystem der V1 war extrem ungenau.

Fazit: In Sachen Mustererkennung sind wir übersensibel. Bleiben Sie also skeptisch. Glauben Sie, ein Muster gefunden zu haben, rechnen Sie erst mal mit reinem Zufall. Wenn Ihnen dieser zu schön wird, um wahr zu sein, suchen Sie sich einen Mathematiker und lassen Sie die Daten statistisch durchtesten. Und wenn sich der Soßensee in Ihrem Kartoffelpüree plötzlich zu Jesu Gesicht verformt, dann fragen Sie sich: Wenn sich Jesus offenbaren will, warum tut er das nicht auf dem Times Square oder im Fernsehen, vor der Tagesschau?

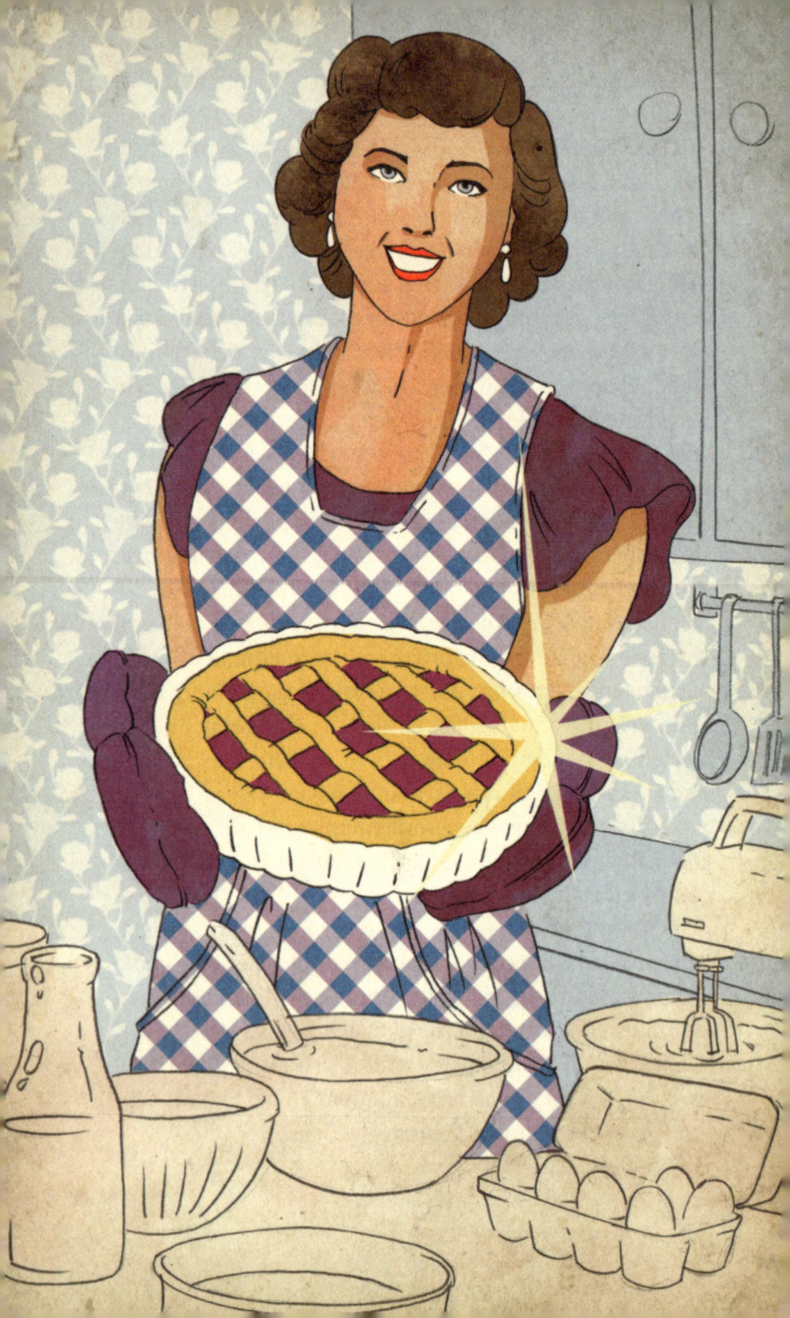

> Siehe Workbook-Teil S. 261

10

AUFWANDSBEGRÜNDUNG

Warum wir lieben, wofür wir
leiden mussten

John, ein Soldat der amerikanischen Luftwaffe, hat soeben die Fallschirmprüfung absolviert. In Reih und Glied wartet er darauf, den begehrten Fallschirm-Pin zu bekommen. Endlich pflanzt sich der Vorgesetzte vor John auf, legt die Anstecknadel an Johns Brust und hämmert sie mit der Faust so weit hinein, bis sie im Fleisch stecken bleibt. Seither öffnet John bei jeder Gelegenheit den obersten Hemdknopf, um die kleine Wunde zu präsentieren. Und noch Jahrzehnte später hängt die Nadel eingerahmt an seiner Wohnzimmerwand.

Marc hat eine verrostete Harley-Davidson eigenhändig restauriert. Alle Wochenenden und Urlaube gingen dafür drauf, die Maschine auf Kurs zu bringen, während seine Ehe haarscharf an der Katastrophe vorbeischrammte. Es war ein Krampf, aber nun steht das Prachtstück endlich fertig da und blitzt im Sonnenlicht. Zwei Jahre später braucht Marc dringend Geld. Er versucht, die Harley zu verkaufen, doch seine Preisvorstellung liegt weitab der Realität. Selbst als ein Interessent das Doppelte des Marktpreises bietet, verkauft Marc nicht. John und Marc sind der *Aufwandsbegründung* (*Effort Justification*) zum Opfer gefallen. Sie besagt: Wer viel Energie in eine Sache steckt, wird das Ergebnis überbewerten. Weil John für den Fallschirm-Pin körperlich leiden musste, misst er ihm einen höheren Wert bei als allen anderen Auszeichnungen. Weil Marc für die Restauration seiner Harley eine Menge Zeit und fast seine Ehe geopfert hat, setzt er den Wert der Maschine so hoch an, dass er sie nie und nimmer verkaufen wird.

Aufwandsbegründung ist ein Spezialfall der sogenannten kognitiven Dissonanz. Sich für eine simple Auszeichnung ein Loch in die Brust bohren zu lassen ist im Grunde lächerlich. Johns Hirn gleicht diese Verhältnislosigkeit aus, indem es den Wert der Stecknadel überhöht, sie von etwas Profanem zu etwas Quasi-Heiligem hochstilisiert. Das alles passiert unbewusst und ist nur schwer zu unterbinden.

Gruppen nutzen die *Aufwandsbegründung*, um die Mitglieder an sich zu ketten, etwa über Initiationsriten: Jugendbanden und Studentenverbindungen nehmen Aspiranten erst auf, wenn sie Ekel- und Gewaltproben bestanden haben. Die Forschung beweist: Je härter die »Eintrittsprüfung«, desto größer der nachträgliche Stolz. So spielen MBA-Schulen mit der *Aufwandsbegründung*, indem sie ihre Studenten pausenlos beschäftigen, manchmal bis an die Grenze der Erschöpfung. Egal, wie nützlich oder idiotisch die Hausarbeiten sind: Hat der Student seinen MBA erst mal in der Tasche, wird er ihn als essenziell für seine Karriere betrachten – weil ihm dafür so viel abverlangt wurde.

Eine milde Form der *Aufwandsbegründung* ist der sogenannte *IKEA-Effekt*. Möbel, die wir selbst zusammengeschraubt haben, betrachten wir bisweilen als wertvoller als ein teures Designerstück. Oder selbst gestrickte Socken: Sie einfach wegzuwerfen wie ein bei H&M gekauftes Paar fällt uns schwer – selbst wenn sie schon lange ausgeleiert und aus der Mode sind. Manager, die wochenlang an einer Strategie gearbeitet haben, werden dieser gegenüber unkritisch sein. Ebenso Designer, Werbetexter, Produktentwickler, die intensiv über ihren Kreationen gebrütet haben.

In den 50er-Jahren kamen Instant-Kuchenmischungen auf den Markt. Ein sicherer Verkaufsschlager, dachten die Hersteller. Weit gefehlt: Hausfrauen mochten die Mixturen nicht – weil sie es ihnen zu leicht machten. Erst als die Zubereitungsmethode leicht verkompliziert wurde – es musste jetzt laut Packungsangabe noch ein frisches Ei hinzugeschlagen werden –, stieg das Selbstwertgefühl der Hausfrauen wieder, und damit auch die Wertschätzung, die sie dem Convenience-Food entgegenbrachten.

Wer die *Aufwandsbegründung* mal kennt, kann sich selbst zu mehr Nüchternheit zwingen. Versuchen Sie's: Wenn immer Sie in etwas viel Zeit und Arbeit investiert haben, betrachten Sie das Ergebnis – und nur das Ergebnis – aus der Distanz. Der Roman, an dem Sie fünf Jahre gebastelt haben und für den sich kein Verlag interessiert: Ist er vielleicht doch nicht nobelpreiswürdig? Der MBA, den Sie machen zu müssen glaubten: Können Sie ihn wirklich weiterempfehlen? Und die Frau, um die Sie schon seit Jahren kämpfen: Ist sie wirklich die bessere Wahl als jene, die sich Ihnen an den Hals wirft?

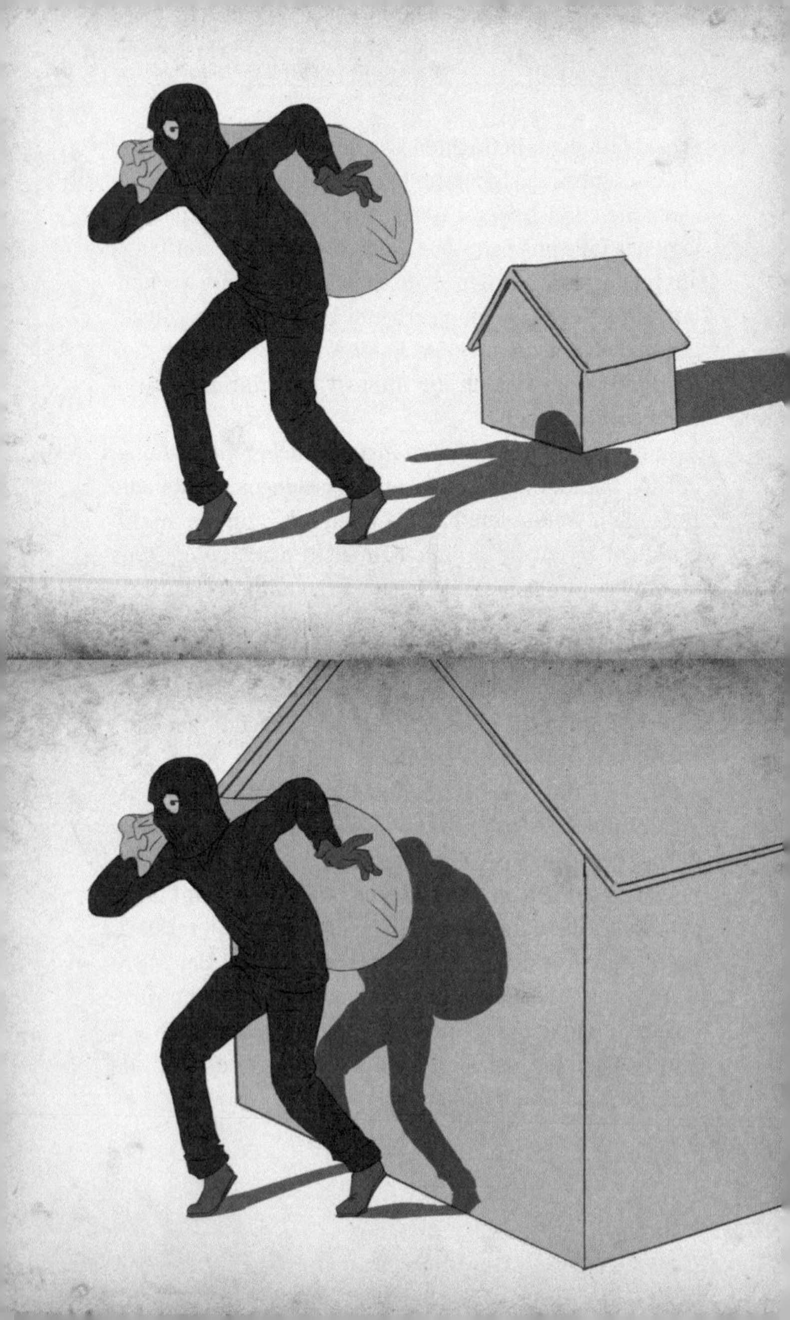

> Siehe Workbook-Teil S. 264

11

DAS GESETZ DER KLEINEN ZAHL

Warum kleine Filialen aus der Reihe tanzen

Sie sitzen in der Konzernleitung eines Einzelhandelsunternehmens mit 1.000 Filialen. Ein Berater, der im Auftrag des Finanzchefs eine Studie zum leidigen Thema »Ladendiebstahl« durchgeführt hat, präsentiert seine Ergebnisse. Groß auf der Leinwand prangen die Namen der 100 Filialen mit den größten Diebstahlsraten – in Prozent des Umsatzes. Darüber steht in dicken Buchstaben die erstaunliche Erkenntnis: »Die Filialen, in denen am meisten gestohlen wird, liegen vorwiegend in ländlichen Gebieten.« Nach einem Moment der Stille und Verwunderung ergreift der Finanzchef das Wort: »Meine Damen und Herren, der Fall ist klar. Ab sofort werden zusätzliche Sicherheitssysteme in den ländlichen Filialen installiert – diese Bauerntölpel stehlen ja offenbar alles, was nicht niet- und nagelfest ist! Kann sich das jemand erklären?«

Können Sie? Aber sicher. Fordern Sie den Berater auf, zur Abwechslung mal die Namen der 100 Filialen mit den *kleinsten* Diebstahlsraten aufzulegen. Nach einer Weile hastigen Sortierens seiner Excel-Tabelle produziert der Consultant die Liste. Überraschung: Auch die von Dieben unbehelligten Läden liegen mehrheitlich in der Provinz! »Die ländliche Umgebung spielt keine Rolle«, werfen Sie mit einem Lächeln in die Runde. »Was zählt, ist einzig die Größe beziehungsweise Kleinheit der Filiale. Auf dem Land sind die Filialen tendenziell klein. Ein einzelner Diebstahl hat hier einen viel stärkeren Einfluss auf die Diebstahlsrate. Entsprechend stark schwanken die Raten auf dem Land – viel stärker als in Städten, wo wir größere Filialen haben. Meine Damen und Herren, das *Gesetz der kleinen Zahl* hat Sie hereingelegt.«

Das *Gesetz der kleinen Zahl* ist nichts, was wir intuitiv begreifen. Darum fallen wir – besonders Journalisten, Manager und Aufsichtsräte – immer wieder darauf herein. Illustrieren wir es an einem Extrembeispiel. Betrachten wir statt der Diebstahlsrate das durchschnittliche Körpergewicht der Mitarbeiter einer Filiale. Statt 1.000 Läden haben wir nur zwei: einen riesengroßen und einen winzigen. Im großen Laden arbeiten 1.000 Mitarbeiter, im winzigen nur zwei. Das Durchschnittsgewicht in der großen Filiale entspricht etwa dem Durchschnittsgewicht der Bevölkerung, sagen wir, 75 Kilo. Egal, wer neu eingestellt oder entlassen wird, es verändert sich kaum. Anders in der winzigen Filiale: Je nachdem, ob der Filialleiter einen dicken oder einen hageren Mitarbeiter einstellt, schwankt das Durchschnittsgewicht massiv.

Genauso im Beispiel mit den Diebstählen: Je kleiner die Filialen, desto mehr variieren ihre Diebstahlsraten. Egal, wie der Berater seine Excel-Liste ordnet: Listet man alle Diebstahlsraten der Reihe nach auf, finden sich am unteren Ende die kleinen Läden, in der Mitte die großen und am oberen Ende wieder die kleinen Läden. Die Schlussfolgerung des Finanzchefs hat also gar nichts zu bedeuten – und das Sicherheitssystem für die kleinen Filialen kann er sich sparen.

Angenommen, Sie lesen die folgende Schlagzeile in der Zeitung: »Start-ups beschäftigen intelligentere Mitarbeiter. Eine Studie im Auftrag des ›Bundesministeriums für unnötige Studien‹ hat den durchschnittlichen IQ aller deutschen Unternehmen ermittelt. Das Ergebnis: Start-ups belegen die Spitzenplätze.« Was halten Sie von dieser Nachrichtenmeldung? Hoffentlich nichts, denn hier haben wir es wieder mit dem *Gesetz der kleinen Zahl* zu tun. Start-ups beschäftigen tendenziell wenig Mitarbeiter. Der durchschnittliche IQ kleiner Unternehmen variiert deshalb viel stärker als jener großer Konzerne. Folglich wird man die kleinen Unternehmen (und damit die Start-ups) am obersten (und auch untersten) Ende der Liste finden. Die Studie des Bundesministeriums hat null Aussagekraft und bestätigt höchstens die Gesetze des Zufalls.

Fazit: Seien Sie vorsichtig, wenn Studien irgendetwas Besonderes über kleine Unternehmen, Haushalte, Städte, Rechenzentren, Ameisenhaufen, Kirchgemeinden, Schulen etc. herausgefunden haben. Was hier als überraschende Erkenntnis ausgegeben wird, ist in Wahrheit ein völlig normales Ergebnis der Zufallsverteilung. Der Nobelpreisträger Daniel Kahneman vermeldet in seinem neuesten Buch, dass selbst erfahrene Wissenschaftler auf das *Gesetz der kleinen Zahl* hereinfallen – was uns doch sehr beruhigt.

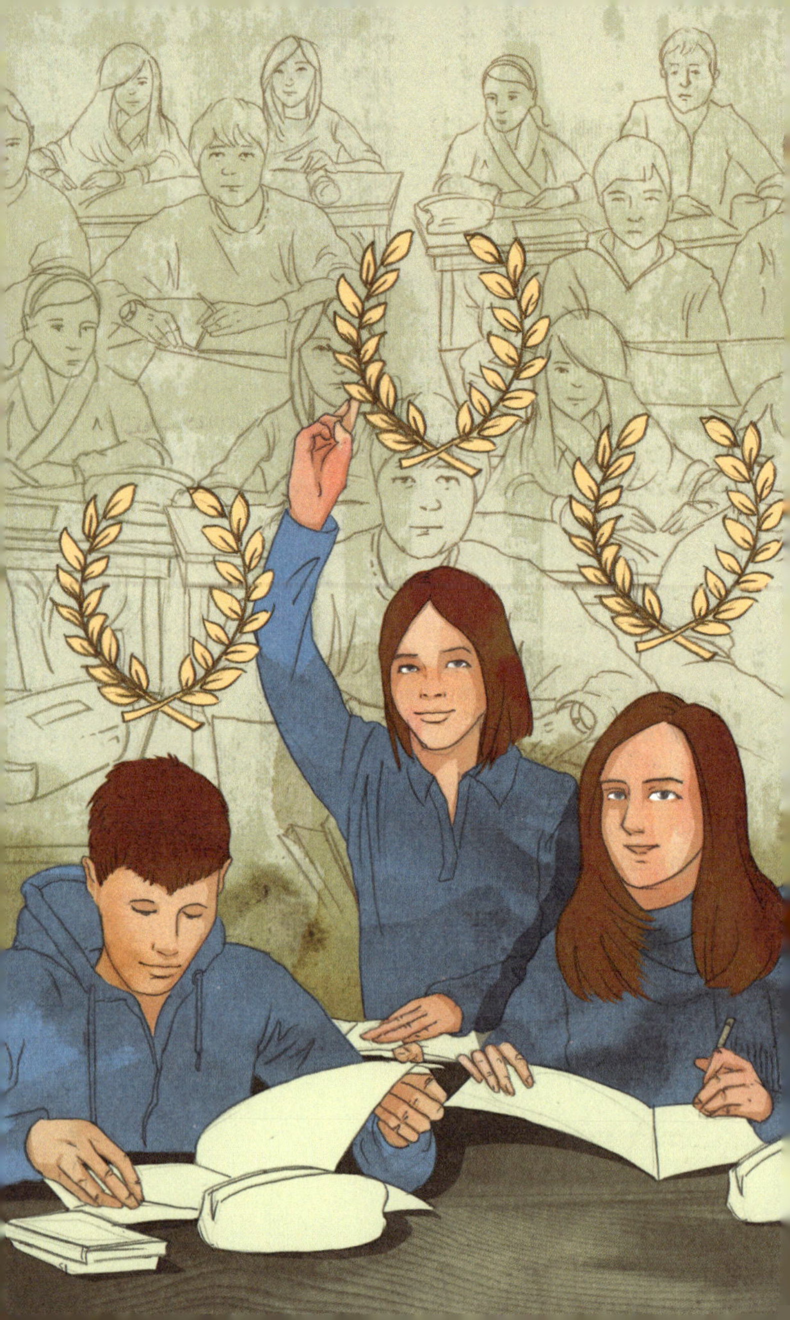

> Siehe Workbook-Teil S. 267

12

ERWARTUNGEN

Gehen Sie mit Ihren Erwartungen vorsichtig um

Am 31. Januar 2006 gab Google das Finanzergebnis des vierten Quartals 2005 bekannt. Umsatz: plus 97 %. Reingewinn: plus 82 %. Ein Rekordquartal. Wie reagierte die Börse auf die phänomenalen Finanzzahlen? Die Aktie brach innerhalb weniger Sekunden um 16 % ein. Der Handel musste unterbrochen werden. Als die Börse den Handel wieder aufnahm, fiel die Aktie um weitere 15 %. Die Panik war perfekt. In einem Blog-Eintrag eines verzweifelten Traders war zu lesen: »Welches ist der beste Wolkenkratzer, um sich vom Dach zu stürzen?« Was war geschehen? Die Wall-Street-Analysten hatten ein noch besseres Resultat erwartet – was die Firmenbewertung um 20 Milliarden Dollar zusammenstauchte.

Jeder Investor weiß, dass es unmöglich ist, Finanzerfolge genau vorherzusagen. Die vernünftige Reaktion wäre also, sich zu sagen: »Schlecht geschätzt, der Fehler liegt bei mir.« Aber so reagieren Investoren nicht. Im Januar 2006, als Juniper Networks einen Gewinn pro Aktie bekannt gab, der weniger als ein Zehntel Cent (!) von den *Erwartungen* der Analysten entfernt lag, fiel der Kurs um 21 % und die Firmenbewertung um 2,5 Milliarden Dollar.

Der »Misserfolg« kann noch so mickrig sein – die drakonische Strafe folgt auf den Fuß, jedenfalls dann, wenn im Vorfeld *Erwartungen* geschürt wurden.

Viele Unternehmungen betreiben einen gigantischen Aufwand, um den Analystenerwartungen gerecht zu werden. Um diesem Terror zu entfliehen, gingen einige dazu über, ihre eigenen Gewinnerwartungen – sogenannte »Earnings Guidance« – zu publizieren. Kein kluger Schachzug, denn nun beäugt der Markt einfach diese internen *Erwartungen* – allerdings mit noch viel schärferen Augen. Die Finanzchefs sind zu Punktlandungen gezwungen und greifen dafür auf ein ganzes Arsenal buchhalterischer Tricks zurück.

Erwartungen führen nicht nur zu absurden, sondern auch zu lobenswerten Anreizen. 1965 führte der amerikanische Psychologe Robert Rosenthal an verschiedenen Schulen ein bemerkenswertes Experiment durch: Den Lehrern wurde vorgetäuscht, dass man einen Test entwickelt habe, mit dem man jene Schüler identifizieren könne, die kurz vor einem intellektuellen Entwicklungsschub stünden – sogenannte »Aufblüher«. Dies träfe auf 20 % der Schüler zu. In Wirklichkeit wurden diese 20 % rein zufällig ausgewählt. Nach einem Jahr beobachtete Rosenthal, dass die Kinder aus der Gruppe der »Aufblüher« ihren IQ viel stärker gesteigert hatten als Kinder aus der Kontrollgruppe. Diese Wirkung ging als *Rosenthal-Effekt* (oder *Pygmalion-Effekt*) in die Geschichte ein.

Im Gegensatz zu den CEOs und Finanzchefs, die ihr Verhalten bewusst den *Erwartungen* anpassten, war die Beeinflussung beim *Rosenthal-Effekt* unbewusst. Wahrscheinlich ließen die Lehrer den vermeintlichen »Aufblühern«

automatisch mehr Aufmerksamkeit zukommen. Entsprechend größer war deren Lernerfolg. Wie stark sich die Lehrer von der Aussicht auf brillante Schüler blenden ließen, zeigt die Tatsache, dass sie diesen nicht nur bessere Schulleistungen zutrauten, sondern auch bessere Charaktereigenschaften zuschrieben.

Wie reagieren wir auf unsere eigenen *Erwartungen*? Damit sind wir beim Placeboeffekt – Pillen und Therapien, die chemisch gar keinen Heilungsprozess auslösen dürften, es aber doch tun. Der Placeboeffekt wirkt nachweislich bei einem Drittel aller Patienten. Wie er funktioniert, ist allerdings kaum erforscht. Fakt ist: *Erwartungen* verändern die Biochemie des Gehirns und damit des ganzen Körpers. Darum kommen Alzheimer-Patienten nicht in den Genuss des Placeboeffekts, da die Hirnregion, wo sich *Erwartungen* bilden, nicht mehr funktioniert.

Fazit: *Erwartungen* mögen aus der Luft gegriffen sein – ihre Wirkung ist aber sehr real. Sie haben die Kraft, die Realität zu verändern. Kann man sich dem entziehen? Kann man ein erwartungsloses Leben führen? Nein. Aber man kann vorsichtiger damit umgehen. Steigern Sie die Erwartungen an sich selbst und an die Menschen, die Ihnen lieb sind. Damit erhöhen Sie ihre Motivation. Gleichzeitig senken Sie die *Erwartungen* an alles, was Sie nicht kontrollieren können – zum Beispiel an den Aktienmarkt. So paradox es klingt: Die beste Art, sich gegen böse Überraschungen zu schützen, ist es, Überraschungen zu *erwarten*.

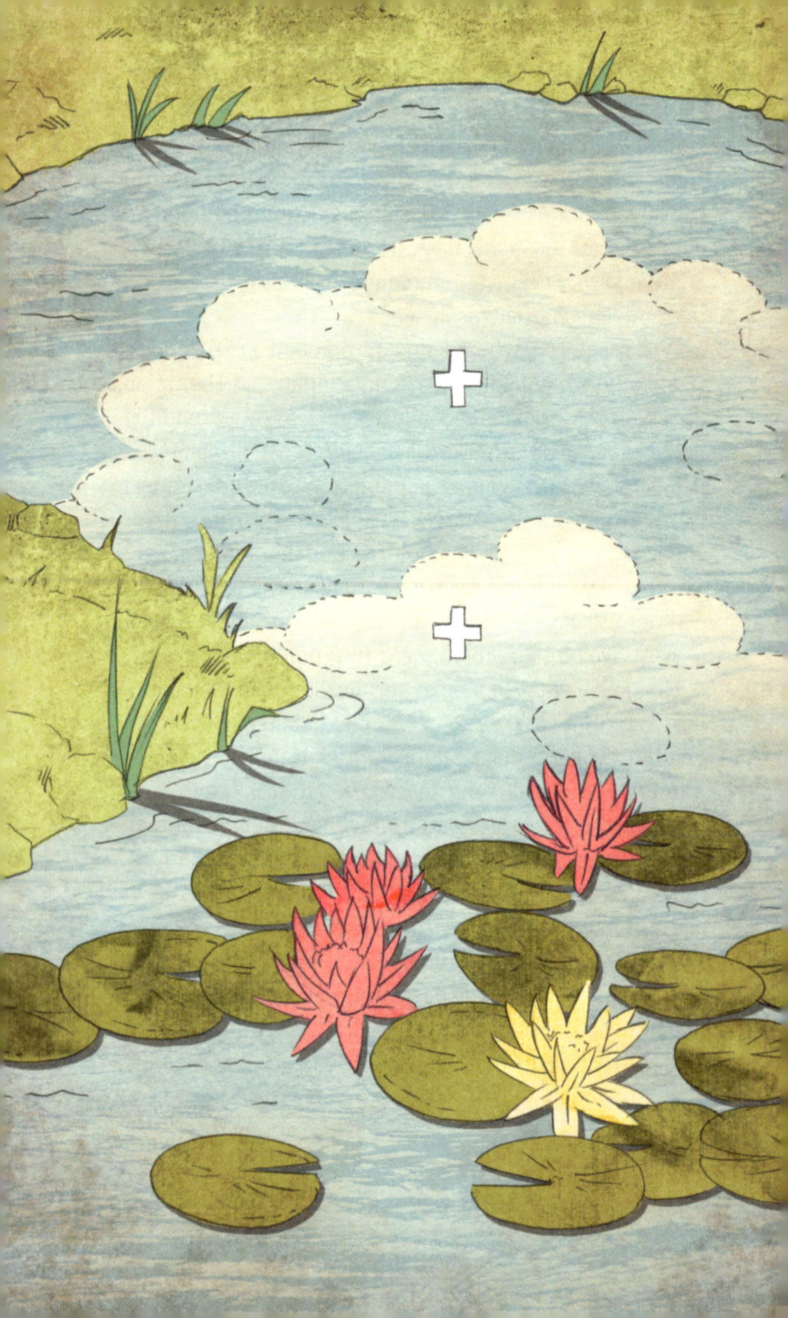

13
EINFACHE LOGIK

Glauben Sie nicht jeden Mist, der Ihnen spontan einfällt

Drei einfache Fragen. Schreiben Sie die Antworten an den Rand des Buches. 1) In einem Kaufhaus kosten ein Tischtennisschläger und ein Tischtennisball zusammen 1,10 Euro. Der Tischtennisschläger ist um einen Euro teurer als der Tischtennisball. Wie viel Cent kostet der Tischtennisball? 2) In einer Textilfabrik benötigen fünf Maschinen genau fünf Minuten, um fünf Hemden herzustellen. Wie viele Minuten brauchen 100 Maschinen, um 100 Hemden zu produzieren? 3) Auf einem Weiher wachsen Seerosen. Sie vermehren sich ziemlich schnell, jeden Tag verdoppelt sich die Fläche. Es braucht 48 Tage, bis der Weiher vollständig mit Seerosen bedeckt ist. Wie viele Tage würde es dauern, bis die Hälfte des Weihers bedeckt ist? Lesen Sie nicht weiter, bis Sie sich die Antworten notiert haben.

Auf jede dieser drei Fragen gibt es eine intuitive Antwort – und eine richtige. Die intuitiven Antworten kommen uns zuerst in den Sinn: zehn Cent, 100 Minuten und 24 Tage. Doch die intuitiven Antworten sind falsch. Die richtigen Antworten lauten: fünf Cent, fünf Minuten und 47 Tage. Wie viele der drei Fragen haben Sie richtig beantwortet?

Shane Frederick hat diesen sogenannten »Cognitive Reflection Test« (CRT) entwickelt und damit Tausende von Menschen getestet. Am besten schnitten die Studenten des Massachusetts Institute of Technology (MIT) bei Boston ab. Ihr CRT-Durchschnitt lag bei 2,18 richtigen Antworten. Die Studenten der Princeton University waren die zweitbesten, mit einem Durchschnitt von 1,63. Die Studenten der University of Michigan lagen mit 0,83 weitab. Aber Durchschnitte sind in diesem Fall nicht interessant. Interessanter ist die Frage, wie sich Menschen, die gut abschneiden, von den anderen unterscheiden.

Einen Hinweis gibt zum Beispiel die Frage, ob Sie lieber den Spatz in der Hand oder die Taube auf dem Dach haben? Frederick hat herausgefunden, dass Menschen mit einem niedrigen CRT-Resultat tendenziell den Spatz in der Hand bevorzugen. Sie gehen auf Nummer sicher: »Was man hat, das hat man.« Menschen hingegen, die zwei oder alle drei Fragen richtig beantwortet haben, bevorzugen tendenziell die Taube auf dem Dach, also die risikoreichere Variante. Dies gilt vor allem für Männer.

Ein Kriterium, in dem sich die beiden Gruppen unterscheiden, ist die Fähigkeit zum Verzicht. Wir haben in *Die Kunst des klaren Denkens* beim Thema *Hyperbolic Discounting* »die verführerische Kraft des Jetzt« kennengelernt. Frederick hat dazu folgende Frage gestellt: »Hätten Sie lieber 3.400 Dollar jetzt oder 3.800 Dollar in einem Monat?« Menschen mit einem niedrigen CRT-Resultat tendieren dazu, die 3.400 Dollar jetzt zu nehmen. Sie können nur schwer ausharren. Sie sind impulsiver. Das gilt auch für Kaufentscheidungen. Menschen mit einem hohen CRT-Ergebnis hingegen entscheiden sich überwiegend dafür, einen Monat zu warten. Sie bringen die Willenskraft auf, um auf die sofortige Erfüllung zu verzichten – und werden dafür später belohnt.

Denken ist anstrengender als Fühlen. Rationales Abwägen erfordert mehr Willenskraft, als sich der Intuition hinzugeben. Anders gesagt: Intuitive Menschen hinterfragen weniger. Das hat den Harvard-Psychologen Amitai Shenhav und seine Forschungskollegen auf die Idee gebracht, dass das CRT-Ergebnis etwas über den Glauben aussagen könnte. Tatsächlich! Amerikaner mit einem hohen CRT-Wert (die Studie wurde nur in den USA durchgeführt) sind tendenziell Atheisten, und ihre atheistische Überzeugung hat sich über die Jahre noch verstärkt. Amerikaner mit einem niedrigen CRT-Ergebnis glauben hingegen tendenziell an Gott, an »unsterbliche Seelen« und haben schon eher »göttliche Erfahrungen« gemacht. Das leuchtet ein: Je intuitiver Menschen entscheiden, desto weniger Vernunft setzen sie ein, um religiöse Vorstellungen zu hinterfragen.

Falls Sie mit Ihrem eingangs ermittelten CRT-Wert nicht ganz zufrieden sind und ihn steigern möchten, dann tun Sie also gut daran, selbst einfachsten logischen Fragen mit Skepsis zu begegnen. Nicht alles, was plausibel erscheint, ist wahr. Weigern Sie sich, den ersten Mist zu glauben, der Ihnen in den Sinn kommt. Abgemacht? Also gut, nochmals ein kleiner Test: Sie fahren mit 100 km/h von A nach B und mit 50 km/h zurück. Wie hoch war Ihre Durchschnittsgeschwindigkeit? 75 km/h? Nicht so schnell, Vorsicht, nicht so schnell!

Die richtige Antwort ist: 66,66 km/h.

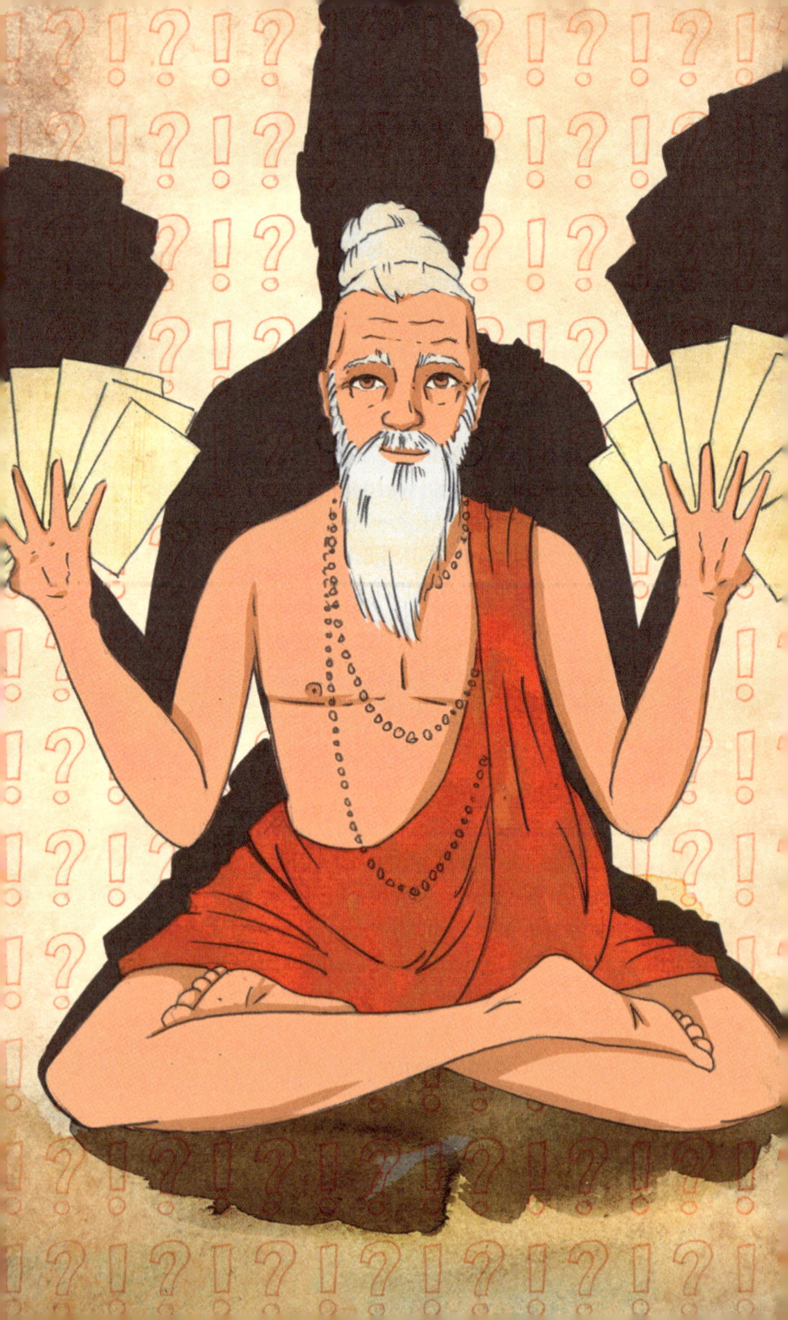

14

FORER-EFFEKT

Wie Sie einen Scharlatan entlarven

Liebe Leserin, lieber Leser, es mag Sie überraschen, aber ich kenne Sie persönlich. So würde ich Sie einschätzen: »Sie brauchen die Zuneigung und Bewunderung anderer, dabei neigen Sie zu Selbstkritik. Zwar hat Ihre Persönlichkeit einige Schwächen, doch können Sie diese im Allgemeinen ausgleichen. Sie haben beträchtliche Fähigkeiten, die brachliegen. Äußerlich diszipliniert und kontrolliert fühlen Sie sich ängstlich und unsicher. Mitunter zweifeln Sie an der Richtigkeit Ihrer Entscheidungen. Sie bevorzugen ein gewisses Maß an Veränderung, und Sie sind unzufrieden, wenn Sie von Verboten und Beschränkungen eingeengt werden. Sie sind stolz auf Ihr unabhängiges Denken und nehmen anderer Leute Aussagen nicht unbewiesen hin. Sie erachten es als unklug, sich anderen zu freimütig zu öffnen. Manchmal verhalten Sie sich extrovertiert, leutselig und aufgeschlossen, manchmal auch introvertiert, skeptisch und zurückhaltend. Ihre Wünsche scheinen mitunter eher unrealistisch.« Und? Erkennen Sie sich wieder? Auf einer Skala von 0 (unzutreffend) bis 5 (perfekt treffend): Wie gut habe ich Sie eingeschätzt?

Im Jahr 1948 gab der Psychologe Bertram Forer genau diesen Text seinen Studenten zu lesen. Den Wortlaut hatte er aus den Astrologiespalten verschiedener Zeitschriften zusammengestellt. Jedem einzelnen Studenten gab Forer vor, er habe die Beschreibung speziell für ihn geschrieben. Die Studenten bewerteten ihre Charakterisierung im Schnitt mit 4,3, attestierten Forer also eine Treffgenauigkeit von 86 %. Das Experiment wurde in den folgenden Jahrzehnten 100-mal wiederholt – mit praktisch identischen Ergebnissen.

Höchstwahrscheinlich haben auch Sie den Text mit einer 4 oder 5 bewertet. Menschen haben die Tendenz, Persönlichkeitsbeschreibungen, die auf viele andere Menschen ebenfalls passen, in Bezug auf sich selbst als höchst zutreffend einzustufen. Diese Tendenz nennt die Wissenschaft *Forer-Effekt* (auch *Barnum-Effekt* genannt). Der *Forer-Effekt* erklärt, warum die Pseudowissenschaften – Astrologie, Astrotherapie, Grafologie, Biorhythmik, Handlesen, Tarotkartenlegen, Rückführungen ins Reich der Verstorbenen – so gut funktionieren.

Was steckt hinter dem *Forer-Effekt*? Erstens, die meisten Aussagen, die Forers Text macht, sind so allgemein gehalten, dass sie in jedem Fall zutreffen: »Mitunter zweifeln Sie ernstlich an der Richtigkeit Ihres Tuns« – wer nicht? Zweitens, schmeichelhafte Aussagen, die nicht passen, akzeptieren wir trotzdem: »Sie sind stolz auf Ihr unabhängiges Denken« – klar, wer sieht sich selbst schon als stumpfsinnigen Mitläufer? Drittens spielt der sogenannte *Feature Positive Effect* mit hinein: Der Text macht keine Negativaussagen, sagt nicht, wie jemand *nicht* ist – obwohl die Absenz von Eigenschaften ebenso zu einem Persönlichkeitsbild gehören würde. Viertens, der Vater aller Denkfehler, der *Confirmation Bias*: Wir akzeptieren, was unserem Selbstbild entspricht, und filtern alles andere unbewusst aus. Zurück bleibt ein stimmiges Porträt.

Was Astrologen und Handleser schaffen, können Berater und Analysten schon längst. »Die Aktie XYZ hat ein erhebliches Steigerungspotenzial, auch in einem härter gewordenen Konkurrenzumfeld. Der Firma fehlt es bloß an Umsetzungskraft, um die Ideen aus der Entwicklungsabteilung voll zu realisieren. Das Management besteht aus branchenerfahrenen Profis, wobei Ansätze von Bürokratisierung festzustellen sind. Ein Blick auf die Erfolgsrechnung zeigt eindeutig, dass Sparpotenziale bestehen. Wir raten der Firma, die Schwellenländer noch stärker in den Fokus zu rücken, um den Marktanteil auch in Zukunft zu sichern.« – Klingt gut, oder? Und trifft garantiert auf jede Aktie zu.

Wie können Sie die Qualität eines Gurus beurteilen – zum Beispiel eines Astrologen? Lassen Sie ihn 20 Menschen Ihrer Wahl charakterisieren. Der Guru notiert die Beschreibungen auf Kärtchen. Um die Anonymität sicherzustellen, sind die Kärtchen mit 1 bis 20 nummeriert – stellvertretend für die Personennamen. Die Personen kennen ihre Nummer nicht. Jede Person erhält Kopien aller Kärtchen. Erst wenn (fast) jede Person jenes Kärtchen auswählt, das ihrer Nummer entspricht, haben Sie einen wahren Könner vor sich. Noch habe ich keinen getroffen.

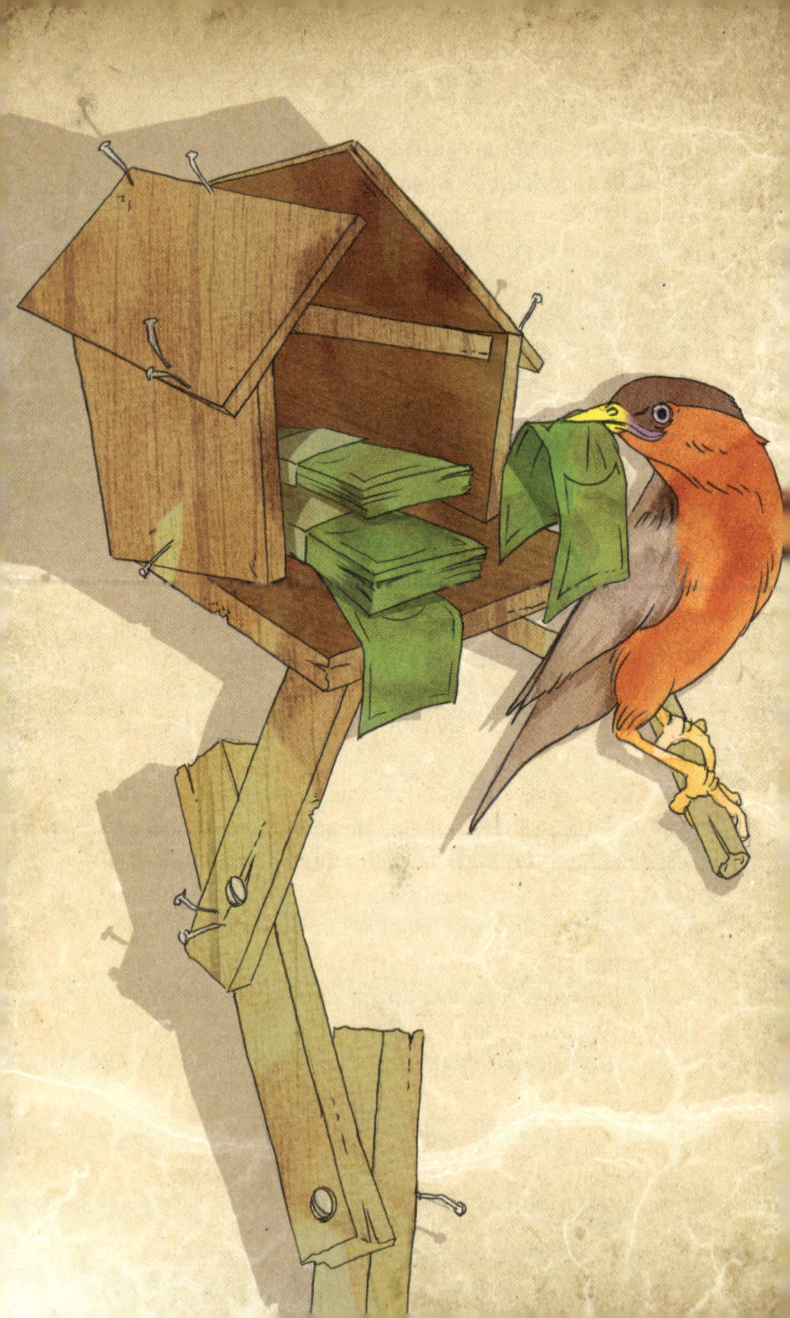

15

VOLUNTEER'S FOLLY

Warum Freiwilligenarbeit etwas für Stars ist

Jacques, ein Fotograf, ist von Montag bis Freitag auf Trab. Im Auftrag von Modezeitschriften pendelt er zwischen Mailand, Paris und New York – pausenlos auf der Suche nach den schönsten Mädchen, den eigenwilligsten Kreationen, dem perfekten Licht. Man kennt ihn in der Szene, und die Kasse stimmt – er nimmt gut und gerne 500 Euro die Stunde. »So viel wie ein Wirtschaftsanwalt«, prahlt er bei seinen Kumpels, »und was ich vor die Linse kriege, sieht um einiges besser aus als ein Banker.«

Jacques führt ein beneidenswertes Leben, und doch ist er in letzter Zeit nachdenklicher geworden. Es scheint fast, als hätte sich etwas zwischen ihn und die Modewelt geschoben. Die Selbstsucht der Branche widert ihn plötzlich an. Manchmal liegt er im Bett, Blick hinauf zur Zimmerdecke, und sehnt sich nach sinnvoller Arbeit. Er möchte mal wieder selbstlos sein, etwas zur »Verbesserung der Welt« beitragen, und sei es noch so klein.

Eines Tages klingelt sein Handy. Es ist Patrick, sein ehemaliger Schulfreund und heutiger Präsident des lokalen Vogelschutzvereins: »Am kommenden Samstag haben wir unseren alljährlichen Vogelhäuschentag. Wir suchen

Volontäre, die uns helfen, spezielle Häuschen zu zimmern für besonders bedrohte Arten. Die stellen wir dann im Wald auf. Zeit? Wir treffen uns um 8:00 Uhr morgens. Kurz nach Mittag sollten wir durch sein.«

Was soll Jacques antworten, wenn es ihm wirklich ernst ist mit der »Verbesserung der Welt«? Richtig, er sollte die Anfrage ablehnen. Begründung: Jacques verdient 500 Euro die Stunde. Ein Schreiner 50 Euro. Also wäre es vernünftig, eine zusätzliche Stunde als Fotograf zu arbeiten und einen Profischreiner anzuheuern, der sechs Stunden lang in einer für Jacques unerreichbaren Qualität Vogelhäuschen zimmert. Die Differenz von 200 Euro könnte er dem Vogelverein spenden (lassen wir die Steuern mal außen vor). Damit würde er weit mehr zur »Verbesserung der Welt« beitragen, als wenn er selbst Hand anlegte.

Trotzdem ist die Chance hoch, dass sich Jacques fürs Vogelhäuschenzimmern entscheidet. Ökonomen sprechen von der *Volunteer's Folly* – der »Schnapsidee der Freiwilligenarbeit«. Sie ist weitverbreitet: Jeder Dritte in Deutschland engagiert sich ehrenamtlich (für die Schweiz fehlt eine Erhebung). Und das Argument geht noch weiter: Falls Jacques selbst Vogelhäuschen zimmert, statt einen Schreiner dafür zu bezahlen, nimmt er einem Schreiner Arbeit weg – sicher kein Beitrag zur »Verbesserung der Welt«.

Damit sind wir beim heiklen Thema des Altruismus. Gibt es die Selbstlosigkeit überhaupt? Ist nicht jede Freiwilligenarbeit mit einem persönlichen Nutzen verbunden? Der sogenannte »Freiwilligensurvey« der deutschen Bundesregierung zeigt ein deutliches Bild: Das stärkste Motiv von Volontären ist eine Art demokratisches Bedürfnis nach gesellschaftlicher Mitgestaltung. Hinzu kommt der Wunsch nach sozialen Kontakten, nach Spaß, nach neuen Erfahrungen. Selbstlos ist das nicht, im Gegenteil: Streng genommen ist jeder, der auch nur einen Funken Befriedigung bei der Freiwilligenarbeit empfindet, kein reiner Altruist.

Wir haben gesehen: Mehr zu arbeiten und einen Teil des Geldes zu spenden, wäre die effizienteste Hilfe, die Jacques leisten kann. Freiwilligenarbeit wäre nur dann sinnvoll, wenn er sein Fachwissen einbringen könnte. Plant der Vogelverein zum Beispiel einen Spendenbrief samt Foto, das nur ein Spitzenfotograf hinbekommt, dann kann Jacques entweder das Foto selber schießen oder eine Stunde länger arbeiten und das zusätzliche Geld dem Verein spenden, der dann einen Spitzenfotografen beauftragt.

Ist Jacques also ein Dummkopf, wenn er sich zum Zimmern meldet? Nicht unbedingt. Eine Ausnahme zur *Volunteer's Folly* gibt es: wirklich prominente Persönlichkeiten. Wenn sich Bono, Kate Winslet oder Mark Zuckerberg dabei ablichten lassen, wie sie Vogelhäuschen zimmern, ölverschmutzte Strände putzen oder Erdbebenopfer bergen, dann verhelfen sie dem betreffenden Anliegen zu unbezahlbarer Publizität. Jacques muss also kritisch beurteilen, ob er wirklich ein Star ist oder doch eher nur ein Aufschneider. Dasselbe gilt für Sie und mich: Solange sich die Leute auf der Straße nicht laufend nach Ihnen umdrehen, sollten Sie Freiwilligenarbeit ablehnen und stattdessen Geld spenden.

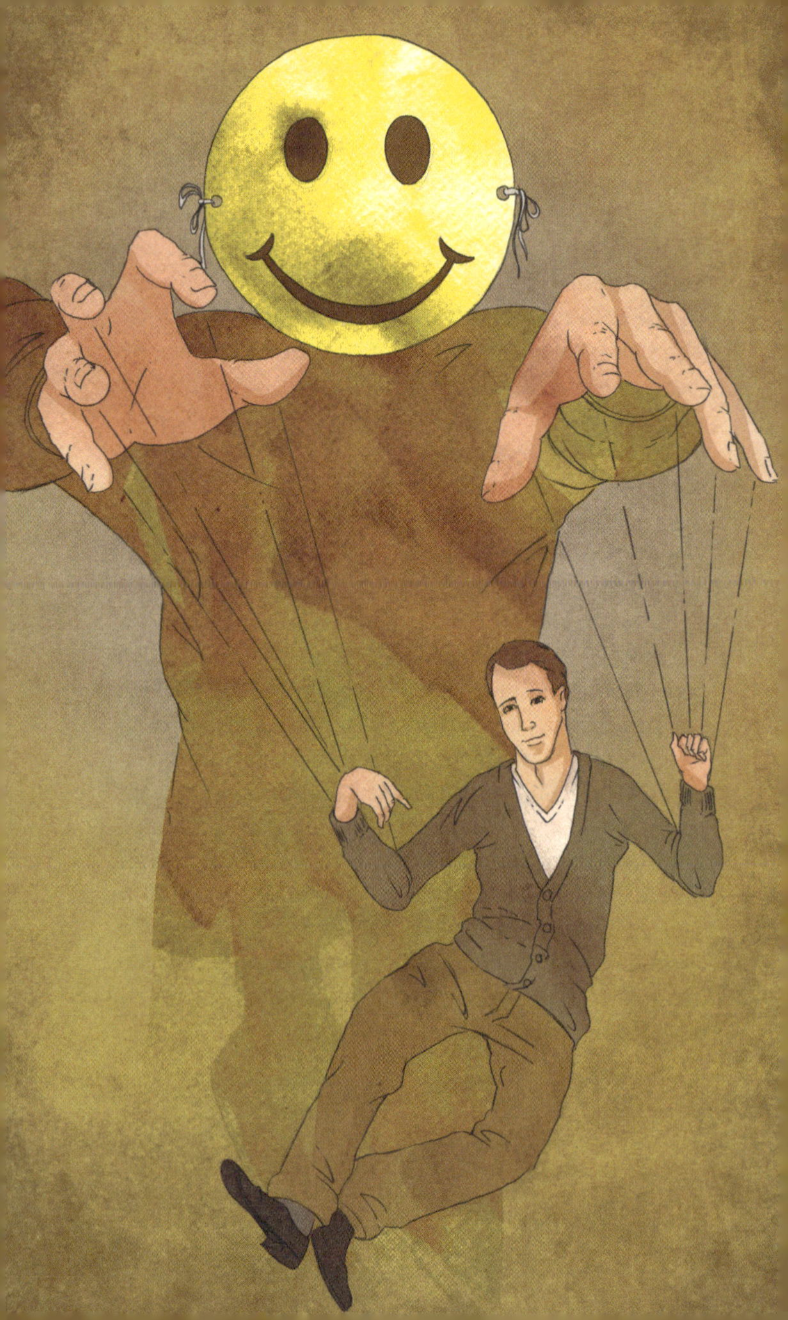

16
AFFEKTHEURISTIK

Warum Sie eine Marionette Ihrer Gefühle sind

Was halten Sie von gentechnisch modifiziertem Weizen? Ein Thema mit vielen Facetten – Sie werden keine voreilige Antwort geben wollen. Rational wäre es, die Vor- und Nachteile der umstrittenen Technologie schön getrennt zu betrachten. Sie listen alle möglichen Vorteile auf, gewichten sie und multiplizieren sie dann mit der Wahrscheinlichkeit, dass sie tatsächlich eintreffen. So erhalten Sie eine Liste von Erwartungswerten.

Dann dasselbe auf der negativen Seite: Sie listen alle Nachteile auf, schätzen die möglichen Schäden und multiplizieren sie mit den Eintreffenswahrscheinlichkeiten. Die positiven Erwartungswerte abzüglich der negativen ergeben den Nettoerwartungswert. Liegt er über null, sind Sie für Gentechweizen. Liegt er unter null, sind Sie dagegen.

Wahrscheinlich kennen Sie dieses Vorgehen; es wird in jedem Buch über Entscheidungstheorie beschrieben. Doch ebenso wahrscheinlich haben Sie sich noch nie die Mühe einer solchen Evaluation gemacht. Und ganz sicher hat keiner der Professoren, die Lehrbücher darüber schreiben, auf diese Weise seine Ehefrau ausgewählt.

Niemand handelt so. Erstens, weil wir nicht genug Fantasie haben, alle möglichen Vor- und Nachteile aufzulisten. Wir sind beschränkt durch das, was uns in den Sinn kommt, und das ist selten mehr als unser bescheidener Erfahrungshorizont. Ein Jahrhundertunwetter stellt man sich nicht vor, wenn man erst 30 Jahre alt ist. Zweitens: Kleine Wahrscheinlichkeiten zu berechnen ist unmöglich, denn seltene Ereignisse liefern zu wenige Daten. Drittens: Unser Hirn ist nicht für solche Rechnungen gebaut. Wer in unserer evolutionären Vergangenheit lange nachgedacht hat, verschwand im Bauch eines Raubtiers. Wir sind die Nachkommen der Schnellentscheider. Wir verwenden Denkabkürzungen, sogenannte Heuristiken.

Eine der beliebtesten Heuristiken ist die *Affektheuristik*. Ein Affekt ist eine momentane Gefühlsregung: Sie mögen etwas oder mögen es nicht. Das Wort »Fluglärm« löst einen negativen Affekt aus. Das Wort »Luxus« einen positiven. Dieser automatische, eindimensionale Impuls verhindert, dass Sie Risiken und Nutzen als unabhängige Größen betrachten – was sie in Wahrheit sind. Stattdessen hängen Risiken und Nutzen am gleichen Gefühlsdraht.

Ihre emotionale Einstellung zu Fragen wie Atomkraft, Biogemüse, Privatschulen oder Motorradfahren bestimmt, wie Sie deren Risiken und Nutzen einschätzen. Mögen Sie etwas, dann sind Sie der Überzeugung, die Risiken seien klein und der Nutzen sei groß. Paul Slovic hat Tausende von Menschen zu verschiedenen Technologien befragt und genau diesen Zusammenhang festgestellt: Wir sind Marionetten unserer Gefühle. Gäbe es die *Affektheuristik* nicht, müssten unsere Einschätzungen von Risiken und Nutzen voneinander unabhängig sein.

Noch eindrücklicher: Angenommen, Sie besitzen eine Harley-Davidson. Erfahren Sie, zum Beispiel aus einer Studie, dass die Risiken doch größer sind als ursprünglich angenommen, werden Sie unbewusst auch Ihre Einschätzung der Vorteile anpassen – »ein noch größeres Gefühl von Freiheit«.

Wie aber entsteht ein Affekt, diese erste spontane Gefühlsregung? Forscher der Universität Michigan ließen für weniger als eine Hundertstelsekunde eines von drei Bildern aufleuchten – ein lächelndes Gesicht, ein böses Gesicht und eine neutrale Figur. Anschließend mussten die Versuchspersonen angeben, ob sie ein chinesisches Schriftzeichen mochten oder nicht. Die meisten zogen jene Zeichen vor, die nach dem lächelnden Gesicht gezeigt wurden.

Scheinbar unbedeutende Dinge prägen also unsere Affekte – bis hin zu diesem seltsamen Gemisch, das wir Börsenstimmung nennen. Die Forscher Hirshleifer und Shumway haben die Beziehung zwischen der morgendlichen Sonnenscheindauer und der täglichen Börsenentwicklung von 26 großen Börsen zwischen 1982 und 1997 betrachtet und eine Korrelation festgestellt, die sich wie eine Bauernregel liest: Scheint die Sonne am Morgen, steigt tagsüber die Börse. Natürlich nicht immer, aber tendenziell. Der morgendliche Sonnenschein wirkt offenbar wie ein Smiley.

Fazit: Sie treffen komplexe Entscheidungen, indem Sie Ihr Gefühl konsultieren. Sie substituieren die Frage »Was denke ich darüber?« mit der Frage »Wie fühle ich mich dabei?«. Natürlich würden Sie das spontan nie zugeben.

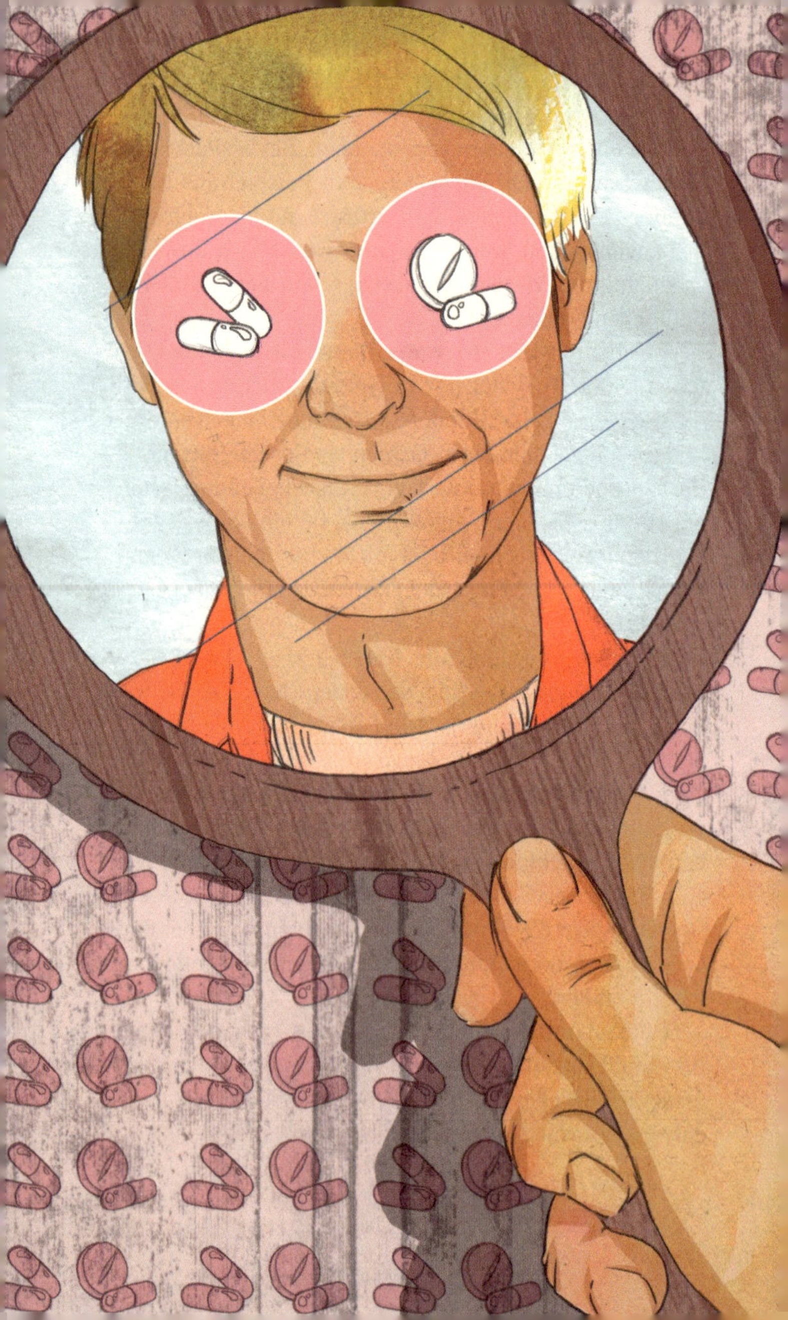

17

INTROSPECTION ILLUSION

Warum Sie Ihr eigener Ketzer sein sollten

Bruno ist Produzent von Vitamintabletten. Sein Vater hatte den Betrieb gegründet, als Vitamine noch kein Lifestyleprodukt waren, sondern ein vom Arzt verschriebenes Medikament. Als Bruno den Betrieb Anfang der 90er-Jahre übernahm, schnellte die Nachfrage nach Vitaminen und Nahrungszusätzen hoch. Bruno nutzte die Gunst der Stunde. Er verschuldete sich bis ans Limit und baute die Produktion aus. Heute zählt er zu den erfolgreichsten Anbietern und ist Präsident des europäischen Vitaminproduzentenverbandes. Seit seiner Kindheit vergeht kein Tag, an dem er nicht mindestens drei Multivitamintabletten schluckt. Von einem Journalisten gefragt, ob Vitamine der Gesundheit förderlich seien, antwortete er: »Davon bin ich zutiefst überzeugt.« Frage: Glauben Sie ihm?

Und gleich noch eine andere Frage an Sie. Nehmen Sie irgendeine Idee, von der Sie felsenfest überzeugt sind: vielleicht, dass der Goldpreis in den nächsten fünf Jahren steigen wird. Vielleicht die Überzeugung, dass Gott existiert. Was auch immer Ihre Überzeugung sein mag, schreiben Sie sie in einem Satz nieder. Frage: Glauben Sie sich?

Und? Sie stufen Ihre Überzeugung als stichhaltiger ein als jene von Bruno, stimmt's? Die Erklärung: In Ihrem Fall handelt es sich um eine nach innen gerichtete Beobachtung, bei Bruno um eine externe. Salopp ausgedrückt: Sie können in Ihre eigene Seele blicken, aber nicht in die von Bruno.

In Brunos Fall mögen Sie denken: »Seine Interessenlage verführt ihn, zu glauben, dass Vitamine nützlich sind. Schließlich hängen sein Wohlstand und sein sozialer Status vom Erfolg seiner Firma ab. Er hat eine Familientradition aufrechtzuerhalten. Und – er hat sein Leben lang Tabletten geschluckt, also wird er niemals zugeben können, dass das alles für die Katz war.« Bei Ihnen hingegen liegt der Fall anders. Sie befragen direkt Ihr Inneres. Selbstverständlich völlig unbefangen, wie Sie glauben.

Doch wie rein und ehrlich ist der Blick nach innen? Der schwedische Psychologe Petter Johannson präsentierte seinen Versuchspersonen ganz kurz zwei Porträtfotos. Sie mussten angeben, welches Gesicht sie attraktiver fanden. Anschließend zeigte er ihnen das »ausgewählte« Foto von Nahem, und bat sie, zu erklären, warum sie gerade dieses Gesicht attraktiver fanden. Mit einem Handtrick vertauschte er im letzten Moment die Bilder. Die meisten Probanden bemerkten den Wechsel nicht und begründeten im Detail, warum ihnen das (falsche) Bild besser gefiel. Das Ergebnis der Studie: Introspektion ist nicht zuverlässig. Wenn wir in unsere Seele schauen, konstruieren wir etwas.

Der Glaube, dass man bei der Selbstbefragung auf so etwas wie Wahrheit oder Richtigkeit stößt, nennt man *Introspection Illusion* (manchmal mit *Wahlblindheit* oder

Selbstbeobachtungsillusion übersetzt). Sie ist mehr als eine Spitzfindigkeit. Weil wir von unseren Überzeugungen so sehr überzeugt sind, erleben wir drei Reaktionen, wenn jemand unsere Sicht der Dinge nicht teilt.

Reaktion 1 – die »Ignoranz-Annahme«: Dem anderen fehlt schlicht und einfach die nötige Information. Wäre er im Bilde, stünde er auf unserer Seite. Er braucht nur etwas Aufklärung. Politische Aktivisten denken so – sie glauben, man könne die anderen durch Unterricht überzeugen.

Reaktion 2 – die »Idiotie-Annahme«: Der andere besitzt wohl die nötigen Informationen, aber sein Hirn ist unterentwickelt, darum kann er keine richtigen Schlüsse ziehen. Er ist einfach ein Depp. Diese Reaktion ist besonders beliebt bei Bürokraten, die die »dummen« Konsumenten vor sich selbst schützen wollen.

Reaktion 3 – die »Bosheits-Annahme«: Der andere besitzt wohl die nötigen Informationen, er versteht sie sogar, aber er geht absichtlich auf Konfrontation. Er hat böse Absichten. So behandeln viele Religionsanhänger ungläubige Menschen: Die müssen des Teufels sein!

Fazit: Nichts ist überzeugender als die eigenen Überzeugungen. Wenn Sie um jeden Preis daran festhalten, ist das nur natürlich – aber auch gefährlich. Introspektion, der Blick nach innen, ist zum großen Teil Fabrikation. Vertrauen Sie sich selbst zu sehr und zu lange, kann das Erwachen umso brutaler sein. Seien Sie deshalb umso kritischer mit sich, je stärker Sie von etwas überzeugt sind. Als kluger Mensch brauchen Sie kein Dogma. Seien Sie Ihr eigener Ketzer!

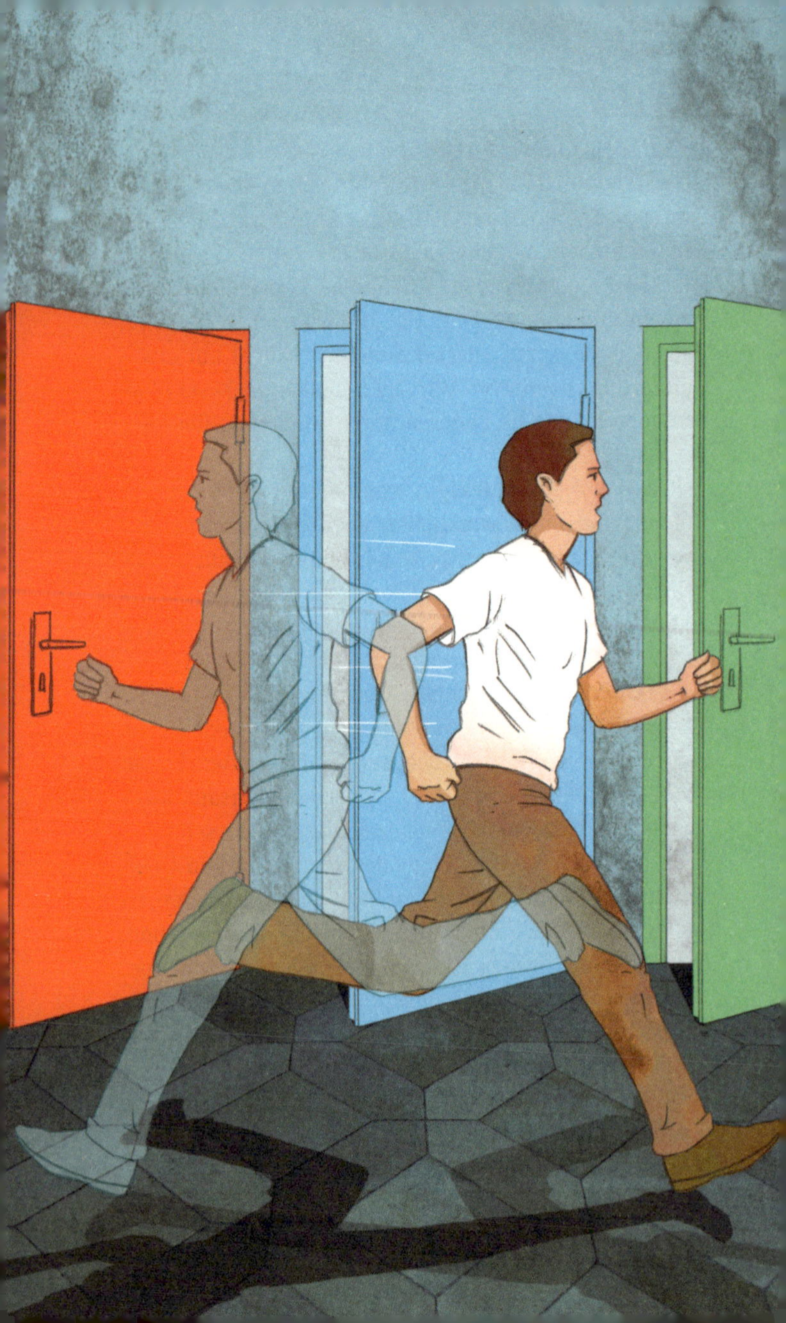

18

DIE UNFÄHIGKEIT, TÜREN ZU SCHLIESSEN

Warum Sie Ihre Schiffe verbrennen sollten

Neben meinem Bett stapeln sich zwei Dutzend Bücher – alle angelesen. Von keinem mag ich mich trennen, keines endgültig schließen. Ich schmökere ein bisschen hier, ein bisschen da. Doch zu wirklichen Erkenntnissen komme ich auf diese Weise nicht, trotz der vielen Lesestunden. Natürlich weiß ich, dass es ergiebiger wäre, mir ein einziges Buch vorzuknöpfen und die anderen wegzulegen. Warum tue ich es nicht?

Ich kenne einen Mann, der gleichzeitig drei Beziehungen zu Frauen unterhält. Er liebt jede dieser Frauen und kann sich vorstellen, mit jeder eine Familie zu gründen. Doch er bringt es nicht übers Herz, sich für eine zu entscheiden, weil es mit den beiden anderen dann garantiert vorbei wäre. Entscheidet er sich für keine, bleiben alle Möglichkeiten offen – mit dem Preis, dass keine richtige Beziehung entstehen kann.

Ich sehe junge Menschen, die zwei oder drei Studiengänge parallel verfolgen, in der irrigen Auffassung, sie hätten anschließend mehr Karrieremöglichkeiten. Ja, was ist denn so falsch, wenn man sich Möglichkeiten offenhält?

Im dritten Jahrhundert v. Chr. setzte General Xiang Yu seine Armee über den Jangtse, um gegen die Truppen der Qin-Dynastie zu kämpfen. Während seine Mannschaft schlief, verbrannte er alle Schiffe. Am nächsten Tag erklärte er seiner Truppe: »Jetzt habt ihr die Wahl: Entweder ihr kämpft bis zum Sieg oder ihr werdet sterben.« Indem er seiner Mannschaft die Möglichkeit zur Rückkehr nahm, lenkte er ihren Fokus auf das Einzige, was zählte: den Kampf. Den gleichen Trick benützte der spanische Konquistador Cortés im 16. Jahrhundert. Nach der Landung an der Ostküste Mexikos versenkte er die eigenen Schiffe.

Xiang Yu und Cortés sind Ausnahmen. Wir Normalsterblichen tun alles, um uns möglichst viele Optionen aufrechtzuerhalten. Wie stark dieser Trieb ist, zeigten die Psychologieprofessoren Dan Ariely und Jiwoong Shin anhand eines Computerspiels. Auf dem Bildschirm waren drei Türen zu sehen – eine rote, eine blaue und eine grüne. Die Spieler starteten mit 100 Punkten. Das Öffnen einer Tür kostete einen Punkt. In jedem Raum gab es Punkte zu gewinnen. Es war ziemlich einfach, herauszufinden, welches der ergiebigste Raum war. Die Spieler taten, was logisch war: Sie fanden den besten Raum und blieben während der ganzen Spielzeit da drin. Nun veränderten Ariely und Shin die Regeln. Jede Tür, die während zwölf Zügen nicht geöffnet wurde, verschwand unwiederbringlich. Die Spieler hetzten nun von Tür zu Tür, um ja nicht den Zugang zu einer potenziellen Punkteschatzkammer zu verlieren. Sie sammelten 15 % weniger Punkte, als wenn sie, wie zuvor, im ergiebigsten Raum geblieben wären. Als Nächstes erhöhte man die Kosten, um Türen zu öffnen, von einem auf drei Punkte. Kein Effekt. Die Spieler verschwendeten weiterhin ihr Guthaben, um sich alle Optionen offenzuhalten. Selbst als man den Spielern verriet, welcher Raum exakt wie viele Punkte gab, veränderten die Spieler ihr Verhalten nicht. Sie konnten den Gedanken nicht aushalten, Optionen zu verlieren.

Warum handeln wir derart blödsinnig? Weil der Nachteil, der uns daraus erwächst, nicht offensichtlich ist. In der Finanzwelt ist die Sache klar: Eine Option auf ein Wertpapier kostet immer etwas. Auf allen anderen Gebieten haben Optionen zwar auch ihren Preis, aber er ist versteckt: Jede Option zieht mentale Energie ab und verbraucht wertvolle Denk- und Lebenszeit. Der CEO, der jede erdenkliche Expansionsmöglichkeit prüft, verfolgt am Schluss gar keine. Die Unternehmung, die alle Kundensegmente ansprechen will, spricht bald überhaupt keine mehr an. Der Verkäufer, der jedem Lead nachspringt, steht am Ende ohne Kunden da.

Fazit: Wir sind davon besessen, auf möglichst vielen Hochzeiten zu tanzen, nichts auszuschließen und für alles offen zu sein. Erfolg bringt uns das nicht. Wir müssen lernen, Türen zu schließen. Legen Sie sich dazu eine Lebensstrategie zu – analog zu einer Firmenstrategie, die ja nichts anderes ist als eine bewusste Entscheidung, gewisse Möglichkeiten außer Acht zu lassen. »I dwell in Possibility« (»Ich wohne in der Möglichkeit«) lautet ein schönes Gedicht von Emily Dickinson aus dem 19. Jahrhundert. Schön, aber nicht gewinnbringend. Dichter(innen) waren schon damals keine guten Strategen.

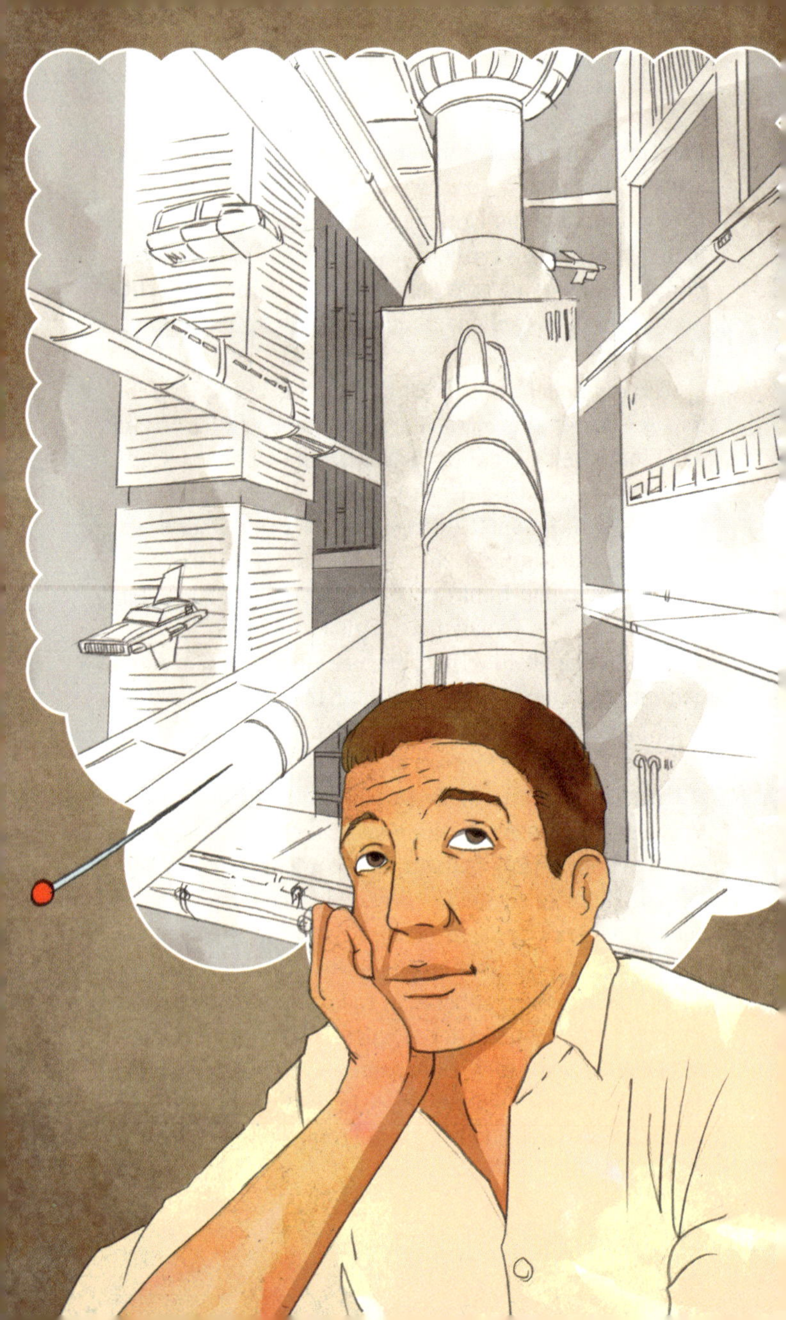

19
NEOMANIE

Warum wir Gutes gegen
Neues eintauschen

Wie sieht die Welt in 50 Jahren aus? Wie wird Ihr Alltag funktionieren? Mit welchen Gegenständen werden Sie sich umgeben? Menschen, die sich diese Frage vor 50 Jahren stellten, hatten abstruse Vorstellungen von dem, was heute unsere Gegenwart ist: Der Himmel wimmelt von fliegenden Autos. Städte gleichen Kristallwelten – zwischen den gläsernen Wolkenkratzern schlängeln sich Magnetbahnen wie Spaghetti. Wir wohnen in Schlafzellen aus Plastik, arbeiten in Unterwasserstädten, verbringen die Sommerferien auf dem Mond und ernähren uns von Pillen. Wir zeugen keine Kinder, sondern wählen sie aus einem Katalog. Unsere besten Freunde sind Roboter, der Tod ist tot, und unser Fahrrad haben wir natürlich längst gegen ein Jet-Pack eingetauscht.

Schauen Sie sich um. Sie sitzen auf einem Stuhl – einer Erfindung aus der Zeit der ägyptischen Pharaonen. Sie tragen Hosen, erfunden vor über 5.000 Jahren, von den Germanen adaptiert um 750 v. Chr. Die Idee für Ihre Lederschuhe stammt aus der letzten Eiszeit. Ihr Büchergestell (vermutlich Typ »Billy« von IKEA) ist nicht aus Plastik, sondern aus Holz, dem ältesten Baumaterial der Welt.

Sie lesen diesen Text auf gedrucktem Papier und womöglich mit einer Brille – wie schon Ihr Urgroßvater. Zum Essen setzen Sie sich – ebenfalls wie er – an einen wahrscheinlich ebenfalls hölzernen Tisch und führen sich mit einer Gabel (eine seit den Römern bekannte »Killer App«) Stücke von toten Tieren und Pflanzen in den Mund. Alles wie gehabt.

Wie aber wird die Welt in 50 Jahren aussehen? Der Essayist Nassim Taleb, von dem einige der obigen Beispiele neuer und alter Technologie stammen, gibt in seinem Buch *Antifragile* einen Hinweis: Gehen Sie davon aus, dass die meisten Technologien, die es seit mindesten 50 Jahren gibt, auch weitere 50 Jahre Bestand haben. Und rechnen Sie damit, dass Technologien, die es erst seit wenigen Jahren gibt, in wenigen Jahren passé sein werden. Warum? Betrachten Sie Technologien wie Tierarten: Was sich über Jahrhunderte gegen den Innovationssturm behauptet hat, wird sich wohl auch in Zukunft behaupten. Das Alte bewährt sich, es wohnt ihm eine Logik inne – auch wenn wir sie nicht immer verstehen. Wenn etwas Jahrhunderte überdauert, dann muss etwas dran sein.

Jede Gesellschaft, die sich ihre Zukunft vorstellt, legt viel zu viel Gewicht auf die momentan heißesten Erfindungen, die aktuellen »Killer Apps«. Und jede Gesellschaft unterschätzt die Rolle der althergebrachten Technologien. Die 60er-Jahre gehörten der Raumfahrt, also malten wir uns Schulklassenfahrten auf den Mars aus. In den 50er-Jahren war Plastik angesagt. Also, dachten wir, würden wir in Zukunft in Plastikhäusern leben. Wir überschätzen systematisch die Rolle des Neuen. Taleb führt das auf den Denkfehler *Neomanie* zurück – die »Manie für das Neue«.

Doch der neueste Schrei wird schneller verhallen, als wir denken. Nehmen Sie sich das zu Herzen, wenn Sie das nächste Mal an einer Strategiesitzung teilnehmen. Der Alltag in 50 Jahren wird größtenteils so aussehen wie Ihr jetziges Leben. Natürlich, es werden überall neue Gadgets flimmern, die sich angeblicher Zaubertechnologien bedienen. Doch den meisten wird ein kurzes Leben beschieden sein. Der »Bullshit-Filter der Geschichte« (Taleb) wird sie entfernen. *Neomanie* hat noch einen anderen Aspekt. Früher hegte ich Sympathien für die sogenannten »Early Adopters«, ein Menschenschlag, der ohne die neueste iPhone-Version nicht leben kann. Ich glaubte, sie seien ihrer Zeit voraus. Heute betrachte ich sie als irrationale Menschen, die von einer Art Krankheit befallen sind. Welchen handfesten Nutzen eine Erfindung liefert, ist ihnen im Grunde unwichtig. Was zählt, ist einzig und allein der Aspekt der Neuheit.

Klar ist, dass Sie sich nicht allzu weit aus dem Fenster lehnen sollten, wenn Sie die Zukunft weissagen. Das zeigt besonders schön Max Frischs 1957 erschienener Roman *Homo faber*. Frisch lässt einen Professor über die Utopie einer elektronisch vernetzten Welt prophezeien:»Sie werden lachen, meine Herren, aber es ist so, Reisen ist ein Atavismus, es wird kommen der Tag, da es überhaupt keinen Verkehr mehr gibt, und nur noch die Hochzeitspaare werden mit einer Droschke durch die Welt fahren, sonst kein Mensch.« Gelesen hab ich das vor wenigen Monaten – im Flugzeug nach New York.

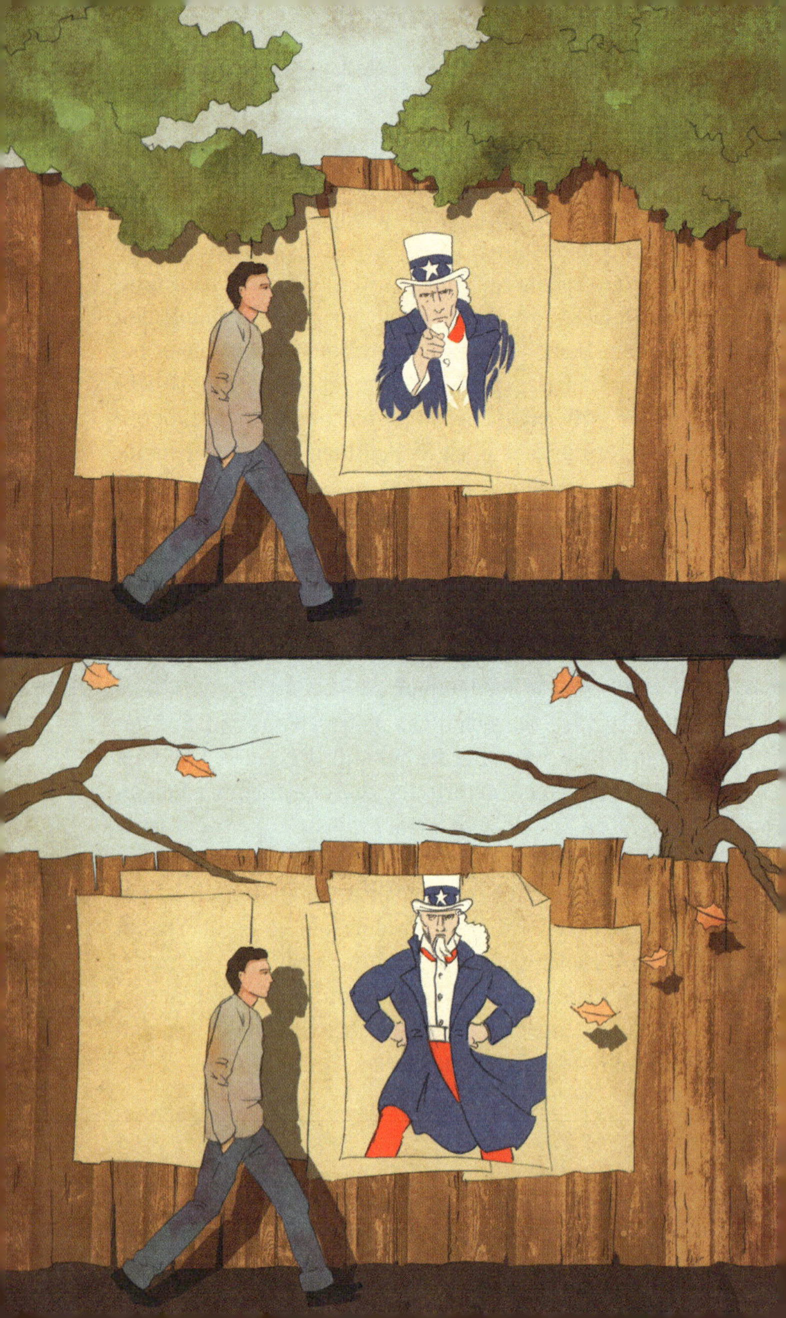

> Siehe Workbook-Teil S. 290

20
SCHLÄFEREFFEKT

Warum Propaganda funktioniert

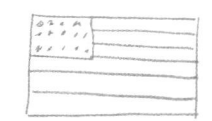

Während des Zweiten Weltkriegs produzierte jede Nation Propagandafilme. Die Bevölkerung, insbesondere die Soldaten, sollte mit Begeisterung für das Vaterland kämpfen und wenn nötig sterben. Die USA gaben so viel Geld für Propaganda aus, dass das amerikanische Kriegsministerium in den 40er-Jahren herausfinden wollte, ob sich die teuren Filme denn auch wirklich lohnten. Mit einer Reihe von Studien versuchte man zu eruieren, wie sich die Haltung gewöhnlicher Soldaten im Anschluss an einen Propagandafilm veränderte. Das Ergebnis war enttäuschend: Die Filme stärkten die Kriegsbegeisterung nicht im Geringsten.

Weil die Filme schlecht gemacht waren? Wohl kaum. Vielmehr wussten die Zuschauer der Filme, dass es sich um Propaganda handelte – was die im Film transportierten Informationen diskreditierte, noch bevor dieser überhaupt lief. Der Film konnte noch so logisch argumentieren oder emotional berühren, die Zuschauer entwerteten die Argumente sofort.

Neun Wochen später geschah etwas Unerwartetes. Die Psychologen maßen die Einstellung der Soldaten zum Krieg ein zweites Mal. Das Ergebnis: Wer den Film neun Wochen zuvor gesehen hatte, bekundete nun eine deutlich höhere Sympathie für den Krieg als jene Soldaten, die den Film nicht gesehen hatten. Offenbar funktionierte die Propaganda doch!

Die Wissenschaftler standen vor einem Rätsel – vor allem, weil man damals schon wusste, dass die Überzeugungskraft von Argumenten mit der Zeit nachlässt. Sie zerfällt wie eine radioaktive Substanz. Das haben Sie sicher schon selbst erlebt: Sie lesen einen Artikel, zum Beispiel über die Vorteile der Gentherapie. Unmittelbar nach der Lektüre sind Sie Feuer und Flamme, doch nach einigen Wochen wissen Sie schon nicht mehr so genau, warum. Nach weiteren Wochen ist von Ihrer Begeisterung kaum noch was übrig.

Bei der Propaganda ist es erstaunlicherweise genau umgekehrt. Wird jemand durch Propaganda beeinflusst, steigt die Überzeugungskraft mit der Zeit an. Warum? Der Psychologe Carl Hovland, der die Studien für das amerikanische Kriegsministerium leitete, nannte dieses Rätsel *Schläfereffekt* (*Sleeper Effect*, der Begriff ist der Spionage entlehnt). Die zurzeit beste Erklärung für den Effekt: Das Wissen um die Quelle zerfällt schneller als die vorgebrachten Argumente. Anders ausgedrückt: Das Hirn vergisst relativ schnell, woher die Informationen kamen (vom Propagandaministerium), aber es vergisst nicht so schnell die Information an sich (der Krieg ist nötig und eine gute Sache). Deshalb gewinnen Informationen aus einer unglaubwürdigen Quelle mit der Zeit an Glaubwürdigkeit. Die entwertende Komponente schmilzt schneller dahin, als der Inhalt der Botschaft vergessen geht.

In den USA gibt es kaum Wahlen ohne hässliche Werbespots, bei denen Gegenkandidaten angeschwärzt werden. Immerhin steht am Ende der Spots aber jeweils deutlich und gesetzlich vorgeschrieben, wer den Spot bezahlt hat. Damit ist jedem Zuschauer klar, dass es sich um Wahlpropaganda handelt. Nur: Zahlreiche Studien belegen, dass der *Schläfereffekt* auch hier seine Arbeit zuverlässig verrichtet – besonders bei den unentschiedenen Wählern. Der Absender wird vergessen, seine hässlichen Argumente bleiben haften.

Ich habe mich oft gefragt, warum Werbung funktioniert. Jeder klare Kopf müsste Werbebotschaften, die als solche erkennbar sind, sofort relativieren und entwerten. Aber selbst Ihnen als intelligenter Leser wird das nicht immer gelingen. Gut möglich, dass Sie nach ein paar Wochen nicht mehr wissen, ob Sie eine bestimmte Information aus einem gut recherchierten Artikel haben oder aus der Werbespalte nebenan.

Wie können Sie dem *Schläfereffekt* entgegenwirken? Erstens: Nehmen Sie keine unverlangten Ratschläge an, auch wenn sie angeblich gut gemeint sind. Damit schützen Sie sich zu einem gewissen Grad vor Manipulation. Zweitens: Gehen Sie übel werbeverseuchten Quellen so weit wie möglich aus dem Weg. Was für ein Glück, dass Bücher (noch) werbefrei sind! Drittens: Versuchen Sie sich bei jedem Argument, das Ihnen geläufig ist, an die Quelle zu erinnern. Wer sagt das? Und wieso wohl? Gehen Sie vor wie ein Ermittler, der sich die Frage stellt: *Cui bono?* Wem nützt es? Das ist viel Arbeit und macht Ihr Denken langsamer. Dafür klarer.

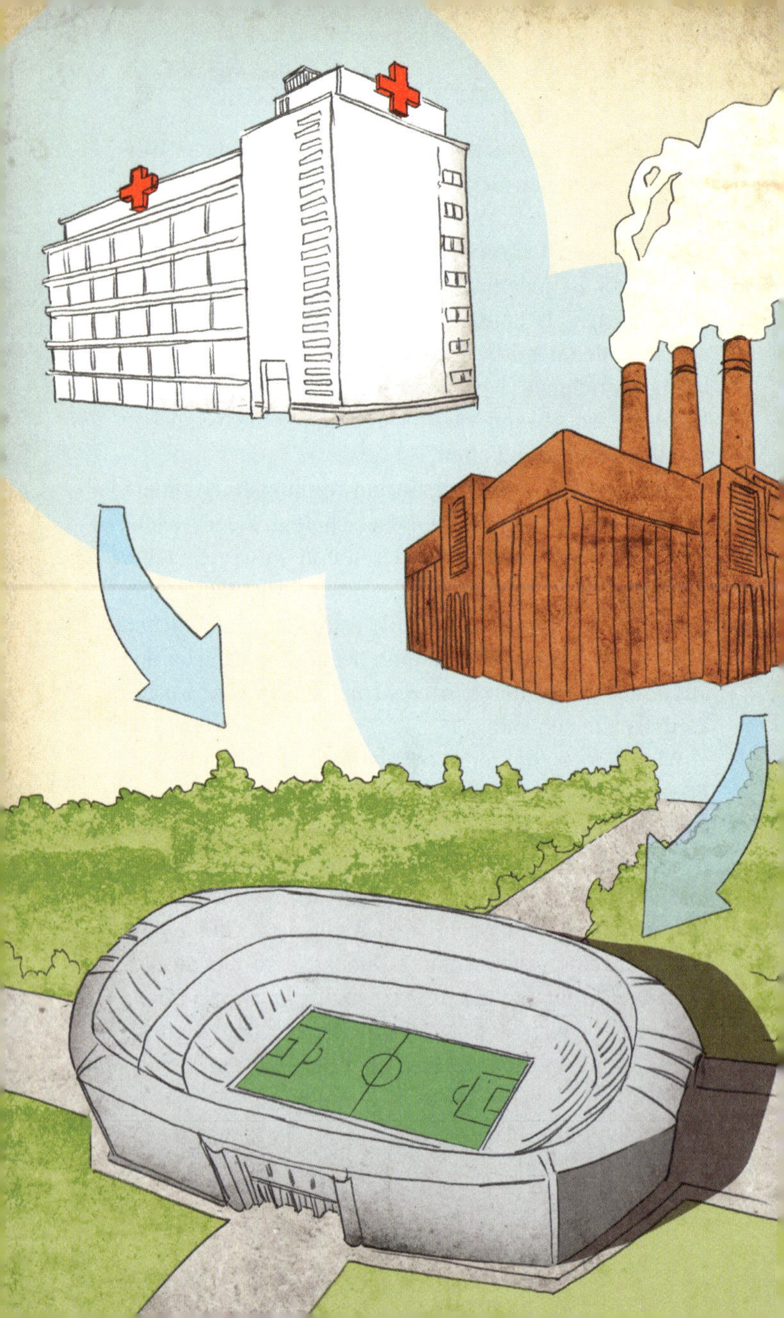

> Siehe Workbook-Teil S. 293

21

ALTERNATIVENBLINDHEIT

Warum Sie oft blind für das Beste sind

Sie blättern in einem Prospekt, der Ihnen eine MBA-Ausbildung schmackhaft machen will. Ihr Blick schweift über die Fotos des efeubehangenen Campus und der ultramodernen Sportanlagen. Überall lachende Studenten im globalen Ethno-Mix (mit besonderem Akzent auf jungen Frauen, jungen Chinesen und jungen Indern). Auf der letzten Seite finden Sie eine Investitionsrechnung, die zeigen soll, dass sich ein MBA finanziell lohnt. Den Kosten von 100.000 Euro steht ein Einkommen gegenüber, das Ihnen netto bis zu Ihrer Pensionierung 400.000 Euro mehr einbringt als ein Durchschnittsjob von Nicht-MBA-Absolventen. 300.000 Euro Gewinn – ein No-Brainer, oder? Keineswegs. Sie laufen Gefahr, gleich in vier Denkfallen zu tappen. Die *Swimmer's Body Illusion* (vorgestellt in *Die Kunst des klaren Denkens*) besagt: Der MBA zieht Menschen an, die viel Gewicht auf ihre Karriere legen und darum vermutlich ohnehin ein höheres Einkommen erzielt hätten als der Rest der Bevölkerung – auch ohne MBA. Der zweite Denkfehler: Ein MBA dauert zwei Jahre. In dieser Zeit haben Sie mit einem Lohnausfall von, sagen wir, 100.000 Euro zu rechnen. Also kostet der MBA nicht

100.000, sondern 200.000 Euro. Dieser Betrag, gut investiert, kann schnell mal das zusätzliche erwartete Einkommen durch einen MBA übersteigen. Drittens, einen Betrag über 30 Jahre abzudiskontieren ist idiotisch. Wer weiß schon, wie die Welt in 30 Jahren aussieht? Viertens, die Alternative ist nicht »kein MBA«, sondern vielleicht eine andere Ausbildung, die bedeutend weniger kostet und gleichfalls karrierefördernd ist. Es ist dieser vierte Denkfehler, der uns hier interessiert. Nennen wir ihn *Alternativenblindheit*: Wir vergessen systematisch, einen Vorschlag mit der nächstbesten Alternative zu vergleichen.

Ein Beispiel aus der Finanzwelt. Angenommen, Sie haben etwas Geld auf dem Sparkonto liegen und fragen Ihren Anlageberater nach einer Empfehlung. Er schlägt Ihnen eine Anleihe vor, die Ihnen 5 % Zins erwirtschaftet. »Das ist doch viel besser als die 1 % auf dem Sparkonto«, sagt er. Ist es sinnvoll, die Anleihe zu kaufen? Wir wissen es nicht, denn der Vergleich mit dem Sparkonto ist falsch. Richtigerweise müssten Sie die Anleihe mit allen anderen Anlagemöglichkeiten vergleichen und daraus die beste wählen. So macht es auch der Starinvestor Warren Buffett: »Jeder unserer Deals wird am zweitbesten Deal gemessen, der zu einer bestimmten Zeit möglich ist – selbst wenn es bedeutet, mehr von dem zu tun, was wir bereits tun.«

Im Gegensatz zu Warren Buffett sind Politiker ziemlich oft mit *Alternativenblindheit* geschlagen. Angenommen, die Stadt, in der Sie leben, plant den Bau einer Sportarena auf einem heute unbebauten Stück Land. Die Befürworter argumentieren, dass eine Sportarena der Bevölkerung emotional und finanziell viel mehr bringe als eine leere Wiese. Doch der Vergleich mit der leeren Wiese ist falsch.

Richtigerweise müsste man die Sportarena mit allen anderen Möglichkeiten vergleichen, die durch den Bau der Sportarena an diesem Ort unmöglich werden – zum Beispiel dem Bau einer Schule, eines Krankenhauses, einer Verbrennungsanlage und so weiter – bis hin zum Verkauf der Wiese und der Anlage des Verkaufserlöses an der Börse.

Und Sie persönlich, sind Sie *alternativenblind*? Sagen wir, Ihr Arzt entdeckt einen Tumor, der in fünf Jahren zu Ihrem sicheren Tod führt. Er schlägt eine komplizierte Operation vor, die, wenn sie gelingt, den Tumor vollständig entfernt, aber mit einer Wahrscheinlichkeit von 50 % tödlich verläuft. Wie entscheiden Sie? Sie wägen ab: sicherer Tod in fünf Jahren oder 50 % Todeswahrscheinlichkeit nächste Woche. *Alternativenblindheit!* Vielleicht gibt es die Variante einer invasiven Operation, die den Tumor zwar nicht vollständig entfernt, aber viel sicherer ist und die Lebenszeit auf zehn Jahre erhöht. Wer weiß, vielleicht kommt in den gewonnenen Jahren eine Therapie auf den Markt, mit der der Tumor risikolos eliminiert werden kann.

Fazit: Wenn Sie vor die Wahl zwischen A und dem Status quo (kein MBA, leere Wiese, keine Operation) gestellt werden, tendieren Sie dazu, A mit dem Status quo zu vergleichen. Das ist falsch. Machen Sie sich die Arbeit, und vergleichen Sie A immer auch mit B, C, D, E und F. Sonst macht Ihnen bald jemand ein X für ein U vor.

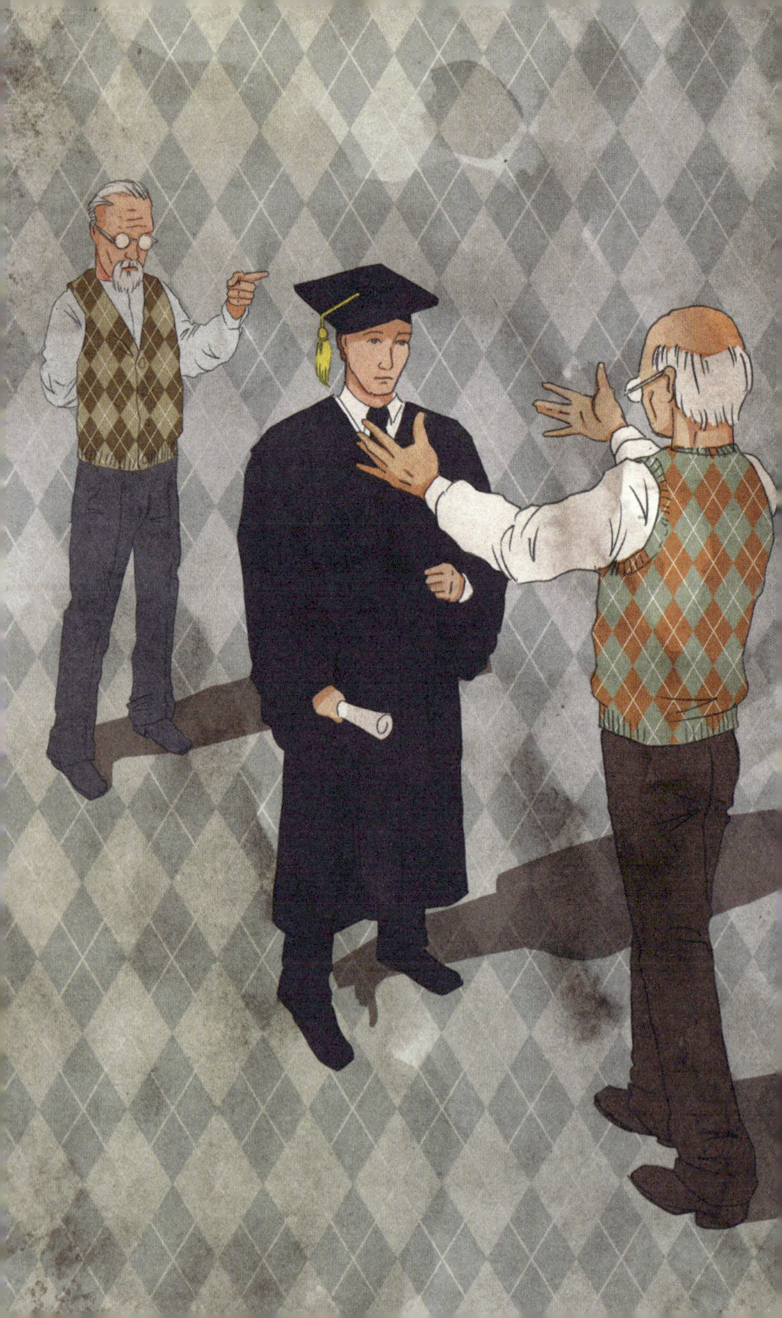

22

SOCIAL COMPARISON BIAS

Warum wir schlecht über die Aufsteiger reden

Als eines meiner Bücher auf Platz eins der Bestsellerliste stand, bat mich der Verlag um einen Gefallen. Das Buch eines Kollegen stand kurz vor dem Sprung in die Top Ten, und ein Testimonial von mir, so der Verlag, hätte ihm noch den nötigen Schubs geben können. Testimonials sind wohlwollende Kommentare auf dem Buchrücken. Es überrascht mich immer wieder, dass sie überhaupt funktionieren. Logischerweise landen nur gute Kommentare auf dem Buchrücken. Ein rationaler Leser müsste die Lobhudeleien also ignorieren oder zumindest mit Verrissen vergleichen, die es immer auch gibt (und die man anderswo liest). So oder so, der Verlag bestand auf ein paar netten Worten von mir. Ich zögerte. Warum sollte ich mir ins eigene Fleisch schneiden? Warum soll ich jemandem helfen, der mir vielleicht schon bald den ersten Rang streitig machen würde? Ich habe schon oft Testimonials für andere Bücher geschrieben, doch die waren allesamt keine Konkurrenz für mich. Doch diesmal schlug der *Social Comparison Bias* (deutsch etwa: *Konkurrenzangst*) zu. Er bezeichnet die Tendenz, keine Empfehlungen für andere abzugeben, die einem den Rang ablaufen könnten – selbst dann, wenn man sich durch dieses Verhalten langfristig unmöglich macht.

Buch-Testimonials sind ein harmloses Beispiel des *Social Comparison Bias*. Giftiger geht es in der Wissenschaft zu. Das Ziel jedes Wissenschaftlers ist es, möglichst viele Beiträge in den renommiertesten Fachjournalen zu publizieren. Mit der Zeit erarbeitet man sich so den Ruf eines Experten, und es dauert nicht lange, bis die Redakteure einen anfragen, Zusendungen anderer Wissenschaftler zu beurteilen. Oft sind es bloß zwei, drei Experten, die entscheiden, was ins Blatt kommt und was nicht. Was passiert, wenn ein junger Forscher einen weltbewegenden Artikel einschickt, der einen ganzen Fachbereich auf den Kopf stellt und die bisherigen Eminenzen vom Thron stürzt? Diese werden mit dem Artikel besonders scharf ins Gericht gehen – *Social Comparison Bias*.

Der Psychologe Stephen Garcia und seine Forschungskollegen beschreiben den Fall eines Nobelpreisträgers, der einen vielversprechenden jungen Fachkollegen davon abgehalten hat, sich für eine Stelle an »seiner« Universität zu bewerben. Kurzfristig mag dieses Verhalten einleuchten, doch langfristig ist es unvernünftig. Der Nobelpreisträger riskiert bloß, dass das junge Talent zu einer anderen Forschungsgruppe stößt und seine Intelligenz dort einbringt. *Social Comparison Bias*, mutmaßt Garcia, könnte der Grund sein, warum kaum eine Forschungsgruppe über viele Jahre kontinuierlich an der Spitze bleibt.

Der *Social Comparison Bias* ist auch einer der größten Fehler von Start-ups. Guy Kawasaki war vier Jahre lang »Chief Evangelist« für Apple. Heute ist er Venture Capitalist und berät Unternehmensgründer. Kawasaki sagt:

»A-Spieler (erstklassige Leute) stellen A-plus-Spieler ein, also Mitarbeiter, die noch besser sind als sie selbst. B-Spieler hingegen stellen C-Spieler ein. C-Spieler stellen D-Spieler ein, D-Spieler E-Spieler und so weiter, bis die Firma nach wenigen Jahren aus lauter Z-Leuten besteht.« Empfehlung: Stellen Sie Leute ein, die besser sind als Sie selbst, sonst haben Sie bald einen Laden voller Loser. Und für die gilt der sogenannte *Dunning-Kruger-Effekt*, der besagt: Inkompetente Menschen vermögen das Ausmaß ihrer Inkompetenz nicht zu erkennen.

Als der 25-jährige Isaac Newton seinem Professor Isaac Barrow zeigte, was er so alles in seiner Freizeit forschte – die Schule blieb wegen der Pest 1666/67 geschlossen –, legte Barrow seinen Job als Professor nieder und setzte seinen Schüler Newton ein. Sofort, ohne zu zögern. Wann gab es das zum letzten Mal, dass ein Professor seinen Lehrstuhl geräumt hat, weil ein besserer Kandidat da war? Wann räumte zuletzt ein CEO seinen Sessel, weil er einsah, dass einer seiner 20.000 Mitarbeiter einen besseren Job machen würde als er? Ich kann mich an keinen solchen Fall erinnern.

Fazit: Unterstützen Sie Talente, die besser sind als Sie. Kurzfristig bringen Sie Ihren Status in Gefahr, doch langfristig können Sie nur gewinnen, denn die Verfolger werden Sie irgendwann ohnehin überrunden. Bis es so weit ist, sollten Sie sich besser gut mit ihnen stellen – und von ihnen lernen. Also schrieb ich das Testimonial dann doch.

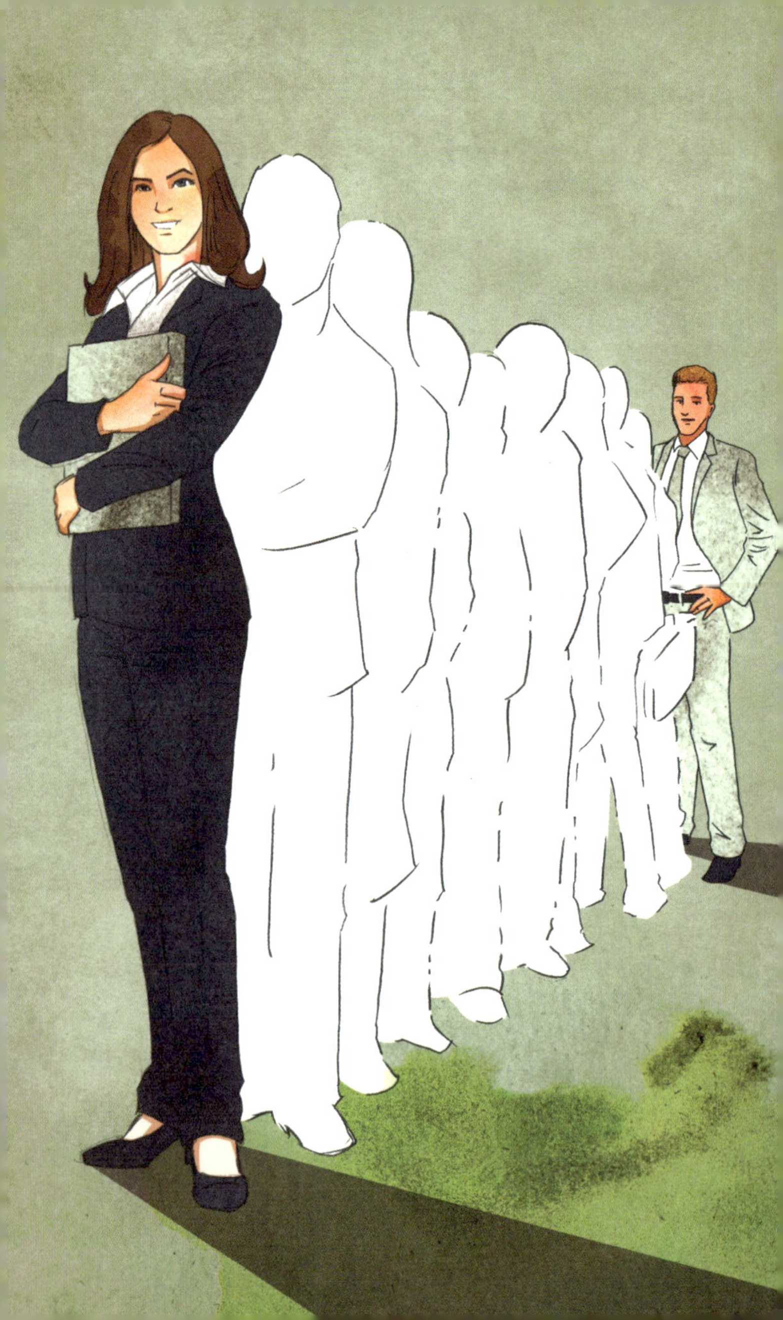

> Siehe Workbook-Teil S. 299

23
PRIMÄR- UND REZENZEFFEKT

Warum der erste Eindruck täuscht

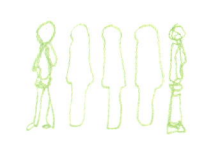

Lassen Sie mich Ihnen zwei Männer vorstellen, Alain und Ben. Entscheiden Sie, ohne lange nachzudenken, welcher der beiden Ihnen sympathischer ist. Alain ist intelligent – fleißig – impulsiv – kritisch – stur – neidisch. Ben hingegen ist neidisch – stur – kritisch – impulsiv – fleißig – intelligent. Mit wem würden Sie lieber im Lift stecken bleiben?

Wenn Sie so ticken wie die meisten Menschen, ziehen Sie Alain vor. Und das, obwohl die Beschreibungen exakt dieselben sind. Ihr Hirn bewertet die ersten Adjektive stärker als die folgenden, mit dem Ergebnis, dass Sie glauben, zwei verschiedene Persönlichkeiten vor sich zu haben. Alain ist intelligent und fleißig. Ben hingegen ist neidisch und stur. Die ersten Charaktereigenschaften überstrahlen alle folgenden. Das ist der sogenannte *Primäreffekt* oder der *Erste-Eindruck-zählt-Effekt*.

Gäbe es den *Primäreffekt* nicht, müssten Firmenzentralen nicht mit pompösen, unproduktiven Eingangshallen protzen. Und es käme nicht darauf an, ob Ihr Anwalt in ausgelatschten Turnschuhen oder fein polierten Designer-Oxfords daherkommt.

Der *Primäreffekt* führt zu Handlungsfehlern. Der Nobelpreisträger Daniel Kahneman beschreibt in seinem Buch *Schnelles Denken, langsames Denken*, wie er am Anfang seiner Professorenkarriere Prüfungsarbeiten benotete. Nämlich so, wie die meisten Lehrer – der Reihe nach: zuerst Student 1, dann Student 2 und so weiter. Dies führte dazu, dass jene Studenten, die die ersten Fragen perfekt beantworteten, damit bereits die Sympathie des Professors gewonnen hatten – was sich auf dessen Beurteilung der folgenden Antworten auswirkte. Also stellte Kahneman um. Er benotete jetzt zuerst die Frage 1 aller Studenten, dann die Frage 2 aller Studenten und so weiter. Damit hatte er den *Primäreffekt* ausgeschaltet.

Leider ist dieser Trick nicht überall anwendbar. Bei der Rekrutierung eines neuen Mitarbeiters laufen Sie Gefahr, diejenige Person einzustellen, die Ihnen den besten ersten Eindruck gemacht hat. Idealerweise würden Sie alle Kandidaten der Reihe nach aufstellen und parallel alle die gleichen Fragen beantworten lassen.

Angenommen, Sie sitzen im Aufsichtsrat einer Unternehmung, und ein Diskussionspunkt kommt auf den Tisch, über den Sie sich noch kein Urteil gebildet haben. Dann wird die erste Meinungsäußerung, die Sie hören, für Ihre Gesamtbeurteilung ausschlaggebend sein. Dasselbe gilt für die anderen Sitzungsteilnehmer – eine Tatsache, die Sie sich zunutze machen können: Wenn Sie eine Meinung haben, zögern Sie nicht, sie als Erster vorzubringen. Sie werden damit Ihre Kollegen überdurchschnittlich beeindrucken und auf Ihre Seite ziehen. Sitzen Sie hingegen dem Gremium vor, fragen Sie die Meinungen bitte in zufallsgesteuerter Reihenfolge ab – sonst geben Sie jener Person, der Sie in jeder Runde zuerst das Wort erteilen, überdurchschnittlichen Einfluss.

Nicht immer greift der *Primäreffekt*, es gibt auch den gegenläufigen *Rezenzeffekt* (englisch: *recency effect* von »recent« – kürzlich). Er besagt: Später eingehende Informationen werden besser erinnert. Dies, weil unser Kurzzeitgedächtnis äußerst wenig Speicherplatz hat. Kommt etwas Neues herein, wird etwas Älteres hinausgeworfen.

Wann überwiegt der *Primär-*, wann der *Rezenzeffekt*? Antwort: Muss nach einer Reihenfolge von Eindrücken sofort gehandelt werden, ist der *Primäreffekt* stärker. Beim Beispiel von Alain und Ben waren Sie gezwungen, sofort eine Gesamtbeurteilung der beiden Persönlichkeiten vorzunehmen. Liegen die Eindrücke hingegen einige Zeit zurück, überwiegt der *Rezenzeffekt*. Erinnern Sie sich an eine Rede, die Sie vor Wochen gehört haben, dann wird Ihnen vor allem der Schluss, die Pointe in Erinnerung geblieben sein.

Fazit: Eindrücke in der Mitte wirken unterdurchschnittlich – sei es die Mitte einer Rede, eines Verkaufsgesprächs, eines Buches. Beurteilen Sie Dinge nicht nach dem ersten Eindruck. Er täuscht garantiert – in die eine oder andere Richtung. Versuchen Sie, alle Aspekte eines Menschen unvoreingenommen zu beurteilen. Das ist nicht einfach, aber in gewissen Situationen durchaus möglich. Bei einem Bewerbungsgespräch zum Beispiel notiere ich mir alle fünf Minuten eine Note und berechne im Nachhinein den Durchschnitt. So stelle ich sicher, dass die »Mitte« ebenso zählt wie der erste und der letzte Eindruck.

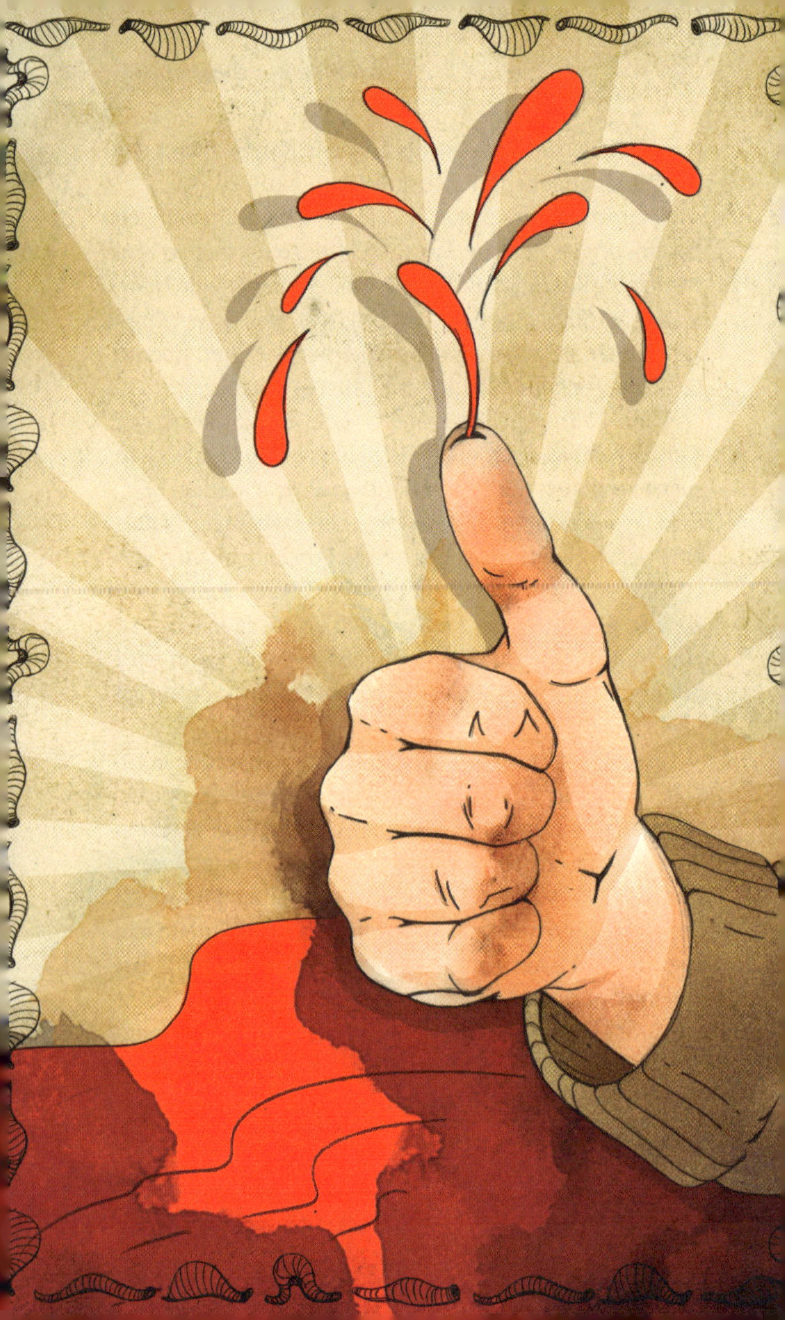

24

ADERLASSEFFEKT

Warum wir kein Gefühl für das
Nichtwissen haben

Ein Mann wird zum Arzt gebracht. Dieser schneidet ihm die Arterie des Unterarms auf und lässt das Blut herausspritzen – einen halben Liter. Der Mann fällt in Ohnmacht. Am nächsten Tag muss er fünf weitere Aderlässe über sich ergehen lassen. Bei den letzten drei Prozeduren will das Blut nicht mehr richtig herausschießen, also setzt der Arzt einen Glaskolben gefüllt mit heißer Luft an die Wunde. Die Luft kühlt sich ab, entwickelt ein Vakuum, und saugt das Blut aus dem Arm. Der Mann liegt nun halb tot mit sechs Schnittwunden im Bett. Jetzt setzt der Arzt Blutegel an die empfindlichsten Stellen der Wunden. Die Würmer saugen sich langsam voll. Wenn sie prall sind und vor Blut fast platzen, werden neue, hungrige Egel angesetzt. Nach drei Monaten wird der Patient entlassen – wenn er nicht gestorben ist.

Dieses Verfahren war gang und gäbe bis weit ins 19. Jahrhundert hinein. Die Idee des Aderlasses gründet auf der »Viersäftelehre« des Körpers. Nach dieser Theorie sind alle Krankheiten auf ein Ungleichgewicht von vier Säften – gelbe Galle, schwarze Galle, Schleim und Blut – zurückzuführen. Bei Akne, Asthma, Cholera, Diabetes, Epilepsie, Pest, Hirnschlag, Tuberkulose und hundert anderen Krankheiten hat der Körper angeblich zu viel Blut – darum Aderlass. Allein in den 1830er-Jahren importierte Frankreich deshalb über 40 Millionen Blutegel. Die Viersäftelehre hat die Medizin über 2.000 Jahre lang dominiert. Kaum eine andere wissenschaftliche Theorie konnte sich so lange halten, und das, obwohl sie kompletter Humbug war. Den meisten Patienten ging es ohne Aderlass nachweislich besser – was auch den Ärzten nicht verborgen blieb.

2.000 Jahre lang hat sich das medizinische Establishment an eine falsche Theorie geklammert – entgegen aller Evidenz. Warum? So unglaublich es klingt, aber die Viersäftelehre des Körpers ist exemplarisch für alle Theorien, die sich mit komplexen Systemen – Mensch, Börse, Kriege, Städte, Ökosysteme, Unternehmen – befassen. Wir geben eine falsche Theorie nicht auf, wenn sie sich als falsch erweist, sondern erst, wenn eine bessere in Sicht ist. Das ist alles andere als rational, aber keineswegs die Ausnahme. Nennen wir es den *Aderlasseffekt*.

Immer wieder befinden wir uns im Leben zwischen zwei Jobs, zwei Wohnorten oder Beziehungen – niemals aber zwischen zwei Ansichten. Stoßen wir eine weg, nehmen wir sofort eine neue an. Wir sind wie beziehungsunfähige Männer, die keinen Tag ohne Frau aushalten. Ansichten fühlen sich nur entweder »richtig« oder »falsch« an. Bewusste Ignoranz – die Einsicht, etwas (noch) nicht zu wissen – hat keinen Platz in unserer Gefühlswelt. Wir wissen nicht, wie sich das Nichtwissen anfühlen soll. Darum sind wir besser im Theorienerfinden als im Zugeben unserer Ignoranz. Das fiel zuerst dem Wissenschaftshistoriker

Thomas Kuhn auf: Theorien kollabieren nie unter dem Gewicht ihrer eigenen Fehler. Sie kollabieren erst, wenn eine andere, scheinbar bessere Theorie vorhanden ist.

Warum ist das schlimm? Weil es diese bessere Theorie oft noch nicht gibt. Jahrzehntelang wurde der amerikanische Notenbanker Alan Greenspan als Halbgott verehrt. Im Herbst 2008 implodierten die Finanzmärkte, und zumindest Greenspan wurde selbstkritisch. Vor den Kongressausschuss zitiert, sagte er aus: »Das ganze intellektuelle Gebäude kollabierte.« Der Vorsitzende fragte: »Sie realisierten also, dass Ihre Sicht der Welt, Ihr Gedankenmodell, falsch war?« »Präzise«, antwortete Greenspan. Damit meinte er die Theorie, dass die Wirtschaft über die Geldmenge zu steuern sei. Trotzdem halten die Regierungen der westlichen Welt bis heute eisern an dieser Theorie fest – mit allen Konsequenzen in puncto Verschuldung, Börsenkurse, Lebensstandard und Inflation. Und das nur, weil keine Alternative in Sicht ist – der typische *Aderlasseffekt*.

Der *Aderlasseffekt* spielt auch im Privaten eine Rolle. Wenn Sie intellektuell nicht ausbluten wollen, überprüfen Sie deshalb Ihre Anlagestrategie, Ihre Lebensphilosophie und Ihre Ansichten über andere Menschen regelmäßig. Wenn die Tatsachen gegen Ihre Theorien sprechen, geben Sie diese sofort auf. Und, wichtiger noch: Warten Sie nicht, bis Sie eine »bessere« Theorie gefunden haben. Das könnte 2.000 Jahre dauern.

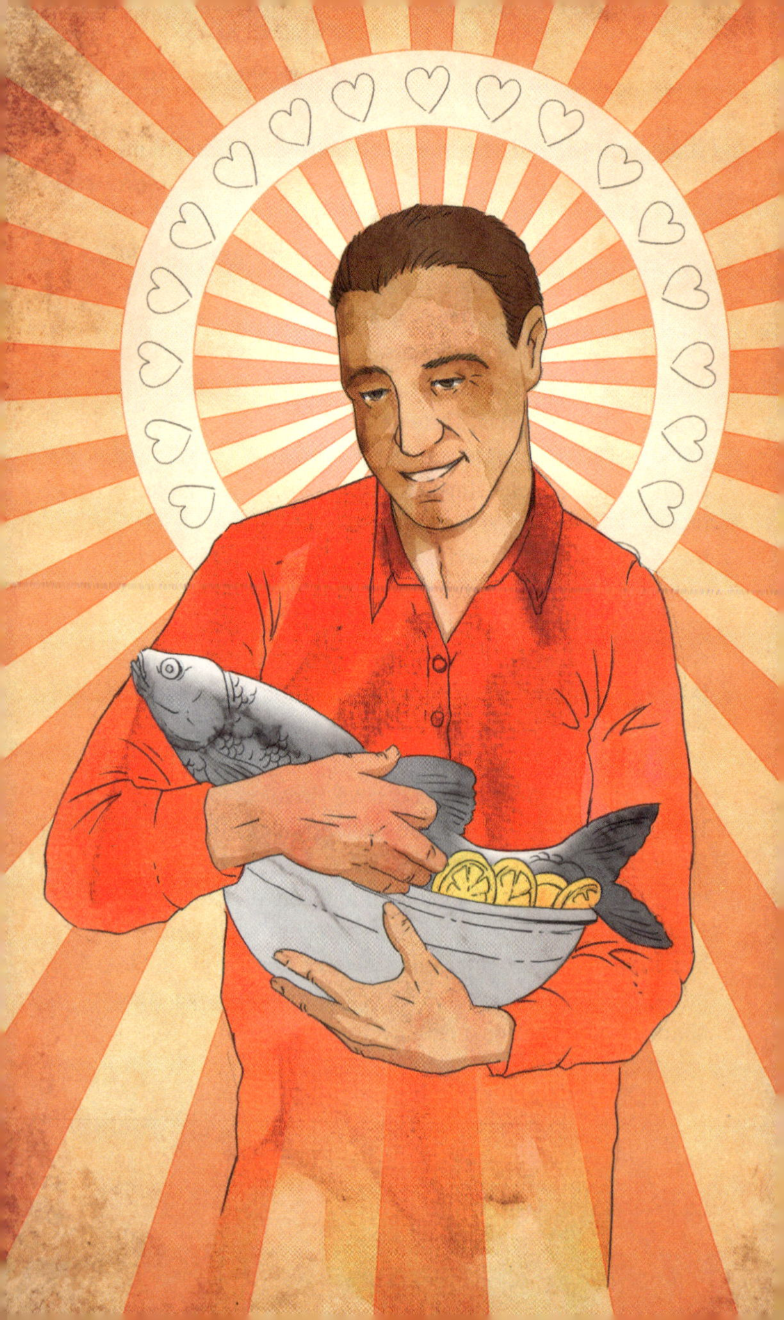

25

NOT-INVENTED-HERE-SYNDROM

Warum selbst gemacht besser schmeckt

Meine Kochkünste sind bescheiden, das weiß auch meine Frau. Und doch gelingt mir ab und zu ein Gericht, das man als essbar bezeichnen könnte. Vor einigen Wochen kaufte ich zwei Seezungen. Um der Langeweile bekannter Fischsoßen zu entgehen, erfand ich eine neue – eine waghalsige Kombination aus Weißwein, pürierten Pistazien, Honig, geraspelten Orangenschalen und einem Schuss Balsamico. Meine Frau zog die gebratene Seezunge auf den Tellerrand und streifte mit dem Messer die Soße vom Fisch, dazu lächelte sie entschuldigend. Mir hingegen schmeckte die Soße nicht schlecht. Ich erklärte ihr im Detail, welch kühne Kreation sie hier verpasse – was nichts an ihrem Gesichtsausdruck änderte.

Zwei Wochen später gab es wieder Seezunge. Diesmal kochte meine Frau. Sie hatte zwei Soßen parat. Zum einen ihre etablierte Butterschwitze, zum anderen die »Kreation eines französischen Top-Chefs«. Die zweite schmeckte scheußlich. Nach dem Essen gestand sie, dass es sich nicht um die Kreation eines französischen Top-Chefs handelte, sondern um meine eigene Kreation, die ich vor zwei Wochen ausprobiert hatte. Sie wollte mich testen und hatte mich aus Spaß dem *Not-Invented-Here-Syndrom* (*NIH-Syndrom*) überführt: Man findet alles schlecht, was »nicht hier erfunden« ist.

Das *NIH-Syndrom* bringt einen dazu, sich in die eigenen Ideen zu verlieben. Das gilt nicht nur für Fischsoßen, sondern für alle Arten von Lösungen, Geschäftsideen und Erfindungen. Firmen tendieren dazu, intern entwickelte Ideen als besser und wichtiger einzuschätzen als Lösungen von externen Anbietern, selbst wenn diese objektiv besser sind. Ich hatte vor Kurzem Lunch mit dem Geschäftsführer einer Softwarefirma, die sich auf Krankenkassen spezialisiert hat. Er erzählte mir, wie schwierig es sei, seine Software – in puncto Bedienung, Sicherheit und Funktionalität objektiv führend – den potenziellen Kunden schmackhaft zu machen. Die meisten Versicherer seien überzeugt, dass die beste Software genau jene ist, die sie selbst, im eigenen Haus, entwickelt haben.

Wenn Menschen zusammenkommen, um Lösungen zu finden, und diese gleich selbst bewerten, lässt sich das *NIH-Syndrom* schön beobachten. Die eigene Idee ist stets die beste. Sinnvoll ist es deshalb, Teams in zwei Gruppen aufzuspalten. Die eine Hälfte generiert Ideen, die andere bewertet – danach umgekehrt.

Geschäftsideen, die wir selbst erfunden haben, empfinden wir als erfolgreicher als Geschäftsideen von anderen. Das Syndrom ist verantwortlich für blühendes Unternehmertum. Und leider auch für die größtenteils miserablen Renditen von Start-ups.

Im Buch *The Upside of Irrationality* beschreibt der Psychologe Dan Ariely, wie er das *NIH-Syndrom* gemessen hat. Im Blog der *New York Times* bat er Leser, Antworten auf sechs Probleme zu geben. Zum Beispiel: »Wie können Städte den Wasserverbrauch senken, ohne per Gesetz den Verbrauch zu limitieren?« Die Leser sollten nicht nur Vorschläge machen, sondern ihre eigene Antwort und die Antworten der andern auf Anwendbarkeit beurteilen. Auch mussten sie angeben, wie viel Freizeit und eigenes Geld sie in die jeweilige Lösung investieren würden. Dazu kam, dass die Leser ihre Antworten aus einer Selektion von nur 50 Wörtern zusammensetzen durften – was sicherstellte, dass alle mehr oder weniger die gleichen Antworten gaben. Trotzdem: Die eigene Antwort wurde von der Mehrheit für wichtiger und anwendbarer gehalten als die fremden Antworten (die im Grunde die gleichen waren).

Auf gesellschaftlicher Ebene kann das *NIH-Syndrom* gravierende Auswirkungen haben. Schlaue Lösungen werden nicht übernommen, gerade weil sie aus einer anderen Kultur stammen. Dass der winzige Kanton Appenzell Innerrhoden den Frauen nie freiwillig das Stimmrecht gegeben hat (es brauchte einen Bundesgerichtsentscheid im Jahr 1990), ist ein verblüffender Fall von *NIH*. Oder: Noch heute sprechen wir von der »Entdeckung Amerikas« durch Kolumbus, obwohl Menschen dort schon lange lebten.

Fazit: Wir sind von unseren eigenen Ideen betrunken. Um wieder nüchtern zu werden, halten Sie ab und zu Abstand, und betrachten Sie die Qualität Ihrer Einfälle rückblickend. Welche Ideen der letzten zehn Jahre waren wirklich herausragend? Eben.

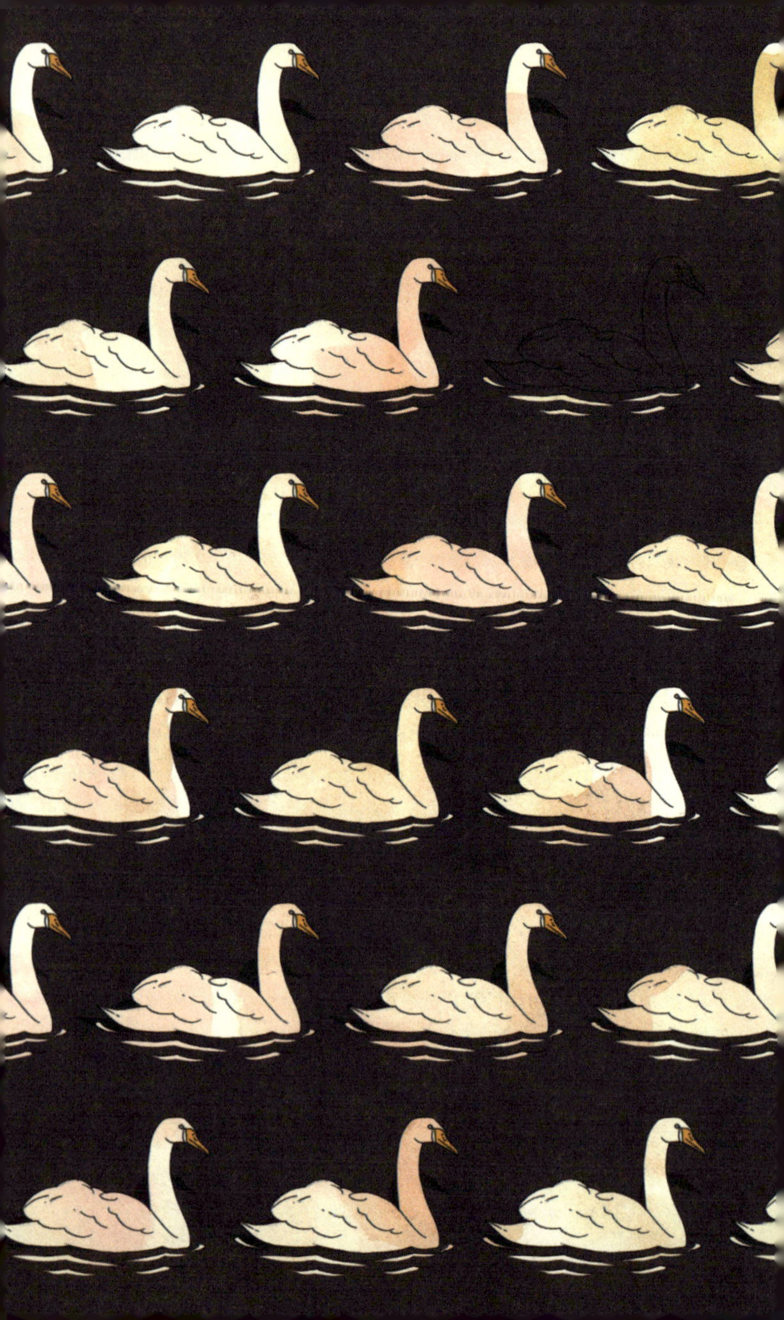

26
DER SCHWARZE SCHWAN

Wie Sie das Undenkbare nutzen können

»Alle Schwäne sind weiß.« Während Jahrhunderten war jedermann in Europa von der Gültigkeit dieses Satzes überzeugt. Mit jedem weißen Schwan, den man sah, wurde die Wahrheit unumstößlicher. Ein Schwan in einer anderen Farbe? Undenkbar. Bis im Jahr 1697 Willem de Vlamingh auf seiner Expedition durch Australien zum ersten Mal einen schwarzen Schwan erblickte. Seither ist der *Schwarze Schwan* zum Symbol für das Unwahrscheinliche geworden.

Sie investieren Geld an der Börse. Jahrein, jahraus dümpelt der Dow Jones ein bisschen vor sich hin. Sie gewöhnen sich allmählich an dieses gemütliche Auf und Ab. Plötzlich kommt ein Tag wie der 19. Oktober 1987, an dem die Börse um 22 % fällt. Ohne Ankündigung. Das ist ein *Schwarzer Schwan* im Sinne Nassim Talebs. Seit der ehemalige Trader sein gleichnamiges Buch geschrieben hat (2008), ist der Begriff in Investorenkreisen geläufig. Ein *Schwarzer Schwan* ist ein undenkbarer Vorfall mit einem riesigen Einfluss auf Ihr Leben (Ihre Finanzen, Ihre Gesundheit, eine Unternehmung etc.). Es gibt positive und negative *Schwarze Schwäne*. Der Meteorit, der Sie erschlägt,

Sutters Goldfund in Kalifornien, der Zusammenbruch der Sowjetunion, die Erfindung des Transistors, der Sturz Mubaraks oder eine Begegnung, die Ihr Leben komplett umpflügt – das alles sind *Schwarze Schwäne*.

Man mag vom früheren amerikanischen Verteidigungsminister Donald Rumsfeld halten, was man will. Immerhin hat er an einer Pressekonferenz im Jahr 2002 einen philosophischen Gedanken mit einer Klarheit ausgedrückt wie vor ihm keiner: Es gibt Dinge, die wir wissen (»bekannte Tatsachen«), es gibt Dinge, die wir nicht wissen (»bekannte Unbekannte«), und es gibt Dinge, von denen wir nicht wissen, dass wir sie nicht wissen (»unbekannte Unbekannte«).

Wie groß ist das Universum? Hat Iran die Atombombe? Macht uns das Internet schlauer oder dümmer? – Das sind »bekannte Unbekannte«. Mit genügend großem Aufwand können wir zumindest hoffen, diese Fragen dereinst beantworten zu können. Ganz anders bei den »unbekannten Unbekannten«. Den kollektiven Facebook-Rausch hat vor zehn Jahren niemand vorhersehen können. Es handelte sich um eine »unbekannte Unbekannte« – oder eben um einen *Schwarzen Schwan*.

Warum sind *Schwarze Schwäne* wichtig? Weil sie, so paradox es klingt, immer häufiger auftreten. Zwar können wir weiterhin für die Zukunft planen, aber *Schwarze Schwäne* machen unsere Pläne immer öfter zunichte. Rückkopplungsschleifen und nicht lineare Einflüsse wirken zusammen und führen zu ungeahnten Ergebnissen. Der Grund: Unser Denkorgan, das Hirn, ist für ein Leben als Jäger und Sammler ausgelegt. Damals, in der Steinzeit, begegneten Sie kaum je etwas wirklich Außergewöhnlichem. Die Hirschkuh, die Sie jagten, war mal ein bisschen schneller oder langsamer, ein bisschen fetter oder dünner als der Durchschnitt. Alles spielte sich um einen stabilen Mittelwert herum ab.

Heute ist das anders. Ihr Leben kann eine Wendung nehmen, die Ihnen das Zehntausendfache des durchschnittlichen Einkommens beschert. Fragen Sie Larry Page, Roger Federer, George Soros, J. K. Rowling oder Bono. Solche Superreichen gab es zuvor nicht; Ausschläge dieser Größenordnung waren unbekannt. Erst die allerjüngste Menschheitsgeschichte machte sie möglich – darum unsere Mühe mit extremen Szenarios.

Weil Wahrscheinlichkeiten nicht unter null sinken können und unsere Denkmodelle über die Welt fehleranfällig sind, sollten Sie bei allem von einer Wahrscheinlichkeit ausgehen, die zumindest leicht über null liegt.

Fazit: Bewegen Sie sich in Gebieten, wo ein positiver *Schwarzer Schwan* – wie unwahrscheinlich auch immer – Sie möglicherweise mitreißen kann. Werden Sie Künstler, Erfinder oder Unternehmer mit einem multiplizierbaren Produkt. Vergeblich auf einen *Schwarzen Schwan* warten Sie hingegen, wenn Sie Ihre Zeit verkaufen (zum Beispiel als Angestellter, Zahnarzt oder Journalist). Aber selbst wenn Sie sich dazu bemüßigt gezwungen fühlen, halten Sie sich auf jeden Fall von Biotopen fern, in denen negative *Schwarze Schwäne* auftauchen. Heißt konkret: Verschulden Sie sich nicht, legen Sie Ihre Ersparnisse so konservativ wie möglich an und gewöhnen Sie sich auch im Erfolgsfall nicht an einen teuren Lebensstandard.

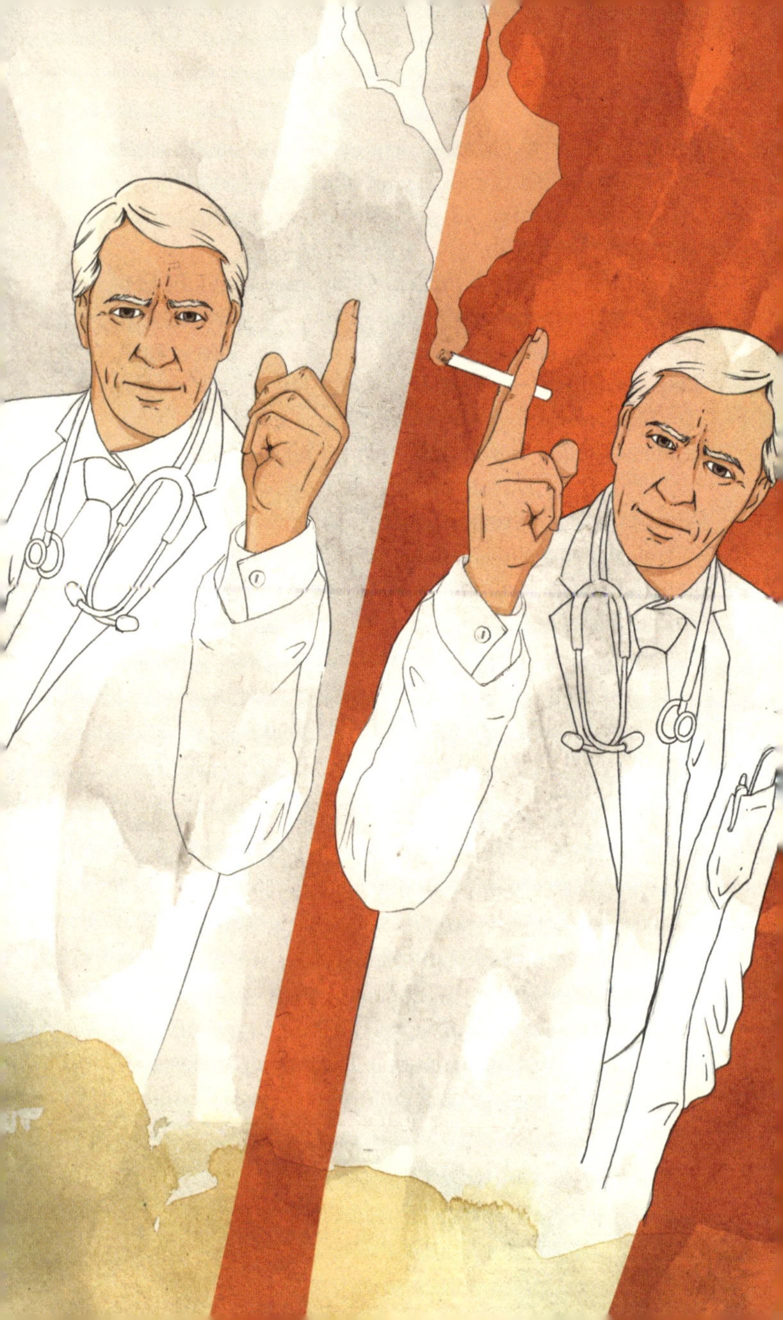

27

DOMAIN DEPENDENCE

Warum Ihr Wissen nicht transportierbar ist

Bücher über Denkfehler geschrieben zu haben bringt viele Annehmlichkeiten mit sich. So laden mich Wirtschaftsführer und Investoren ein, ihnen gegen gutes Geld die Kunst des klaren Denkens beizubringen. (Übrigens an sich schon ein Denkfehler – Bücher wären bedeutend günstiger.) An einem Ärztekongress passierte mir Folgendes. Ich referierte über den *Base Rate Neglect* und illustrierte ihn am Beispiel der Medizin. Starke Rückenschmerzen bei einem 40-Jährigen zum Beispiel können sowohl auf orthopädische Probleme (Muskelverspannungen, Wirbelblockaden, Bandscheibenvorfälle) als auch auf neurologische Probleme hindeuten. Orthopädische Ursachen sind viel häufiger (höhere *Base Rate*). Also empfiehlt es sich, den Patienten zuerst darauf zu prüfen. Das ist sehr vernünftig, jeder der Ärzte am Kongress verstand es intuitiv. Und doch: Als ich ein analoges Beispiel aus der Wirtschaft verwendete, fielen die meisten Ärzte darauf herein.

Dasselbe geschieht, wenn ich vor Investoren spreche. Illustriere ich die Denkfehler mit finanziellen Beispielen, leuchten sie sofort ein. Bringe ich Beispiele aus der Biologie, tappen viele in die Denkfalle. Fazit: Erkenntnisse reisen nur beschwerlich von einem Gebiet aufs andere. Diesen Effekt nennt man *Domain Dependence* (auf Deutsch etwa: *Gebietsabhängigkeit*). Der Philosoph Nassim Taleb beschreibt die *Domain Dependence* so: »Schachspieler sind gut im Lösen von Schachproblemen. Und dort hört's auf. Wir glauben, dass wir Fähigkeiten von einem Gebiet auf ein anderes transferieren können. Können wir nicht.«

Harry Markowitz empfing 1990 den Wirtschaftsnobelpreis für die Theorie der »Portfolio Selection«. Darin beschreibt er die optimale Zusammenstellung eines Portfolios – unter Berücksichtigung von Risiken und Ertragsaussichten. Als es um Markowitz' eigenes Portfolio ging, also darum, wie er seine Ersparnisse auf Aktien und Anleihen verteilen sollte, entschied er sich einfach für 50 zu 50. Die Hälfte auf Aktien, die andere Hälfte auf Anleihen. Der Nobelpreisträger war unfähig, seine ausgeklügelte Methode auf seinen eigenen Fall anzuwenden. Ein krasser Fall von *Domain Dependence*. Der Transfer von der akademischen in die private Sphäre gelang ihm nicht.

Ein Freund, bekannt dafür, dass er in seiner Freizeit keine Risiken scheut, mit bloßen Händen überhängende Steilwände bezwingt und mit einem Wingsuit von Bergspitzen springt, erklärte mir letzte Woche, warum es gefährlich sei, ein eigenes Unternehmen zu gründen. Ein Bankrott ließe sich ja nie ausschließen. »Persönlich bin ich lieber bankrott als tot«, antwortete ich. Er verstand meine Logik nicht.

Als Schriftsteller merke ich selbst, wie schwierig es ist, Fähigkeiten auf ein neues Gebiet zu übertragen. Das Erfinden von Plots und Charakteren geht mir leicht von der

Hand. Eine blanke, noch unbeschriebene Seite macht mir keine Angst. Ganz anders zum Beispiel eine leere Wohnung. Wenn es darum geht, sie einzurichten, kann ich stundenlang in einem leeren Raum stehen, Hände in den Hosentaschen, ohne einen kreativen Gedanken.

Die Wirtschaft ist voller *Domain Dependence*. Ein erfolgreicher Verkäufer von Konsumprodukten wird von einer Softwarefirma abgeworben. Im neuen Job brilliert er nicht mehr, denn seine Verkaufsfähigkeiten übertragen sich nicht auf Dienstleistungen. Ein hervorragender Moderator von Kleingruppen versagt, wenn er vor 100 Menschen steht. Ein kreativer Marketingkopf wird zum CEO befördert und lässt jede strategische Kreativität vermissen.

Am Beispiel von Markowitz haben wir gesehen, wie schwierig insbesondere der Transfer vom Beruflichen ins Private ist. Ich kenne CEOs als charismatische Führungspersonen im Unternehmen, die im Familienkreis versagen. Kaum eine Berufskategorie zählt einen höheren Anteil an Rauchern als die Propheten der Gesundheit, die Ärzte. Hauptberufliche Ordnungshüter sind in ihren eigenen Familien doppelt so gewalttätig wie Nichtpolizisten. Literaturkritiker schreiben zuverlässig die dürftigsten Romane. Und fast schon sprichwörtlich sind die Paartherapeuten, deren Ehen zerbrechlicher sind als die ihrer Klienten.

Fazit: Was man in einem Gebiet meisterhaft beherrscht, lässt sich nur schwer auf ein anderes übertragen. Das gilt auch für das Schulwissen. Denken Sie an den damaligen Klassenbesten. Wetten, dass Sie heute erfolgreicher sind als er?

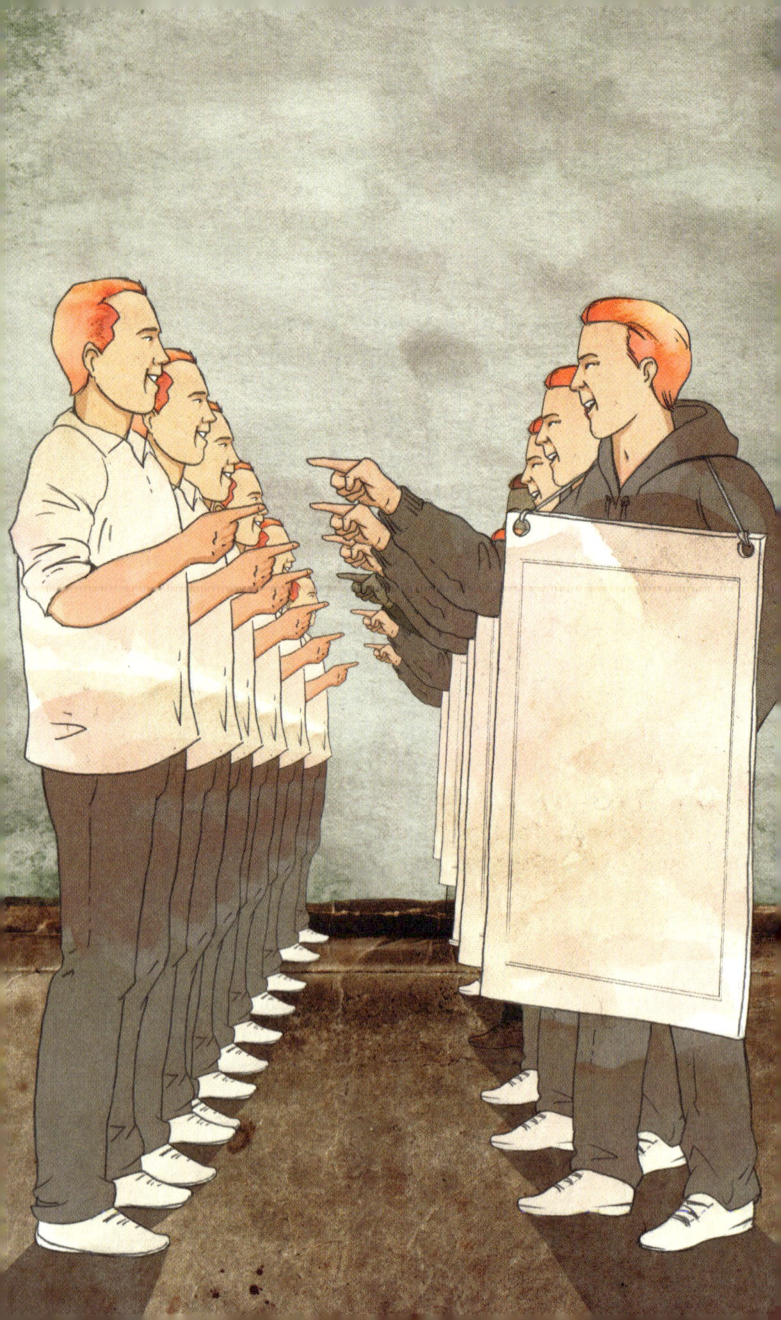

> Siehe Workbook-Teil S. 314

28

FALSCHER-KONSENS-EFFEKT

Warum Sie denken, die anderen würden so denken wie Sie

Welche Musik mögen Sie lieber – die Musik der 60er- oder die der 80er-Jahre? Wie, glauben Sie, würde die breite Bevölkerung diese Frage beantworten? Die meisten Menschen tendieren dazu, von sich auf andere zu schließen. Lieben sie persönlich die Musik der 60er, gehen sie automatisch davon aus, dass es einem Großteil ihrer Zeitgenossen auch so geht. Auch Leute, die die 80er-Jahre bevorzugen, glauben sich in der Mehrheit. Wir tendieren dazu, den Grad der Übereinstimmung mit anderen zu überschätzen. Wir glauben, die anderen würden ebenso denken und empfinden wie wir. Diesen Denkfehler nennt man den *Falschen-Konsens-Effekt*.

Der Stanford-Psychologe Lee Ross ist 1977 darauf gestoßen. Er zimmerte ein Schild, auf dem der Werbeslogan »Eat at Joe's« (»Essen Sie in Joes Restaurant«) prangte, und bat zufällig ausgesuchte Studenten, dieses Schild auf dem Campus 30 Minuten lang spazieren zu tragen. Gleichzeitig sollten sie schätzen, wie viele andere Studenten sich für diesen kleinen Job zur Verfügung stellen würden. Jene, die sich dazu bereit erklärten, das Schild zu tragen, gingen davon aus, dass die Mehrheit (62 %) aller andern

Studenten ebenfalls zusagen würde. Wer dankend ablehnte, glaubte hingegen, dass es einer Mehrheit (67 %) der Studenten ebenfalls zu blöd sein würde, sich als wandelnde Litfaßsäule zu betätigen. In beiden Fällen wähnten sich die Studenten im Konsens mit der Mehrheit.

Den *Falschen-Konsens-Effekt* findet man in Interessenverbänden und politischen Splitterparteien, die die Brisanz ihrer Anliegen systematisch überschätzen. Offensichtlich zutage tritt er zum Beispiel an der Frage, wie dramatisch die Klimaerwärmung einzuschätzen sei. Wie auch immer Ihr Standpunkt in dieser Sache ist, Sie werden vermutlich glauben, die Mehrheit der Bevölkerung teile Ihre Ansicht. Wenn sich Politiker überzeugt geben, gewählt zu werden, ist das deshalb nicht bloß Zweckoptimismus. Sie überschätzen ihre Wahlchancen tatsächlich systematisch und ungewollt. Und als Wähler überschätzen Sie die Chancen Ihrer Lieblingspartei um einige Prozentpunkte.

Noch ärmer sind die Künstler dran. Sie erwarten in 99 % der Fälle mehr Erfolg, als ihnen je beschert sein wird. Ich war zum Beispiel vollkommen überzeugt, dass mein Roman *Massimo Marini* ein durchschlagender Erfolg werden würde. Er war mindestens so gut wie die vorherigen, dachte ich – und die hatten sich prima verkauft. Nur: Das Publikum war anderer Ansicht. Ich hatte mich getäuscht: *Falscher-Konsens-Effekt*.

Natürlich bleibt auch die Wirtschaft nicht vor solchen Fehlschlüssen gefeit. Weil eine Entwicklungsabteilung von ihrem Produkt überzeugt ist, heißt das noch lange nicht, dass die Konsumenten ebenso denken werden. Das bekommen besonders Firmen zu spüren, wo die Techniker das Sagen haben. Die Tüftler verlieben sich in ihre ausgeklügelten Raffiniertheiten und glauben fälschlicherweise, das würde die Konsumenten interessieren.

Der *Falsche-Konsens-Effekt* ist noch aus einem zweiten Grund interessant. Leute, die unsere Meinung nicht teilen, stempeln wir gerne als »nicht ganz normal« ab. Auch das zeigte das Experiment von Lee Ross: Studenten, die bereit waren, das Schild zu tragen, bezeichneten jene, die sich weigerten, als »Verklemmte ohne Sinn für Humor«. Diese wiederum nannten die Schildträger »Idioten« und »Leute, die sich immer in den Mittelpunkt stellen müssen«.

Vielleicht erinnern Sie sich an den Denkfehler *Social Proof* aus *Die Kunst des klaren Denkens*. Ist der *Falsche-Konsens-Effekt* damit identisch? Nein. *Social Proof* ist unbewusster Gruppendruck. Beim *Falschen-Konsens-Effekt* ist kein Druck im Spiel. Eine soziale Funktion hat er aber trotzdem – deshalb hat ihn die Evolution wohl nicht ausgemerzt. Unser Hirn ist nicht dafür gebaut, die Wahrheit zu erkennen, sondern dafür, möglichst viele Kinder und Enkel zu hinterlassen. Wer dank des Falschen-Konsens-Effekts mutig und überzeugend auftrat, schindete damit Eindruck, schanzte sich überproportional viele Ressourcen zu und erhöhte damit die Wahrscheinlichkeit, seine Gene den nachfolgenden Generationen zu vererben. Zweifler waren weniger sexy.

Fazit: Gehen Sie davon aus, dass Ihre Sicht der Dinge von der Allgemeinheit nicht getragen wird. Mehr noch, gehen Sie davon aus, dass jene, die anders denken, keine Idioten sind. Seien Sie nicht ihnen gegenüber skeptisch, sondern zuerst gegenüber sich selbst.

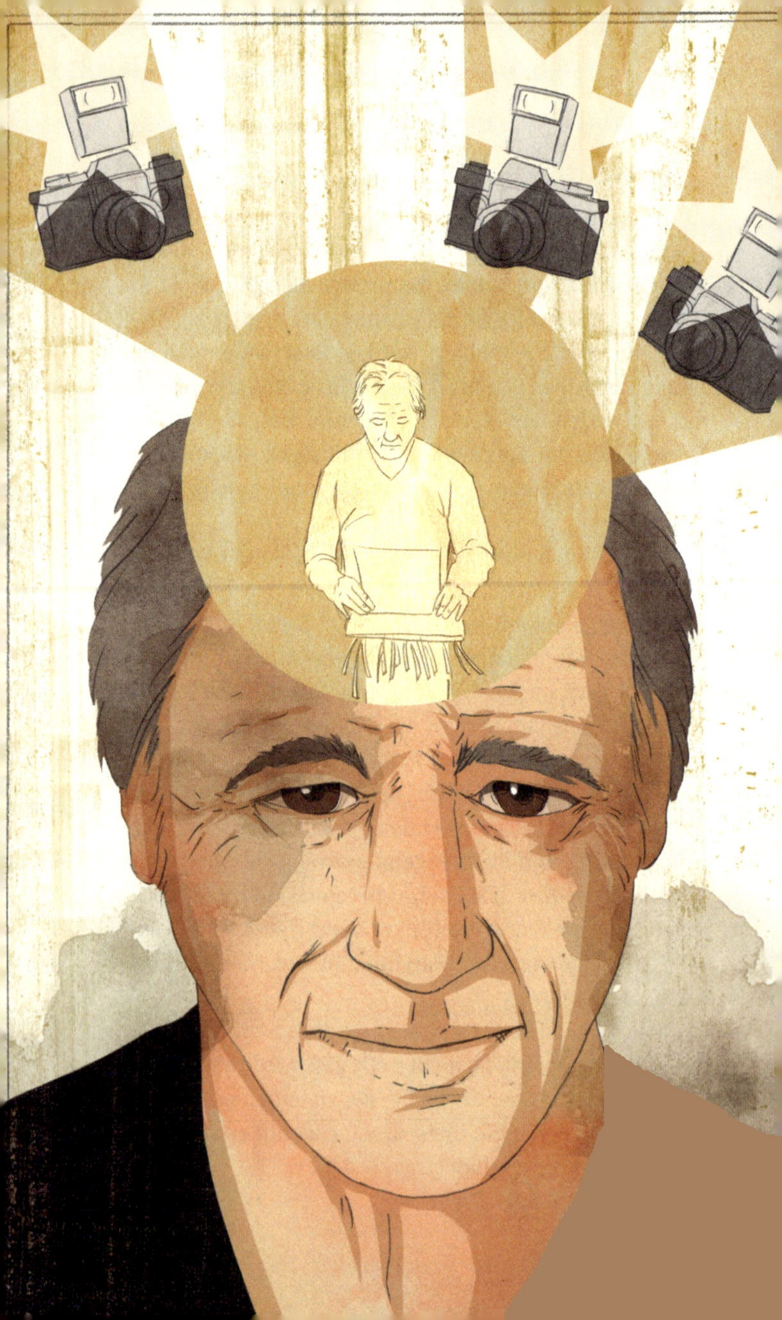

> Siehe Workbook-Teil S. 317

29

GESCHICHTSFÄLSCHUNG

Warum Sie immer schon recht hatten

Winston Smith, ein gebrechlicher, grüblerischer, 39-jähriger Büroangestellter, arbeitet im Ministerium für Wahrheit. Sein Job ist es, alte Zeitungsartikel und Dokumente umzuschreiben und sie auf den aktuellen Wissensstand zu bringen. Seine Arbeit ist wichtig. Das Revidieren der Vergangenheit schafft die Illusion absoluter Unfehlbarkeit und hilft so der Regierung, ihre absolute Macht zu sichern. Geschichtsklitterung wie in George Orwells Klassiker *1984* ist gang und gäbe. Es mag schrecklich klingen, aber auch in Ihrem Hirn ist ein kleiner Winston am Werk. Schlimmer noch: Während er seine Arbeit in Orwells Roman unfreiwillig verrichtet und sich schließlich gegen die herrschende Ordnung auflehnt, arbeitet er in Ihrem Hirn mit höchster Effizienz und in völliger Harmonie mit Ihren Wünschen und Zielen. Er revidiert Ihre Erinnerungen mit einer Leichtigkeit, ja Eleganz, dass es Ihnen gar nicht auffällt. Still und zuverlässig entsorgt der kleine Winston Ihre alten, falschen Ansichten. Und Sie sind überzeugt: Sie hatten immer schon recht gehabt.

Im Jahr 1973 bat der amerikanische Politikwissenschaftler Gregory Markus 3.000 Menschen, ihre Haltung zu kontroversen politischen Thesen (zum Beispiel Legalisierung von Drogen) anzukreuzen – von »bin derselben Meinung« bis »bin komplett anderer Meinung«. Zehn Jahre später befragte er die gleichen Menschen erneut zu denselben Themen. Gleichzeitig sollten sie angeben, wie sie vor zehn Jahren über diese Themen gedacht haben. Das Resultat: Die Angaben in der Kolonne »Was ich vor zehn Jahren gedacht habe« waren fast identisch mit den heutigen Ansichten – und weit entfernt von den tatsächlichen Ansichten aus dem Jahr 1973.

Indem wir unbewusst die vergangenen den heutigen Ansichten anpassen, umgehen wir die peinlichen Momente, in denen wir mit unserer Fehlbarkeit konfrontiert werden. Eine angenehme Strategie, denn egal, wie abgehärtet wir sind: Fehler einzugestehen ist eine der emotional schwierigsten Aufgaben. Erstaunlich. Eigentlich sollten wir jedes Mal einen Freudenschrei ausstoßen, wenn uns klar wird, dass wir falschlagen. Schließlich haben wir uns in diesem Moment der falschen Sicht entledigt und sind damit einen Schritt weitergekommen. Aber so ticken wir nicht.

Aber gibt es nicht doch Erinnerungen, die sich akkurat im Hirn eingegraben haben? Sie wissen doch genau, wo Sie sich am 11. September 2001 aufhielten, wo Sie saßen oder standen, als Sie von der Terrorattacke in New York erfuhren, oder? Sie wissen mit Sicherheit, mit wem Sie in diesen Minuten gesprochen haben und was Sie dabei fühlten. Ihre Erinnerungen an den 11. September sind außerordentlich lebhaft und detailliert – *Flashbulb Memories*, wie Psychologen sagen, Blitzlichterinnerungen, fehlerfrei wie eine Fotoaufnahme.

Falsch. *Flashbulb Memories* sind ebenso fehlerhaft wie die »normalen« Erinnerungen. Sie sind das Ergebnis von Rekonstruktionen. Ulrich Neisser von der Emory University in Atlanta hat *Flashbulb Memories* getestet. Am Tag nach der Explosion des Space Shuttles *Challenger* im Jahr 1986 befragte er die Studenten im Detail nach ihren Eindrücken, die sie in Form eines Aufsatzes niederschrieben. Drei Jahre später befragte er sie erneut. Weniger als 7 % der zweiten Angaben deckten sich mit den ersten. 50 % waren falsch in zwei Dritteln der Punkte, bei 25 % stimmte kein einziges Detail überein. Neisser präsentierte einer Studentin den ersten Aufsatz, dessen Inhalt sich nicht mit ihren Erinnerungen deckte. Ihre Antwort: »Ich weiß, es ist meine Handschrift, aber ich kann das unmöglich geschrieben haben.« Bleibt die Frage, warum sich Blitzlichterinnerungen so richtig anfühlen. Man weiß es noch nicht.

Fazit: Sie erinnern sich wie eine Blitzlichtaufnahme an den Moment, wo Sie Ihrem Lebenspartner zum ersten Mal begegnet sind. Gehen Sie davon aus, dass die Hälfte davon nicht stimmt. Unsere Erinnerungen sind mit Fehlern behaftet, auch die scheinbar so akkuraten Blitzlichterinnerungen. Die Konsequenzen können harmlos sein – oder fatal. Denken Sie an Augenzeugenberichte oder Phantombilder zur Identifikation von Straftätern. Es ist fahrlässig, ihnen ohne ergänzende Untersuchungen zu vertrauen, selbst wenn der Zeuge steif und fest behauptet, er erkenne den Täter ganz genau wieder.

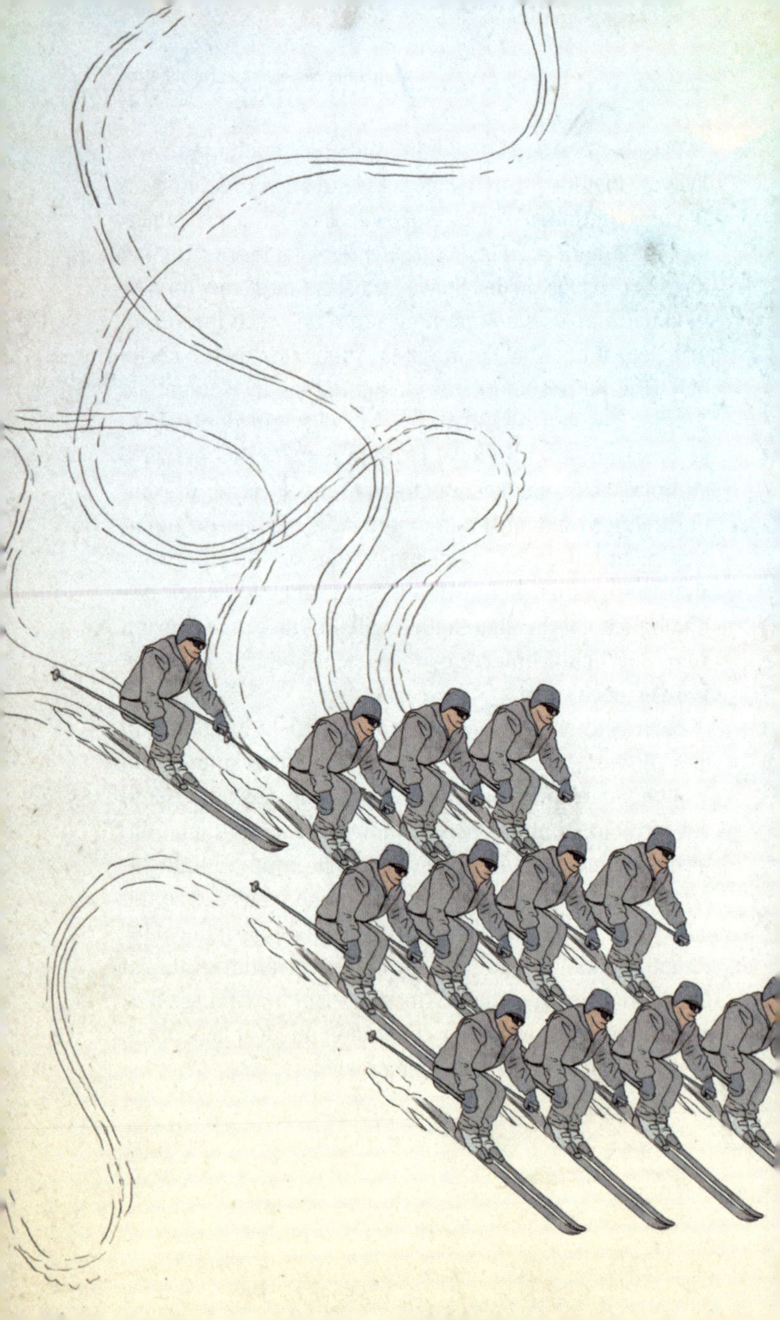

30

IN-GROUP/OUT-GROUP BIAS

Warum Sie sich mit Ihrem Fußballteam identifizieren

So sahen im Winter die Sonntage aus, als ich ein kleiner Junge war: Unsere Familie saß vor dem Fernseher. Ein Skirennen lief. Meine Eltern wollten, dass jene mit dem Schweizerkreuz gewinnen, und sie wollten, dass ich das auch wollte. Ich verstand die Aufregung nicht. Erstens, warum auf zwei Holzbrettern einen Berg hinunterjagen? Warum nicht zum Beispiel auf einem Bein den Berg hochhüpfen, dabei drei Billardkugeln jonglieren und alle 100 Höhenmeter einen Normtannenzapfen möglichst weit schleudern? Zweitens, eine Hundertstelsekunde Unterschied ist kein Unterschied. Gesunder Menschenverstand sagt: Wer so nahe beieinanderliegt, fährt gleich schnell. Drittens: Warum soll ich mich ausgerechnet mit den Schweizer Skifahrern identifizieren? Ich bin mit keinem einzigen dieser Burschen verwandt. Ich kenne sie nicht. Ich weiß nicht, was sie lesen oder denken, und wenn ich nur wenige Meter jenseits der Schweizer Grenze lebte, würde ich mich wohl mit einer anderen Mannschaft identifizieren (müssen). Hier geht es also um die Frage: Ist Identifikation – mit einem Sportteam, einer Rasse, einem Unternehmen, einem Staat – ein Denkfehler?

Wie jedes Verhaltensmuster ist auch die Gruppenidentifikation über Jahrtausende durch die Evolution geformt worden. Gruppenzugehörigkeit war früher lebensnotwendig; Ausschluss aus der Gruppe bedeutete den sicheren Tod. Auf sich allein gestellt war es kaum möglich, genügend Nahrung aufzutreiben oder sich gegen Angriffe zu schützen. Und: Normalerweise verlieren Individuen gegen Gruppen.

Als einzelne Menschen begannen, sich zu Gruppen zusammenzuschließen, waren alle gezwungen, dasselbe zu tun. Wer es nicht tat, hatte nicht nur keinen Platz in der Gruppe – sondern auch keinen im menschlichen Genpool. Kein Wunder also, dass wir Gruppenmenschen sind. Alle unsere Vorfahren waren es.

Die Psychologie hat verschiedene Gruppeneffekte erforscht, die sich unter dem Begriff *In-Group/Out-Group Bias* zusammenfassen lassen.

Erstens: Gruppen können auf der Basis von minimalen, ja oft trivialen Kriterien gebildet werden. Im Sport genügt der zufällige Geburtsort, im Wirtschaftsleben die zufällige Betriebszugehörigkeit. Der britische Psychologe Henri Tajfel hat Menschen, die sich nicht kannten, durch einen Münzwurf zufällig Gruppen zugeteilt. Anschließend sagte er den Mitgliedern einer Gruppe, sie müssten einen bestimmten Kunststil, den sie nicht kannten, gut finden. Das Ergebnis war beeindruckend: Obwohl sich a) die Menschen nicht kannten, obwohl sie b) rein zufällig zusammengewürfelt worden waren und obwohl sie c) keinen Deut von Kunst verstanden, fanden sich die Mitglieder innerhalb der Gruppe eindeutig sympathischer als die Menschen der anderen Gruppen.

Zweitens: Menschen außerhalb der eigenen Gruppe erscheinen homogener, als sie sind. Man nennt das den *Out-Group Homogeneity Bias*. Stereotype und Vorurteile lassen sich darauf zurückführen. Ist Ihnen schon mal aufgefallen, dass in Science-Fiction-Filmen nur die Menschen verschiedene Kulturen haben, nicht aber die Außerirdischen?

Drittens: Da sich Gruppen oft aufgrund gemeinsamer Werte bilden, bekommen Gruppenmitglieder überproportional viel Unterstützung für die eigenen Ansichten. Diese Verzerrung ist gefährlich, besonders in Unternehmen. Die berühmte Betriebsblindheit hat ihren Grund hier.

Dass Familienmitglieder sich gegenseitig aushelfen, ist nachvollziehbar. Wenn Sie sich die Hälfte Ihrer Gene mit Ihrem Bruder oder Ihrer Schwester teilen, sind Sie natürlicherweise an deren biologischem Erfolg interessiert. Damit kommen wir zum idiotischsten aller Denkfehler: sein Leben für eine willkürlich zusammengesetzte Gruppe zu opfern. Man nennt das auch »in den Krieg ziehen«. Es ist kein Zufall, dass das Wort »Vaterland« Verwandtschaft suggeriert. Und es ist kein Zufall, dass es das Ziel jeder Kriegsausbildung ist, die Soldaten zu »Brüdern« zusammenzuschweißen.

Fazit: Vorurteile und Abneigung gegen alles Fremde sind eine biologische Tatsache. Die Identifikation mit einer Gruppe verzerrt Ihre Sicht auf die Tatsachen. Sollten Sie jemals an eine Kriegsfront geschickt werden, ohne mit den Kriegszielen einverstanden zu sein, dann desertieren Sie. Wer sich für andere in die Schlacht wirft, ist nicht in erster Linie mutig – sondern vor allem dumm.

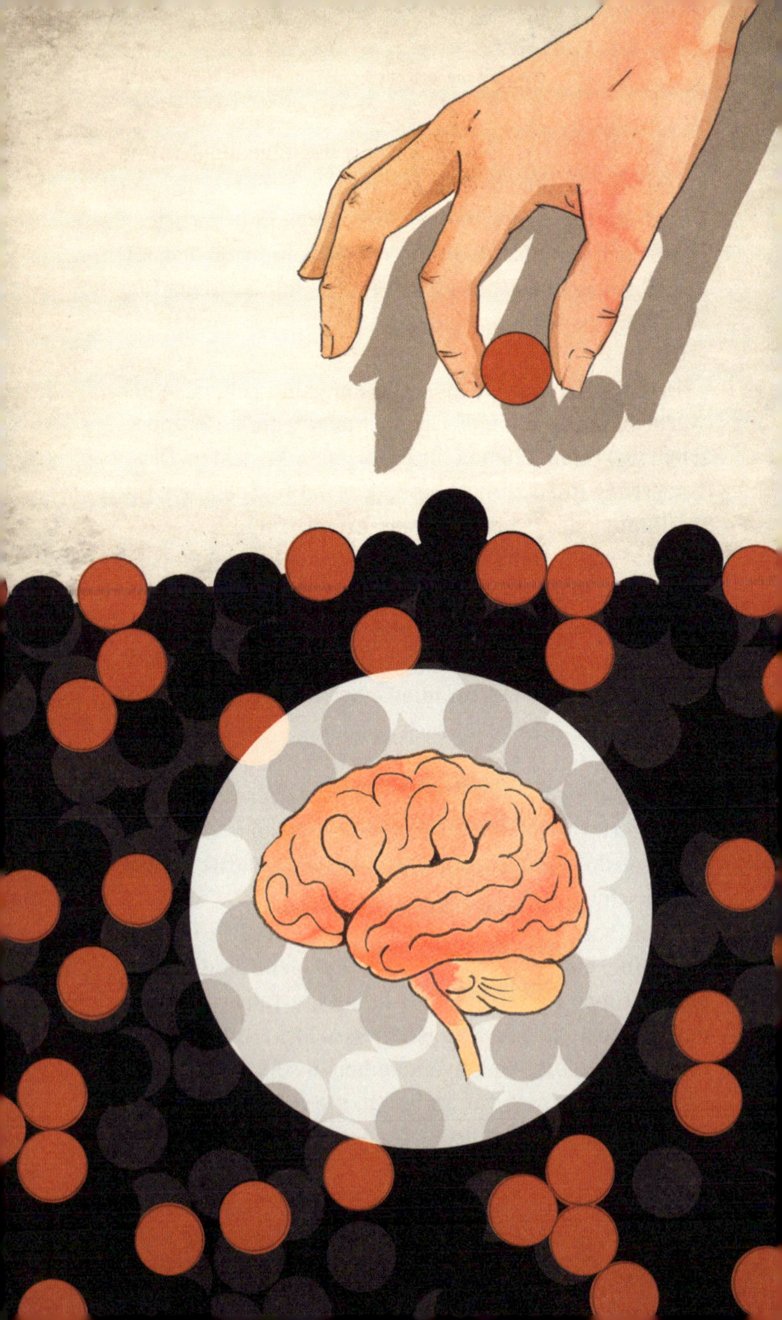

31

AMBIGUITÄTSINTOLERANZ

Warum wir nicht gerne ins Blaue hinaussegeln

Nehmen Sie zwei Urnen. In Urne A befinden sich 50 rote und 50 schwarze Kugeln. In Urne B befinden sich ebenfalls 100 Kugeln, einige rot, einige schwarz, aber Sie kennen die Verteilung nicht. Sie greifen blindlings hinein. Ich schenke Ihnen 100 Euro, wenn Sie eine rote Kugel ziehen. Für welche Urne entscheiden Sie sich – A oder B? Wenn Sie so ticken wie die meisten Menschen, entscheiden Sie sich für A.

Spielen wir ein zweites Mal, mit denselben Urnen. Diesmal schenke ich Ihnen 100 Euro, wenn Sie eine schwarze Kugel ziehen. Für welche Urne entscheiden Sie sich? Wiederum für A, vermutlich. Doch das ist unlogisch! Beim ersten Spiel sind Sie davon ausgegangen, dass Urne B weniger als 50 rote (also mehr als 50 schwarze Kugeln) enthält. Also müssten Sie beim zweiten Spiel konsequenterweise auf Urne B setzen.

Keine Angst, Sie sind nicht allein mit diesem Denkfehler, ganz im Gegenteil. Er ist als *Ellsberg-Paradoxon* bekannt – benannt nach Daniel Ellsberg, dem einstigen Harvard-Psychologen (der später, dies nur am Rande, Präsident Nixon zu Fall brachte, indem er die geheimen Pentagon-Papiere der Presse zuspielte.) Das *Ellsberg-Paradoxon* oder *Ambiguitätsintoleranz* ist der empirische Befund, dass uns bekannte Wahrscheinlichkeiten lieber sind als unbekannte.

Damit sind wir beim Unterschied zwischen Risiko und Unbestimmtheit (oder Ambiguität). Risiko heißt: Die Wahrscheinlichkeiten sind bekannt, Sie können auf deren Basis entscheiden, ob Ihnen das Risiko zu groß ist oder nicht. Im Fall von Unbestimmtheit geht das nicht. Die beiden Begriffe werden so häufig verwechselt wie Cappuccino und Latte macchiato – mit bedeutend schwerwiegenderen Konsequenzen. Mit Risiko kann man rechnen, mit Unbestimmtheit nicht. Es gibt eine 300-jährige Wissenschaft des Risikos (genannt Statistik). Es gibt ein Heer von Professoren, die sich damit befassen, aber kein einziges Lehrbuch zum Thema Unbestimmtheit. Darum versuchen wir, die Ambiguität in die Kategorien des Risikos zu zwängen, wo sie eigentlich gar nicht hinpasst. Zwei Beispiele, eines aus der Medizin (wo es funktioniert) und eines aus der Ökonomie (wo es nicht funktioniert).

Es gibt Milliarden von Menschen. Ihre Körper unterscheiden sich nicht dramatisch. Wir alle erreichen eine ähnliche Körpergröße (niemand wird 100 Meter groß) und ein ähnliches Alter (niemand lebt 10.000 Jahre oder bloß eine Millisekunde). Die meisten von uns haben zwei Augen, vier Herzklappen und so weiter. Eine andere Spezies würde uns als homogen betrachten – so homogen, wie wir zum Beispiel Mäuse betrachten. Das ist der Grund, weshalb es viele ähnliche Krankheitsfälle gibt. So ist es zum Beispiel sinnvoll, zu sagen: »Das Risiko, dass Sie an Krebs sterben, beträgt 30 %.« Sinnlos hingegen ist der

Satz: »Mit einer 30 %igen Wahrscheinlichkeit wird der Euro in den nächsten fünf Jahren kollabieren.« Warum? Die Ökonomie befindet sich im Reich der Unbestimmtheit. Es gibt nicht Milliarden vergleichbarer Währungen, aus deren Geschichte wir Wahrscheinlichkeiten ableiten könnten. Das ist übrigens auch der Unterschied zwischen einer Lebensversicherung und einem Credit Default Swap, einer Versicherung gegen Zahlungsausfälle. Im ersten Fall sind wir im kalkulierbaren Reich des Risikos, im zweiten im Reich der Unbestimmtheit. Diese Konfusion hat zur Finanzkrise 2008 geführt. Hören Sie Sätze wie »Das Risiko einer Hyperinflation beträgt x %« oder »Das Risiko auf unseren Aktienpositionen beträgt y %«, dann sollte es Ihnen den Magen zusammenziehen.

Sie müssen also, wenn Sie nicht voreilig und falsch urteilen wollen, Ambiguität ertragen können. Wie gut Ihnen das gelingt, können Sie leider nur beschränkt beeinflussen – eine entscheidende Rolle spielt dabei Ihre Amygdala. Die Amygdala ist eine nussgroße Hirnregion in der Mitte Ihres Schädels. Je nachdem, wie sie gebaut ist, werden Sie Unbestimmtheit leichter oder schwerer aushalten. Das zeigt sich nicht zuletzt in Ihrer politischen Ausrichtung: Je schlechter Sie mit Unbestimmtheit leben können, desto konservativer werden Sie wählen.

So oder so: Wer klar denken will, muss den Unterschied zwischen Risiko und Ambiguität verstehen. Nur in den wenigsten Bereichen können wir mit klaren Wahrscheinlichkeiten rechnen. Oft bleibt uns nur die lästige Ambiguität. Lernen Sie, sie zu ertragen.

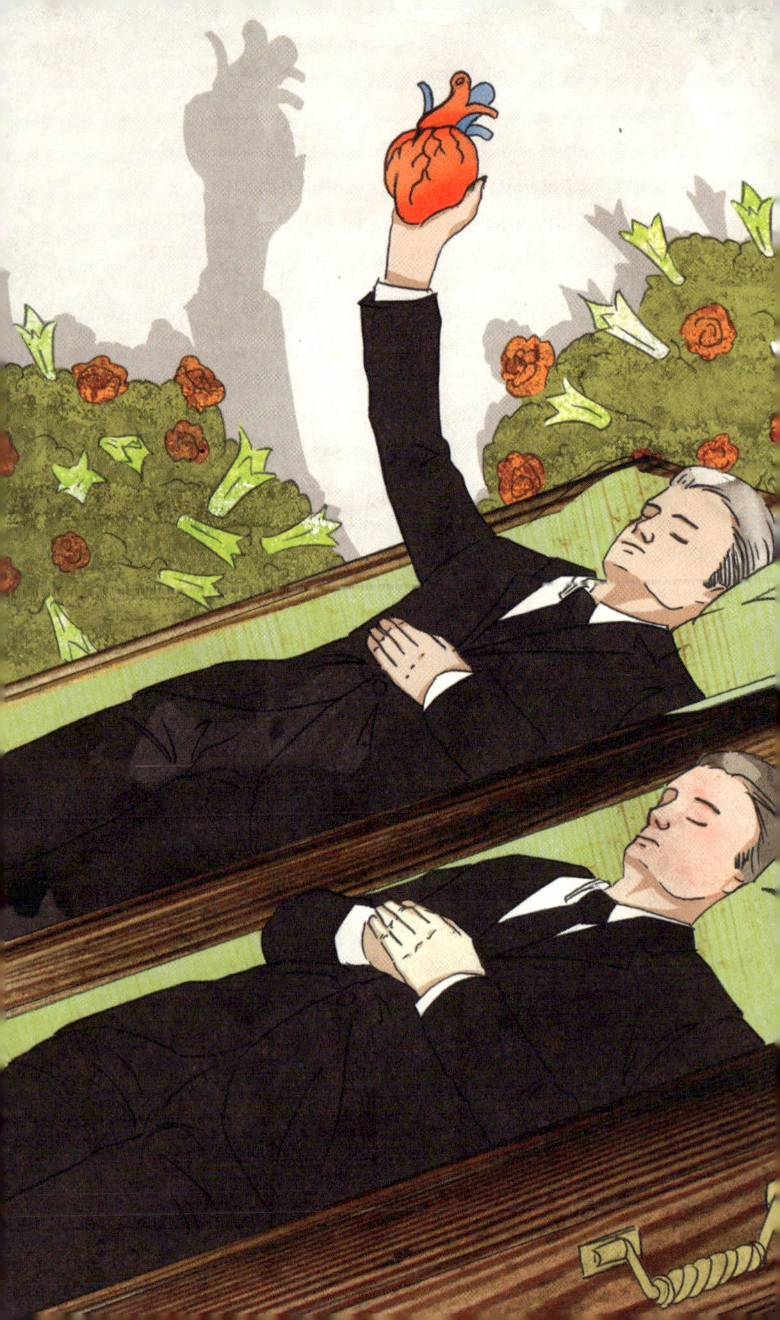

> Siehe Workbook-Teil S. 326

32
DEFAULT-EFFEKT

Warum uns der Status quo heilig ist

Mein Blick irrte verzweifelt über die Weinkarte. Irouléguy? Hárslevelü? Susumaniello? Ich bin alles andere als ein Kenner, aber hier versuchte offensichtlich ein Sommelier, seine Weltläufigkeit zu beweisen. Auf der letzten Seite dann die Erlösung: »Unser Hauswein: Réserve du Patron, Bourgogne«, 52 Euro. Ich bestellte sofort, denn viel konnte ich damit ja nicht falsch machen.

Seit einem Jahr besitze ich ein iPhone, das mir jede nur denkbare Einstellung ermöglicht – vom Klingelton über das Hintergrundbild über den Browser-Zoom bis zur Lautstärke des Kameraverschlussgeräusches. Wie viele dieser Optionen habe ich bislang wahrgenommen? Sie ahnen es: keine einzige.

Dabei bin ich kein Technikidiot, sondern vielmehr eines von vielen Opfern des sogenannten *Default-Effekts*. Die Standardeinstellung (oder eben der Default) ist so verlockend und bequem wie ein weiches Kissen, in das wir uns fallen lassen. So wie ich beim Hauswein und den iPhone-Settings, bleiben die meisten Menschen beim Standard. Neue Autos zum Beispiel werden oft in einer Default-Farbe beworben – in jedem Katalog, jedem Video, jedem Inserat dasselbe Anthrazitgrau. Die Zahl der Autokäufer, die sich für diese Default-Farbe entscheiden, ist weit überdurchschnittlich.

Der Ökonom Richard Thaler und der Rechtsprofessor Cass Sunstein haben in ihrem Buch *Nudge* (deutsch: Schubs) aufgezeigt, wie eine Regierung ihre Bürger lenken kann, ohne sie verfassungswidrig in ihrer Freiheit zu beschränken. Man stellt verschiedene Optionen zur Auswahl, legt aber eine Default-Variante fest, für den Fall, dass sich der Bürger nicht entscheidet. So offerierten etwa die Staaten New Jersey und Pennsylvania ihren Bürgern zwei mögliche Autoversicherungen. Die eine Versicherung war billiger, dafür verzichtete man auf gewisse Schadensersatzrechte bei einem Unfall. In New Jersey, wo die billigere Variante als Standard definiert war, entschieden sich die meisten Bürger dafür. In Pennsylvania hingegen legte man den Leuten die Luxusvariante nahe – und prompt fand diese mehr Zuspruch. Eigentlich erstaunlich, denn so unterschiedlich können die Autofahrer dieser Bundesstaaten nicht sein.

Die Wissenschaftler Eric Johnson und Dan Goldstein befragten Personen, ob sie sich von der Organspende im Falle des Todes ausnehmen wollten (Default war Organspende) – anstatt sie zu fragen, ob sie ihre Organe spenden wollten (Default war die Nichtspende). Der einfache Wechsel der Standardeinstellung erhöhte den Anteil der Organspender von 40 % auf über 80 % der Befragten.

Der *Default-Effekt* ist selbst dann am Werk, wenn gar keine Default-Variante vorgegeben wird: Dann machen wir einfach unsere Vergangenheit zum persönlichen Default und erklären den Status quo für heilig. Menschen lieben, was sie kennen. Vor die Wahl gestellt, etwas Neues zu probieren oder doch lieber beim Alten zu bleiben, sind wir in der Regel erzkonservativ – selbst dann, wenn ein Wechsel von Vorteil wäre. Meine Bank zum Beispiel erhebt eine jährliche Gebühr von 60 Franken für das Verschicken von Kontoauszügen. Ein Betrag, den ich mir sparen könnte, wenn ich die Auszüge elektronisch beziehen würde. Doch obwohl mich der kostenpflichtige (und überdies papierverschleißende) Service schon seit Jahren ärgert, konnte ich mich bis heute nicht dazu durchringen, ihn endlich zu kündigen.

Woher kommt der *Status Quo Bias*? Neben purer Bequemlichkeit spielt unsere Verlustaversion eine Rolle (in *Die Kunst des klaren Denkens* – vielleicht können Sie sich erinnern): Verluste machen uns etwa doppelt so unglücklich, wie uns entsprechende Gewinne glücklich machen. Darum ist es zum Beispiel so schwierig, bestehende Verträge – private oder zwischenstaatliche – neu zu verhandeln. Jede Konzession, die ich mache, ist ein Verlust. Im Gegenzug macht die Gegenpartei Konzessionen, die meine Gewinne sind. Da Verluste doppelt so schwer wiegen, fühlt sich jede Neuverhandlung als Nettoverlust an.

Sowohl für den *Default-Effekt* wie auch für seinen Spezialfall, den *Status Quo Bias*, gilt: Wir haben eine starke Tendenz, uns am Bestehenden festzuklammern, selbst wenn sie uns zum Nachteil gereicht. »Na ja, der wird sich im Glas sicher noch entwickeln«, sagte mein Gegenüber, als es den Réserve du Patron probierte. Begeisterung, dachte ich, sieht anders aus.

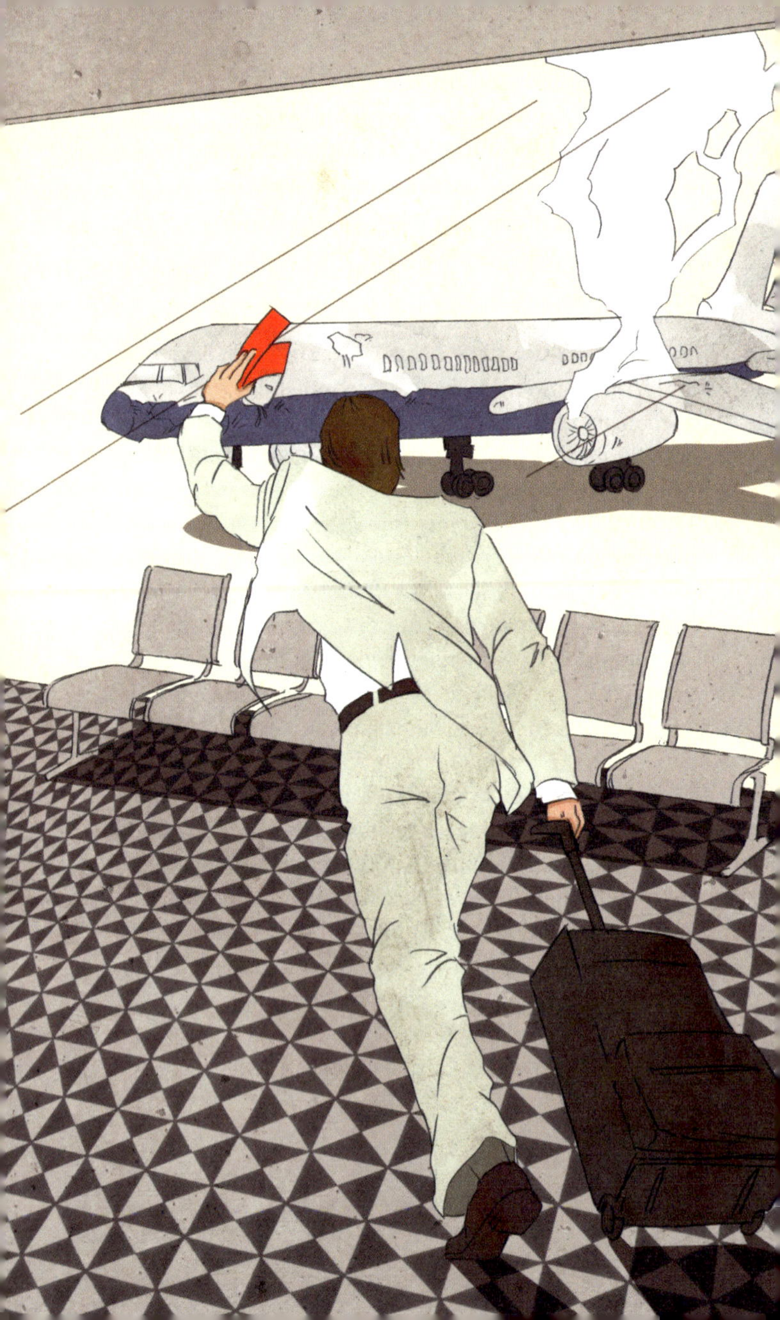

33

DIE ANGST VOR REUE

Warum die »Letzte Chance« Ihren Kopf verdreht

Zwei Geschichten. Paul besitzt Aktien der Firma A. Im Verlauf des Jahres überlegt er sich, diese zu verkaufen und stattdessen Aktien der Firma B zu kaufen. Er tut es aber nicht. Heute ist klar, dass er damit 1.200 Dollar mehr verdient hätte. Zweite Geschichte: Georg besitzt Aktien der Firma B. Im Verlauf des Jahres verkauft er sie und kauft Aktien der Firma A. Heute ist klar, dass er 1.200 Dollar mehr verdient hätte, wenn er die Aktien der Firma B behalten hätte. Wer fühlt mehr Reue?

Reue ist das Gefühl, falsch entschieden zu haben. Man wünscht sich, jemand würde einem eine zweite Chance geben. Also, wer fühlt mehr Reue – Paul oder Georg? Befragungen liefern ein eindeutiges Resultat: 8 % der Befragten sagen Paul, 92 % der Befragten Georg. Warum dieser Unterschied? Objektiv betrachtet sind die beiden Situationen identisch. Sowohl Paul als auch Georg haben unglücklicherweise auf die falsche Aktie gesetzt. Der einzige Unterschied: Paul besaß die Aktien A schon, während Georg sie erst kaufte. Paul war passiv, Georg aktiv. Paul entspricht dem Normalfall – die meisten Leute lassen ihr Geld über Jahre liegen, wo es ist –, Georg ist eine Ausnahme.

Offenbar empfindet derjenige mehr Reue, der aus der Reihe tanzt, dessen Verhalten nicht jenem der Mehrheit entspricht.

Manchmal kann auch das Unterlassen einer Handlung die Ausnahme darstellen. Beispiel: Ein altehrwürdiger Verlag verweigert sich als einziger dem Trend, E-Books zu publizieren. Ein Buch bestehe aus Papier, so der Geschäftsführer, und an dieser Tradition halte er fest, basta. Nun gehen zehn Verlage Bankrott. Neun davon haben sich erfolglos an einer E-Book-Strategie versucht, beim zehnten handelt es sich um den klassischen Print-Verlag. Wer wird die vergangenen Entscheidungen am meisten bereuen, wer wird am meisten Mitleid ernten? Richtig, der stoische E-Book-Verweigerer.

Noch ein Beispiel, aus Daniel Kahnemans Buch *Thinking, Fast and Slow*: Nach jedem Flugzeugabsturz hören wir die Geschichte von dem einen Unglücksraben, der ursprünglich einen Tag früher oder später fliegen wollte, aber aus irgendeinem Grund sein Ticket in letzter Minute auf den Crash-Flug umgebucht hat. Auch hier: Er ist die Ausnahme, darum empfinden wir mehr Mitleid für ihn als für die vielen »Normalfälle«, die von Anfang an auf der Unglücksmaschine gebucht waren.

Diese *Angst vor Reue* (englisch: *fear of regret*) drängt uns bisweilen zu irrationalem Handeln. Um in Zukunft nicht das schreckliche Gefühl der Reue zu empfinden, tendieren wir dazu, konventionell zu handeln, also den Kopf nicht weit aus der Masse zu strecken. Niemand ist davor gefeit, nicht einmal professionelle Aktienhändler. Statistiken zeigen: Auf den 31. Dezember hin – den Stichtag, an dem die Jahresperformance eines Händlers gemessen und sein Bonus berechnet wird – verkaufen Trader tendenziell ihre exotischen Positionen und gliedern sich in die Masse der Anleger ein. Oder: Die *Angst vor Reue* hält Sie davon ab, Dinge wegzuwerfen, die Sie nicht mehr brauchen. Sie haben Angst vor dem Missbehagen, das Sie in dem unwahrscheinlichen Fall erreicht, wenn Sie die ausgeleierten Tennisschuhe doch noch einmal brauchen könnten.

Wirklich idiotisch wird die *Angst vor Reue* in Kombination mit einer »letzten Chance«. Ein Safari-Prospekt schreibt von »der letzten Chance, ein Nashorn zu sehen, bevor die Tierart ausgestorben ist«. Nur, wenn wir es bis heute nicht als wichtig erachtet haben, ein Nashorn zu sehen, ist es unvernünftig, es jetzt zu wollen.

Nehmen wir an, Sie träumen schon lange von einem Einfamilienhaus. Das Bauland wird knapp. Parzellen mit Seesicht gibt es nur noch eine Handvoll. Noch drei, noch zwei, noch eine. »Die letzte Chance!«, schießt es Ihnen durch den Kopf – und Sie kaufen die Parzelle zu einem horrenden Preis. Die *Angst vor Reue* hat Sie vergessen lassen, dass immer Grundstücke mit Seesicht auf den Markt kommen werden. Der Handel mit schönen Immobilien hört ja nicht zufälligerweise heute auf. »Letzte Chancen« machen uns kopflos, und die *Angst vor Reue* kann ganze Lebensläufe umkrempeln – gelegentlich auf tragische Weise. Ich kenne Frauen, die haben sich mit Anfang 40 bei einer flüchtigen Begegnung noch schnell ein Kind erschlichen – und dafür mit üblen Lebensumständen bezahlt.

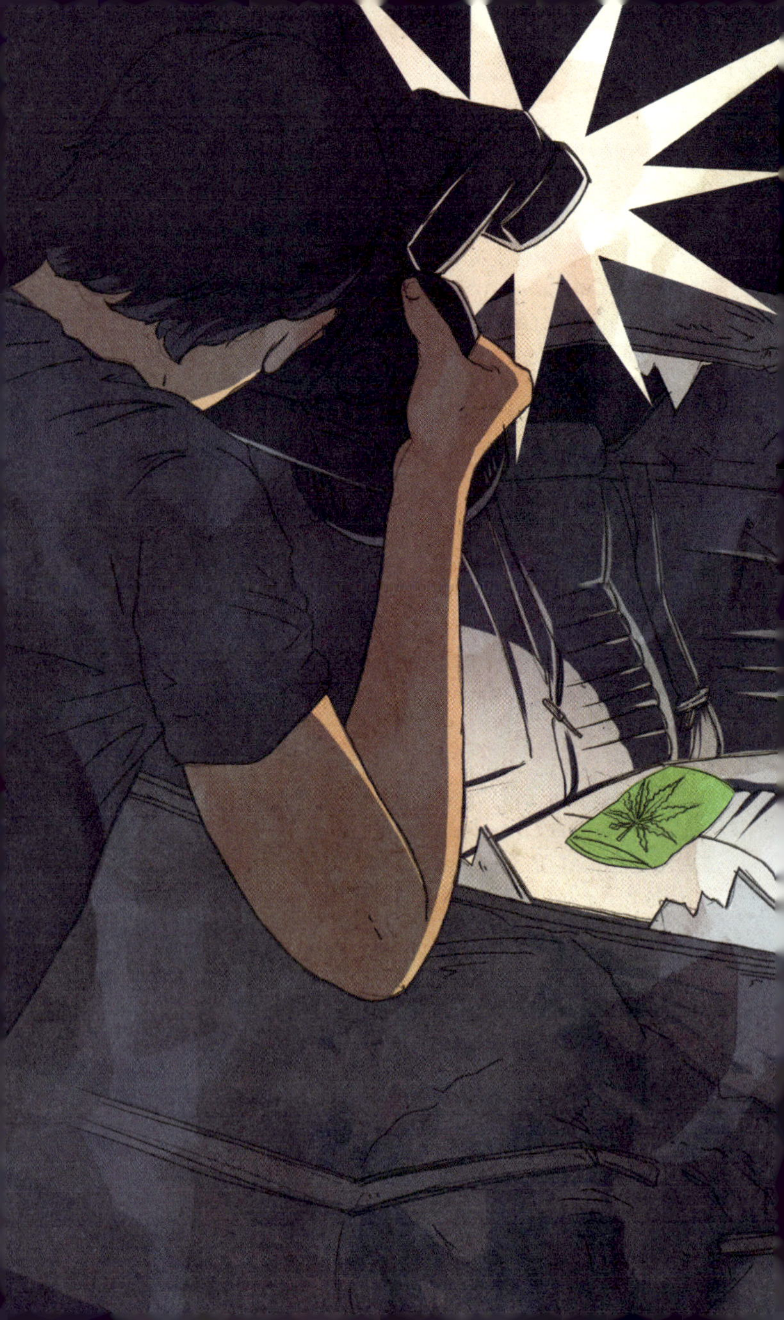

> Siehe Workbook-Teil S. 332

34

SALIENZ-EFFEKT

Warum auffällig nicht gleich wichtig ist

Angenommen, das Thema Marihuana beherrscht seit Monaten die Medien. Das Fernsehen porträtiert Kiffer, heimliche Grasbauern und Dealer. Die Boulevardpresse zeigt Bilder von zwölfjährigen Mädchen, die Joints rauchen. Seriöse Blätter rollen die Medizingeschichte der Droge aus und beleuchten die gesellschaftlichen, ja philosophischen Aspekte des Stoffs. Marihuana ist in aller Munde. Nehmen wir gleichzeitig an, der Konsum von Marihuana beeinflusse in keiner Weise das Fahrverhalten von Automobilisten. So wie jeder einen Unfall bauen kann, trifft es ab und zu auch einen Autofahrer, der manchmal kifft. Reiner Zufall.

Kurt ist Lokaljournalist. An diesem Abend kommt er zufällig an einer Unfallstelle vorbei. Ein Auto klebt an einem Baumstamm. Weil Kurt über viele Jahre gute Beziehungen zur lokalen Polizei pflegt, erfährt er, dass auf dem Rücksitz des Unfallwagens Marihuana gefunden wurde. Er eilt auf die Redaktion und setzt diese Schlagzeile: »Schon wieder: Marihuana treibt Autofahrer in den Tod!«

Unter den vorangestellten Annahmen ist der reißerische Titel natürlich völlig ungerechtfertigt. Kurt ist ein

Opfer des *Salienz-Effekts*. *Salienz* (englisch: *salience*) bezeichnet ein auffälliges Merkmal, ein herausstechendes Attribut, eine Besonderheit, etwas, das »ins Auge springt«. Der *Salienz-Effekt* sorgt dafür, dass ein herausstechendes Merkmal viel mehr Aufmerksamkeit erhält, als es eigentlich verdient hätte. Wie gesagt, wir nehmen an, der statistische Zusammenhang von Marihuana und Autounfällen sei null. Aber weil Marihuana das *saliente* Merkmal dieses Unfalls ist, glaubt Kurt, dass Marihuana für den Unfalltod verantwortlich ist.

Einige Jahre später ist Kurt zum Wirtschaftsjournalisten aufgestiegen. Eines der größten Unternehmen der Welt hat soeben eine Frau auf den CEO-Posten gehievt. Das sind News! Kurt klappt seinen Laptop auf und setzt zu einem klugen Kommentar an: Die besagte Dame, schreibt er, sei befördert worden, gerade weil sie eine Frau ist. In Wahrheit hat die Beförderung mit dem Geschlecht wahrscheinlich überhaupt nichts zu tun – zumal doch die meisten Spitzenpositionen mit Männern besetzt werden. Wenn es so entscheidend wäre, Frauen als Firmenchefs zu haben, hätten das andere Firmen auch gemerkt. Doch das Geschlecht ist bei dieser News-Story einfach das *saliente* Merkmal, und dem wird besondere Erklärungskraft zugeschrieben.

Dem *Salienz-Effekt* fallen nicht nur Journalisten zum Opfer, sondern jedermann. Eine Bank wird überfallen, die beiden Täter werden gefasst. Es stellt sich heraus, dass die Schurken Nigerianer sind. Obwohl keine Bevölkerungsgruppe überproportional oft Banken ausraubt, verzerrt die *Salienz* unser Denken. Schon wieder Ausländer, denken wir. Eine Vergewaltigung durch einen Bosnier wird auf den »Bosnier« zurückgeführt; nicht auf andere Faktoren, die auch bei uns Schweizern oder Deutschen zu finden sind. So bilden sich Vorurteile. Dass die große Mehrzahl der Einwanderer friedlich lebt, bleibt nur schlecht in Erinnerung. Die negativen Ausnahmen hingegen vergessen wir nicht mehr – sie sind besonders *salient*. Immer wenn es um Einwanderer geht, kommen uns deshalb die herausstechenden Ereignisse in den Sinn.

Der *Salienz-Effekt* spielt nicht nur mit, wenn wir die Vergangenheit deuten, sondern auch beim Blick in die Zukunft. Der Nobelpreisträger Daniel Kahneman und sein Forschungskollege Amos Tversky fanden heraus, dass wir *saliente* Informationen beim Prognostizieren übergewichten. Damit erklärt sich, warum Anleger stärker auf schrille News reagieren (zum Beispiel die Entlassung eines CEOs) als auf weniger *saliente* Informationen (zum Beispiel die langjährige Gewinnentwicklung einer Unternehmung). Professionelle Analysten sind vom *Salienz-Effekt* nicht ausgenommen.

Fazit: *Saliente* Informationen haben einen überproportionalen Einfluss auf Ihr Denken und Handeln. Versteckte, sich langsam entwickelnde, leise Faktoren hingegen nehmen Sie zu wenig ernst. Lassen Sie sich nicht von Auffälligkeiten blenden. Ein Buch mit einem ungewöhnlichen, knallroten Umschlag schafft es auf die Bestsellerliste. Ihr erster Impuls wird es sein, den Erfolg des Buches dem aufsehenerregenden Cover zuzuschreiben. Tun Sie das nicht. Sammeln Sie die mentale Energie, um gegen scheinbar offensichtliche Erklärungen anzukämpfen.

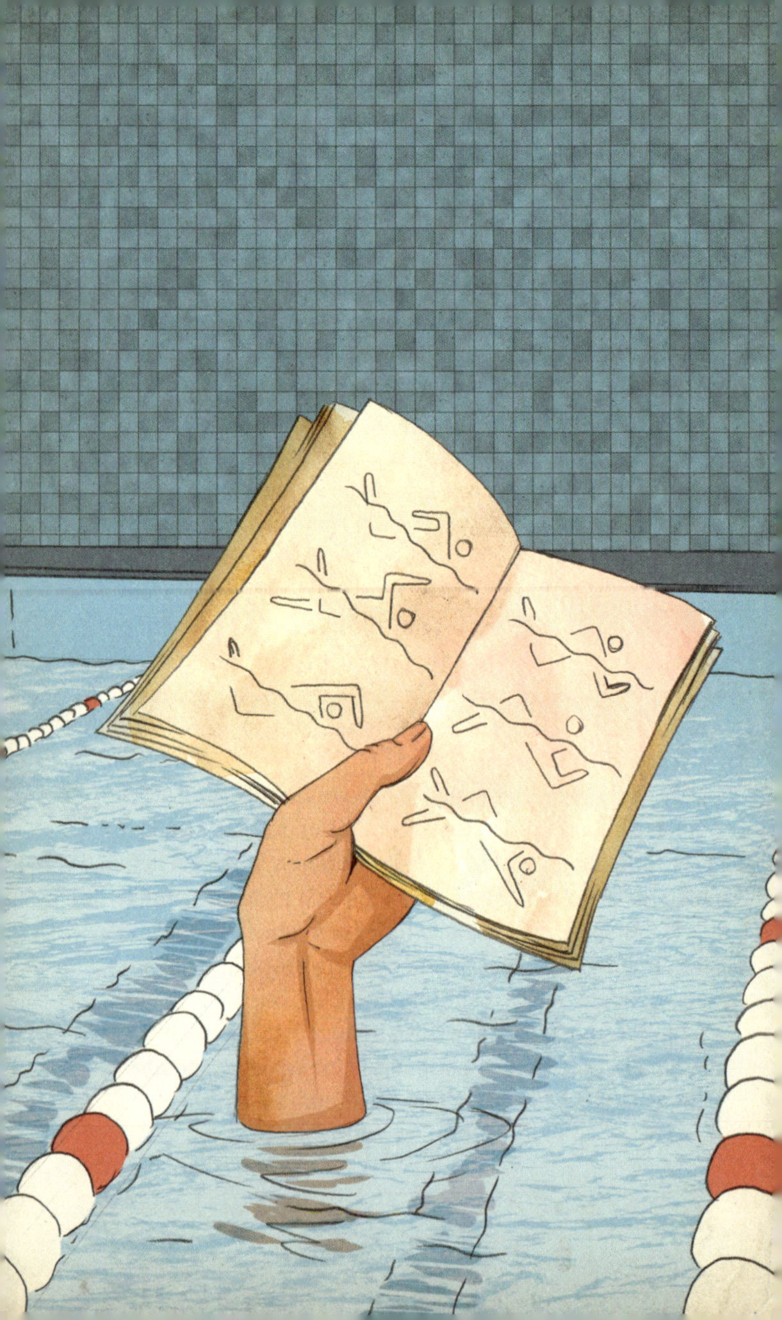

> Siehe Workbook-Teil S. 335

35

DIE ANDERE SEITE DES WISSENS

Warum probieren über studieren geht

Möchten Sie von einem Arzt operiert werden, der tausend Medizinbücher gelesen, aber noch keine Operation durchgeführt hat? Oder doch lieber von einem, der kein einziges Buch gelesen, dafür tausendmal operiert hat?

Wie viele Dinge, die Sie in Ihrem Zimmer sehen, wurden aus Bücherwissen heraus entwickelt und wie viele durch Versuch und Irrtum?

Der CEO eines Pharmakonzerns erzählte mir beim Dinner: »Ich kann es nicht in Worte fassen, was das ist, aber wenn ich durch den Betrieb gehe, merke ich sofort, in welchen Abteilungen es rund läuft und in welchen nicht. Wenn ich Leute einstelle, merke ich schon nach Sekunden, ob es funktionieren wird oder nicht. Wenn ich mit Lieferanten verhandle, weiß ich intuitiv, wer versuchen wird, mich übers Ohr zu hauen. Und wenn ich eine Firma akquiriere, sagen mir die tausendseitigen Berichte der Investmentbanken weit weniger als ein kurzer Rundgang durch den Betrieb.«

»Und wo hast du das gelernt? In Harvard?«

Er schüttelte den Kopf. »Eine Reihe guter Chefs, von denen ich so einiges abschauen konnte. Und natürlich habe ich im Verlauf meiner Karriere tausend Fehler gemacht und daraus gelernt.«

Es gibt zwei Arten des Wissens: jenes, das sich in Worte fassen lässt – und das andere. Wir tendieren dazu, das in Worte gefasste Wissen heillos zu überschätzen.

Nach vierjähriger Bauzeit gelang den Brüdern Wright am 17. Dezember 1903 der erste motorisierte Flug. Sie erfüllten sich und der Menschheit diesen Traum ohne vorheriges Studium wissenschaftlicher Berichte. Es gab noch gar keine zu dem Thema. Erst drei Jahrzehnte später entwickelte sich eine Art Theorie des Flugzeugbaus.

In den 50er-Jahren kam Malcom McLean auf die Idee, Container zu entwickeln. Statt jedes Paket einzeln vom Schiff auf den Lkw umzuladen, setzte er einfach den ganzen Container auf den Lkw. Dank McLean konsumieren wir heute Produkte aus aller Welt, ohne dass die Transportkosten ins Gewicht fallen. McLean hat keine Bücher über die Containerschifffahrt gelesen, bevor er sein Unternehmen gründete. Es gab keine.

Wer hat den automatischen Webstuhl erfunden, die Dampfmaschine, das Automobil, die Glühbirne? Kein Theoretiker und kein offizielles Forschungslabor. Es waren allesamt Tüftler. Wir überschätzen die Intellektuellen, die Akademiker, die Theoretiker, die Schriftsteller, Autoren und Kolumnisten – und unterschätzen die Praktiker und die Macher. Ideen, Produkte und Fähigkeiten kommen vorwiegend durch Probieren und Abschauen zustande, weniger durch Nachlesen und Nachdenken. Nicht durch das Studium von Schwimmbüchern haben wir schwimmen gelernt. Nicht dank den Ökonomen haben wir eine Wirtschaft. Nicht die Lehrstühle für Politikwissenschaften halten unsere Demokratie aufrecht. Ich habe Sympathien für Terence Kealeys Ansicht: Nicht Universitäten führen zu einer prosperierenden Gesellschaft, sondern prosperierende Gesellschaften unterhalten Universitäten, weil sie es sich leisten können. Insofern gleichen Universitäten den Opernhäusern.

Aber was ist denn eigentlich das Problem des in Worte gefassten Wissens? Erstens: Es ist frei von Ambiguität. Ein Text gibt Klarheit vor, wie sie in der Welt nicht zu finden ist. Die Folge: Wenn wir Entscheidungen treffen, die auf geschriebenem Wissen basieren, tendieren wir dazu, ein übermäßiges Risiko einzugehen. Wir wiegen uns in falscher Sicherheit. Klassisches Beispiel sind Investmententscheidungen, die auf akademischen Modellen basieren. Sie sind einer der Gründe für die globale Finanzkrise.

Zweitens: Menschen, die Bücher schreiben (Ihr Autor eingeschlossen), sind anders verdrahtet als Menschen, die keine Bücher schreiben. Darum dürfen wir Texte nicht als repräsentatives Abbild dieser Welt betrachten. Erdenken Nichtschriftsteller fundamental andere Geschichten als Schriftsteller? Sehr gut möglich. Wir werden es nie erfahren, denn sie schreiben sie ja nicht auf.

Drittens: Worte maskieren Fähigkeiten: Wer sich auszudrücken versteht, gewinnt übermäßig an Status. Wer sich in E-Mails und Vorträgen schlecht ausdrückt, wird nicht befördert. Dabei kann er noch so begabt sein.

Fazit: Das bedeutende Wissen liegt im Praktischen. Legen Sie Ihre Ehrfurcht vor dem Wort ab. So – hören Sie jetzt auf mit Lesen, und tun Sie etwas wirklich Gescheites.

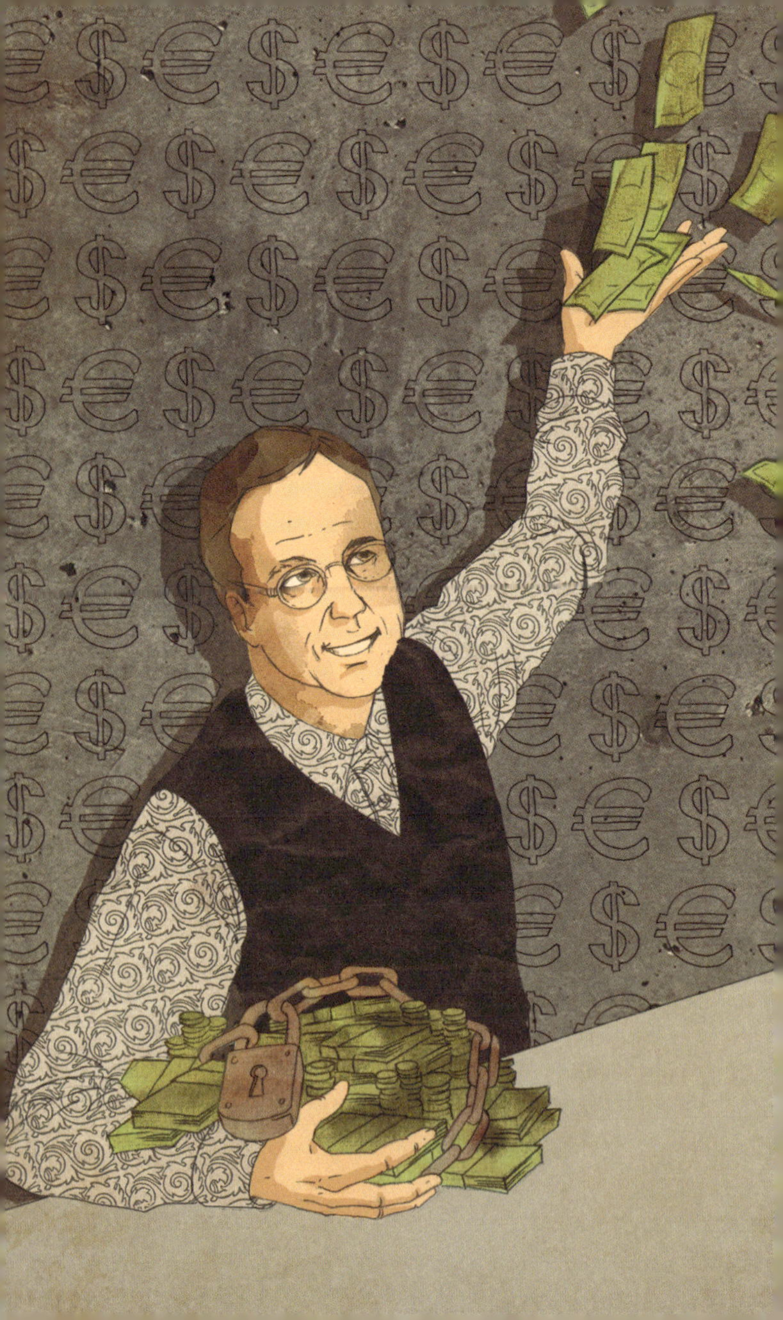

> Siehe Workbook-Teil S. 338

36

HOUSE MONEY EFFECT

Warum Geld nicht nackt ist

Ein windiger Herbsttag Anfang der 80er-Jahre. Die nassen Blätter torkelten unschlüssig über den Bürgersteig. Ich war gerade damit beschäftigt, mein Fahrrad die Anhöhe zum Gymnasium hochzustoßen, als ich unter meinen Füßen ein seltsames Blatt erblickte. Es war groß und rostbraun, und als ich mich bückte, sah ich, dass es eine 500er-Note war (die gab es damals noch). 500 Franken – ein Geschenk des Himmels für einen Schüler.

Ich hatte das Geld kaum eingesteckt, gab ich es schon wieder aus, kaufte mir ein Luxusfahrrad mit Scheibenbremsen und Shimano-Schaltung, eines der besten Modelle auf dem Markt – obwohl mein altes noch perfekt funktionierte.

Natürlich hatte ich bis zu jenem Tag schon einige Hundert Franken auf die Seite gelegt. Aber es wäre mir nie in den Sinn gekommen, dieses zusammengesparte Geld in ein unnötiges Fahrrad umzutauschen. Davon leistete ich mir höchstens ab und zu einen Kinoeintritt. Erst später fiel mir auf, wie irrational mein Verhalten gewesen war. Geld ist Geld, sollte man meinen. Aber wir ticken nicht so. Je nachdem, wie wir dazu gekommen sind, behandeln wir es anders. Geld ist nicht nackt, es ist in emotionale Kleider gehüllt.

Zwei Fragen. Sie haben ein Jahr lang hart gearbeitet. Am Ende des Jahres stehen 20.000 Euro mehr auf dem Konto als zu Beginn. Was machen Sie damit? A) Sie lassen es auf dem sicheren Bankkonto stehen. B) Sie investieren es. C) Sie tätigen damit notwendige Anschaffungen, renovieren zum Beispiel endlich Ihre schimmlige Küche. D) Sie leisten sich damit eine Luxuskreuzfahrt. Wie entscheiden Sie? Wenn Sie denken wie die meisten Menschen, entscheiden Sie sich für A, B oder C.

Zweite Frage: Sie sind Lottogewinner von 20.000 Euro. Was machen Sie damit? Schauen Sie sich die Antworten noch einmal an. A, B, C oder D? Die meisten Menschen wählen jetzt C oder D. Und begehen natürlich einen Denkfehler, denn 20.000 Euro sind 20.000 Euro.

Ein ähnlicher Denkfehler ist in Kasinos zu beobachten. Ein Freund setzt 1.000 Euro im Roulette – und verliert alles. Darauf angesprochen antwortet er: »Ich habe nicht wirklich 1.000 Euro verspielt. Es waren die 1.000 Euro, die ich vorher gewonnen hatte.« »Aber es ist doch der gleiche Betrag!« »Nicht für mich«, lacht er.

Mit gewonnenem, gefundenem, geerbtem Geld gehen wir leichtfertiger um als mit erarbeitetem. Der Ökonom Richard Thaler nennt das den *House Money Effect*, die Tendenz, dass sich die Risikobereitschaft nach spekulativ erwirtschafteten Gewinnen erhöht. Darum sind Lottogewinner Jahre später oft ärmer dran als vor dem Supergewinn. Auch der Volksmund kennt den *House Money Effect*: »Wie gewonnen, so zerronnen« ist der populäre Ausdruck dafür.

Thaler teilte seine Studenten in zwei Gruppen ein. Der ersten Gruppe sagte er, sie hätten soeben 30 Dollar gewonnen und könnten nun wählen, beim folgenden Münzwurf mitzumachen: Bei Zahl gewinnen sie neun Dollar, bei Kopf verlieren sie neun Dollar. 70 % der Studenten wählten den Münzwurf. Den Studenten der zweiten Gruppe sagte er, sie hätten nichts gewonnen, aber sie dürften wählen zwischen einem sicheren Gewinn von 30 Dollar oder einem Münzwurf, bei dem sie bei Kopf 21 Dollar und bei Zahl 39 Dollar gewinnen. Die zweite Gruppe verhielt sich konservativer. Nur 43 % wählten das Risiko – obwohl der Erwartungswert in allen Fällen derselbe war, nämlich 30 Dollar.

Marketingstrategen wissen, was der *House Money Effect* wert ist. Online-Gambling-Portale »schenken« Ihnen 100 Dollar Spielgeld, wenn Sie Mitglied werden. Kreditkartenfirmen in den USA »schenken« Ihnen einen Bonus von 100 Dollar, wenn Sie das Antragsformular ausfüllen. Fluggesellschaften schenken Ihnen einige Tausend Meilen, wenn Sie dem Frequent-Flyer-Klub beitreten. Es gibt Telekom-Firmen, die Ihnen am Anfang ein Gesprächsguthaben »schenken«, was Sie dazu verleitet, unnötig viel zu telefonieren. Ein Großteil der Gutscheinkultur basiert auf dem *House Money Effect*.

Fazit: Seien Sie vorsichtig, wenn Sie Geld gewinnen oder Unternehmen Ihnen etwas »schenken«. Die Gefahr ist groß, dass Sie aus lauter Übermut bald sehr viel mehr zurückschenken. Besser, Sie reißen diesem Geld die aufreizenden Kleider vom Leib und stecken es in ein Arbeitsgewand. Auf Ihrem Bankkonto.

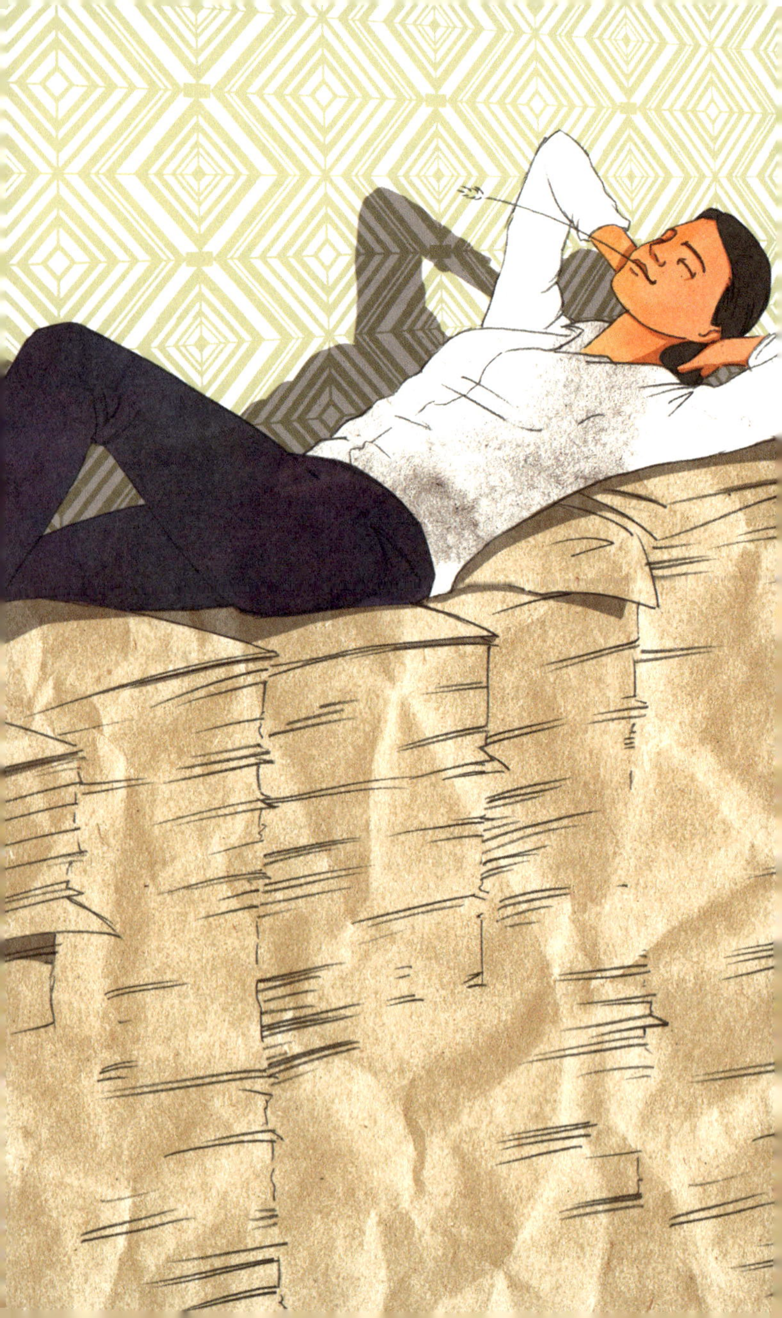

37

PROKRASTINATION

Warum Neujahrsvorsätze nicht funktionieren

Ein Freund, Schriftsteller, einer, der es versteht, Emotionen in Sätze zu bannen, ein Sprachkünstler also, schreibt alle sieben Jahre ein Büchlein von knapp 100 Seiten. Sein Output entspricht zwei Druckzeilen pro Tag. Auf seine dürftige Leistung angesprochen, antwortet er: »Recherchieren ist so viel angenehmer als Schreiben.« In der Tat surft er stundenlang im Web oder sitzt versunken über den abstrusesten Büchern – in der Hoffnung, auf eine grandiose verschollene Geschichte zu stoßen. Wenn er dann eine passende Szene gefunden hat, überzeugt er sich, es bringe nichts, zu schreiben, solange sich nicht »die richtige Stimmung« einstelle. Leider tut sie das nur selten.

Ein anderer Freund nimmt sich seit zehn Jahren täglich vor, mit dem Rauchen aufzuhören. Jede Zigarette ist seine letzte. Und ich? Meine Steuererklärung liegt seit sechs Monaten auf dem Schreibtisch – offenbar in der Hoffnung, sie würde sich von selbst ausfüllen.

Prokrastination oder *Handlungsaufschub* nennt die Wissenschaft die Tendenz, unangenehme, aber wichtige Handlungen zu verschleppen: den Kreuzgang ins Fitnesscenter, den Wechsel zu einer kostengünstigeren Versicherung, das Schreiben von Dankeskarten. Daran ändern auch die Neujahrsvorsätze nichts.

Prokrastination ist irrational, denn das Vorhaben erledigt sich ja nicht von selbst. Es ist auch nicht so, dass wir nicht wüssten, was gut für uns ist. Warum schieben wir trotzdem immer wieder wichtige Dinge auf die lange Bank? Weil zwischen Aufwand und Ertrag eine zeitliche Kluft liegt. Diese zu überbrücken erfordert ein hohes Maß an mentaler Kraft, wie der Psychologe Roy Baumeister in einem cleveren Experiment demonstriert hat. Er setzte Studenten vor einen Ofen, in dem Schokoladenkekse vor sich hin dufteten. Er stellte eine Schüssel gefüllt mit Radieschen vor den Ofen und sagte den Studenten, sie dürften so viele Radieschen essen, wie sie möchten – aber die Kekse seien strikte verboten. Dann ließ er sie 30 Minuten allein. Die Studenten einer zweiten Versuchsgruppe durften so viele Kekse essen, wie sie wollten. Beide Gruppen mussten anschließend eine anspruchsvolle Mathematikaufgabe lösen. Die Studenten, denen es verboten war, die Kekse zu essen, gaben bei der Mathematikaufgabe doppelt so schnell auf wie jene, die nach Belieben drauflosfuttern durften. Ihre Selbstkontrolle hatte sie mentale Energie gekostet, Willenskraft, die ihnen nun zum Lösen der Aufgabe fehlte. Willenskraft funktioniert wie eine Batterie – zumindest kurzfristig. Ist die Energie aufgebraucht, fehlt sie für zukünftige Herausforderungen.

Das ist eine fundamentale Erkenntnis. Selbstkontrolle ist nicht rund um die Uhr aufrechtzuerhalten. Es braucht Phasen, in denen man sich entspannt, sich treiben lässt und die Batterie wieder auflädt. Das ist das eine.

Die zweite notwendige Bedingung, um der *Prokrastination* zu entgehen, sind Tricks, die uns daran hindern, dass wir uns rund um die Uhr treiben lassen. Dazu gehört das Eliminieren von Ablenkungen. Wenn ich einen Roman schreibe, schalte ich meinen Internetzugang aus. Zu groß ist die Verführung, ein bisschen zu surfen, wenn die Arbeit anstrengend wird. Der wichtigste Trick sind Termine. Der Psychologe Dan Ariely hat festgestellt, dass extern gesetzte Fristen – zum Beispiel Abgabetermine, die ein Lehrer oder die Steuerbehörde vorgibt – am besten funktionieren. Selbst gesetzte Termine funktionieren nur, wenn die Aufgabe in klare Teilschritte zerlegt wird – mit jeweils eigenen Terminen. Neujahrsvorsätze ohne klare Teilziele sind zum Scheitern verurteilt.

Fazit: *Prokrastination* ist irrational, aber menschlich. Um gegen sie anzukämpfen, wenden Sie eine Kombination aus Tricks an. So schrieb meine Nachbarin ihre Doktorarbeit in drei Monaten: Sie mietete sich ein winziges Zimmer ohne Telefon und Internetanschluss. Sie setzte sich drei Termine – für die drei Teile ihres Buches. Sie erzählte jedem, der zuhören wollte, von ihren selbst definierten Zielen, ja sie druckte sie sogar auf die Rückseite ihrer Visitenkarten. Damit transformierte sie die persönlichen Schlusstermine in öffentliche. Über Mittag und an den Abenden lud sie ihre »Batterien« auf, indem sie Modehefte durchblätterte und viel schlief.

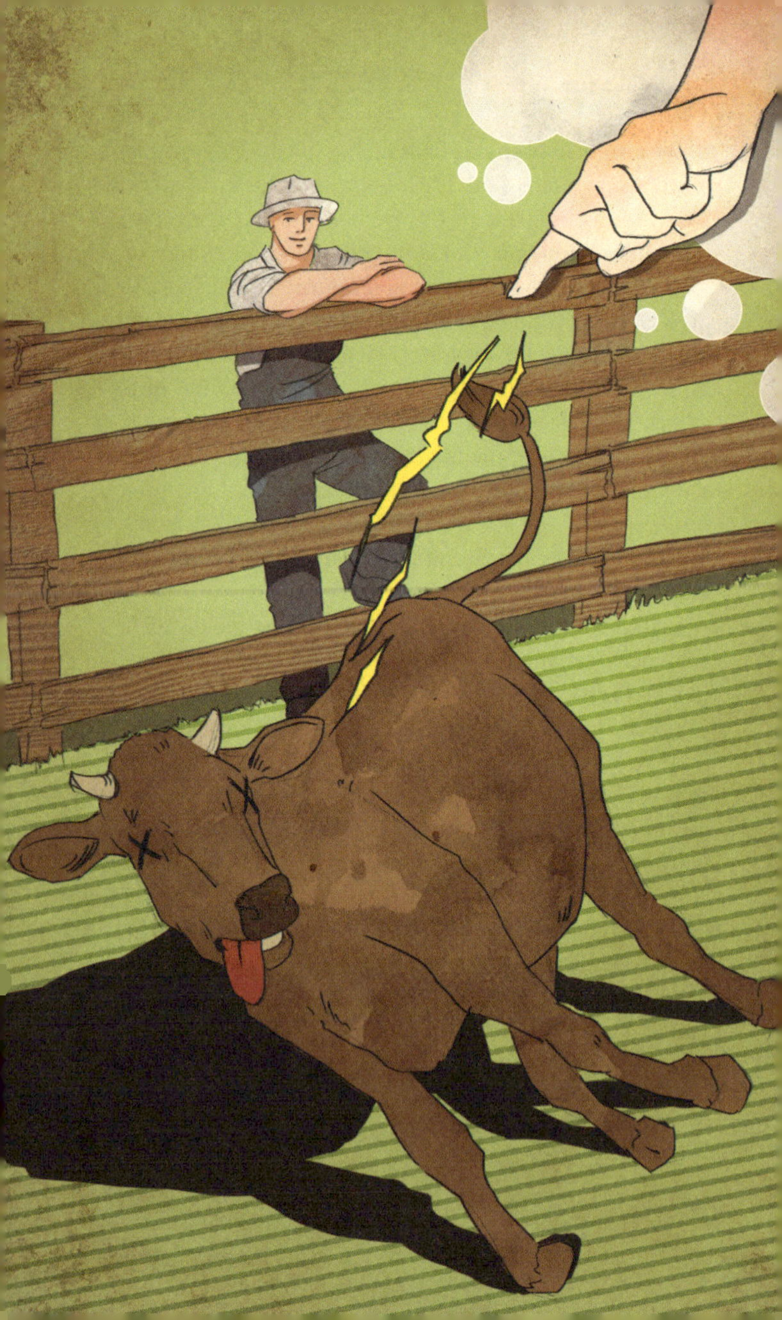

> Siehe Workbook-Teil S. 344

38
NEID

Warum Sie Ihr eigenes Königreich brauchen

Zwei Szenarien – welches würde Sie mehr nerven? A) Das Durchschnittseinkommen Ihrer Freunde steigt, nur Ihres bleibt gleich. B) Das Durchschnittseinkommen Ihrer Freunde sinkt, und auch Ihres sinkt. Haben Sie Antwort A) gewählt? Keine Angst, Sie sind keineswegs abnormal – nur ein ganz gewöhnlicher Neider.

Eine russische Geschichte: Ein Bauer findet eine magische Lampe. Er berührt sie, und aus dem Nichts erscheint ein Geist, der ihm die Erfüllung eines Wunsches garantiert. Der Bauer denkt eine Weile nach. Schließlich sagt er: »Mein Nachbar hat eine Kuh. Ich habe keine Kuh. Ich wünsche, dass die Kuh meines Nachbarn tot umfällt.«

So absurd es klingt: Wahrscheinlich können Sie sich mit dem Bauern identifizieren. Wahrscheinlich geht es Ihnen bisweilen ähnlich. Ihr Kollege hat einen fetten Bonus eingefahren, Sie nicht, also entwickeln Sie die Emotion *Neid*. Daraus entwickelt sich eine Kette unvernünftigen Verhaltens: Sie helfen Ihrem Kollegen nicht mehr aus, Sie sabotieren seine Pläne, vielleicht zerstechen Sie sogar die Reifen seines Porsches. Und Sie jubeln heimlich, wenn er sich beim Skifahren das Bein bricht.

Von allen Emotionen ist *Neid* die idiotischste. Warum? Weil *Neid* relativ einfach zu umgehen ist. Dies im Gegensatz zu Wut, Trauer oder Angst. Der Starinvestor Charlie Munger: »Sich dafür zu interessieren, ob jemand schneller Geld verdient als Sie, ist eine der Todsünden. *Neid* ist eine wirklich stupide Sünde, denn es ist die einzige, bei der man keinen Funken Spaß haben kann. Viel Schmerz und kein Spaß. Warum würde sich das jemand antun wollen?«

Neid entzündet sich an vielen Dingen – Besitz, Status, Gesundheit, Jugend, Fähigkeiten, Popularität, Schönheit. *Neid* wird oft mit Eifersucht verwechselt, weil die körperlichen Reaktionen identisch sind. Der Unterschied: Für *Neid* braucht es bloß zwei Menschen, für Eifersucht drei (Peter ist eifersüchtig auf Kurt, weil die schöne Nachbarin bei Kurt klingelt, nicht bei ihm).

Das Lustige am *Neid*: Wir beneiden vor allem jene, die uns in puncto Alter, Beruf und Lebensart ähnlich sind. Wir beneiden keinen Unternehmer aus dem vorletzten Jahrhundert. Wir beneiden keine Pflanzen oder Tiere. Wir beneiden keinen Millionär auf der anderen Erdhälfte – wohl aber einen in der unmittelbaren Nachbarschaft. Als Schriftsteller beneide ich keine Musiker, Manager oder Zahnärzte um ihren Erfolg, wohl aber andere Schriftsteller. Das wusste schon Aristoteles: »Töpfer beneiden Töpfer.«

Das bringt uns zu einem klassischen Handlungsfehler: Ihr finanzieller Erfolg erlaubt es Ihnen endlich, von Zürichs Schattenseite an die Goldküste zu ziehen. In den ersten Wochen genießen Sie das Spiegeln der Abendsonne auf dem Zürichsee und den Eindruck, den Ihre neue Adresse bei Ihren Freunden macht. Doch bald merken Sie, dass Sie umzingelt sind von Villen in ganz anderen Dimensionen. Sie haben Ihre alte Vergleichsgruppe gegen eine viel reichere eingetauscht. *Neid* und Statusstress sind die Folgen.

Neid lässt sich, wenn er einmal da ist, nicht einfach abschalten. Aber Sie können ihm aus dem Weg gehen. Erstens: Hören Sie auf, sich mit anderen zu vergleichen. Zweitens: Finden Sie Ihren »circle of competence« und besetzen Sie ihn ganz allein. Schaffen Sie sich Ihre Nische, in der Sie führend sind. Es ist egal, wie winzig der Kreis Ihrer Meisterschaft ist – Hauptsache, Sie sind der König darin.

Wie alle Emotionen hat auch der *Neid* seinen Ursprung in unserer evolutionären Vergangenheit. Schnappte sich der Hominide von der Höhle nebenan ein größeres Stück von der Beute, bedeutete dies für den Verlierer ein kleineres Stück. *Neid* motivierte uns, etwas dagegen zu unternehmen. Jäger und Sammler ohne *Neid* verschwanden aus dem Genpool, im Extremfall verhungerten sie, während andere sich an ihrer Nahrung gütlich taten. Wir sind die Nachfahren dieser andern, die Nachfahren von Neidern. Nur: In der heutigen Welt ist *Neid* nicht mehr lebenswichtig. Wenn mein Nachbar sich einen Porsche leistet, bedeutet das nicht, dass mir dadurch etwas entgeht.

Wenn ich wieder mal Anzeichen von *Neid* habe, sagt meine Frau ruhig: »Auf einen darfst du neidisch sein – auf den du dir vorgenommen hast zu sein.«

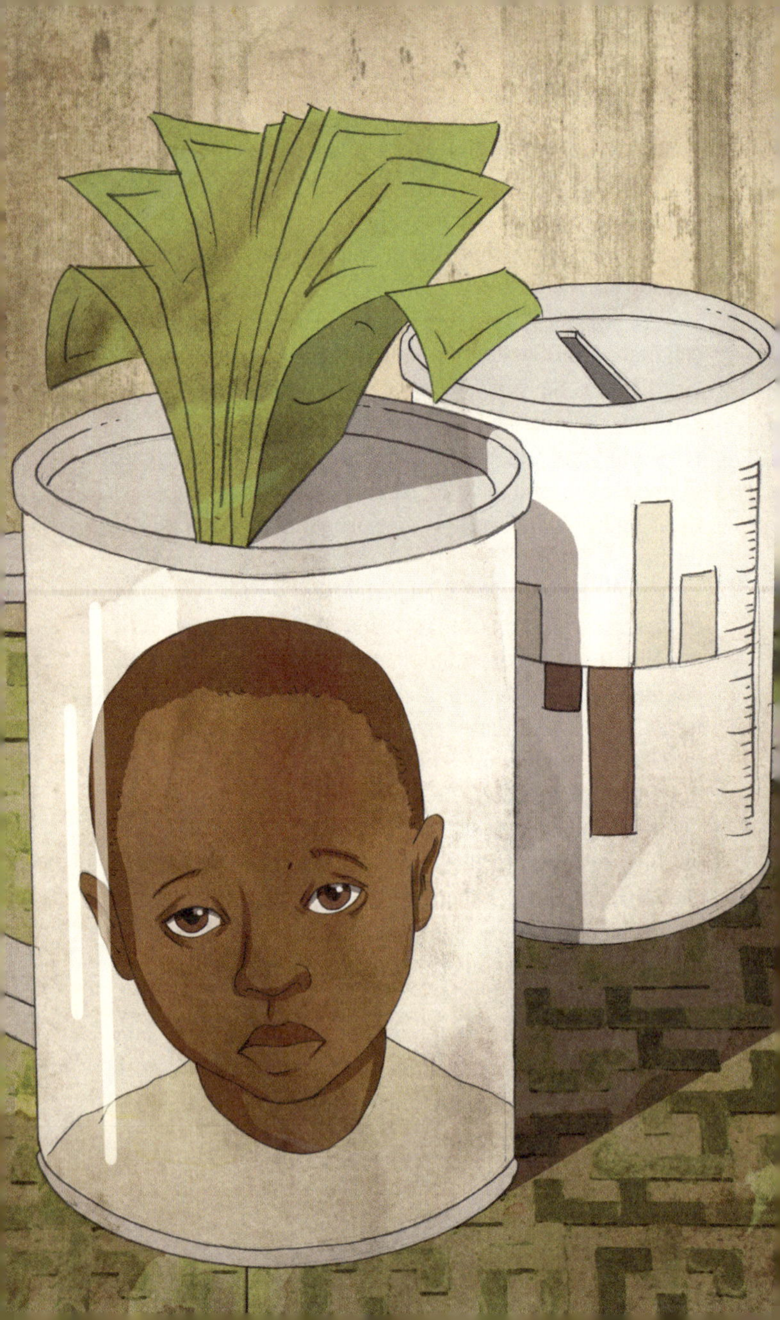

› Siehe Workbook-Teil S. 347

39

PERSONIFIKATION

Warum Sie lieber Romane lesen als Statistiken

18 Jahre lang war es den amerikanischen Medien verboten, Fotos von Särgen gefallener Soldaten zu zeigen. Im Februar 2009 hob Verteidigungsminister Robert Gates das Verbot auf – die Bilderflut im Internet war nicht mehr zu stoppen. Offiziell müssen die Angehörigen zwar ihr Einverständnis zur Publikation geben, aber durchzusetzen ist diese Regel nicht. Warum gab es das Sargbilderverbot überhaupt? Um den Krieg weniger schlimm aussehen zu lassen. Wie viele Opfer ein Krieg fordert, kann zwar jeder in der Gefallenenstatistik nachlesen. Nur: Auf Statistiken reagieren wir kalt. Auf Menschen hingegen – erst recht auf tote – höchst emotional.

Der Grund: Wir konnten seit Urzeiten nur in Gruppen überleben. Im Verlauf der letzten 100.000 Jahre haben wir deshalb einen exquisiten Sinn dafür entwickelt, wie andere denken und fühlen. Die Wissenschaft nennt dies »Theory of Mind«. Dazu ein Experiment: Ich gebe Ihnen 100 Euro. Diese müssen Sie mit einem Fremden teilen. Sie schlagen vor, in welchem Verhältnis. Wenn der andere Ihren Vorschlag annimmt, wird das Geld genau so aufgeteilt. Wenn der Fremde Ihren Vorschlag ablehnt, müssen

Sie mir die 100 Euro wieder zurückgeben, und niemand hat etwas verdient. Welchen Vorschlag machen Sie Ihrem Gegenüber?

Rational wäre es, dem Fremden ganz wenig, vielleicht einen Euro zu offerieren, ist es doch für ihn besser, wenigstens dies als gar nichts zu bekommen. Als die Ökonomen in den 80er-Jahren begannen, mit diesem Ultimatumspiel (so der wissenschaftliche Name) zu experimentieren, zeigten die Versuchspersonen ein ganz anderes Verhalten: Sie boten der Gegenpartei zwischen 30 % und 50 % an. Alles unter 30 % wurde als »unfair« empfunden. Das Ultimatumspiel ist eine der klarsten Manifestationen der »Theory of Mind«: Man fühlt mit dem Gegenüber mit.

Eine winzige Änderung des Spiels allerdings genügt, damit von der Großzügigkeit nicht mehr viel übrig bleibt: Man steckt die beiden Spieler in separate Räume. Wenn Menschen ihr Gegenüber nicht sehen können und auch vorher nie gesehen haben, dann schaffen sie es kaum, die Gefühle des andern zu simulieren. Das Gegenüber bleibt abstrakt, und die Offerten, die man ihm macht, sinken im Schnitt auf weniger als 20 %.

Der Psychologe Paul Slovic bat Menschen in einem Experiment um Spenden. Einer Gruppe zeigte Slovic das Foto von Rokia aus Malawi, einem abgemagerten Kind mit flehenden Augen. Im Durchschnitt spendeten die Leute zweieinhalb Dollar für die Hilfsorganisation. Einer zweiten Gruppe servierte Slovic Statistiken über den Hunger in Malawi – mehr als drei Millionen unterernährte Kinder. Die Spendenbereitschaft lag um 50 % niedriger. Erstaunlich: Eigentlich sollte die Freigebigkeit doch steigen, wenn das wahre Ausmaß der Katastrophe offensichtlich wird. Doch so ticken wir nicht. Statistiken lassen uns kalt. Menschen nicht.

Die Medien wissen schon lange, dass mit Tatsachenberichten und Balkendiagrammen keine Leser zu gewinnen sind. Also lautet die Devise: Kein Artikel ohne Namen, keiner ohne Gesicht! Geht es um eine Aktie, wird der CEO ins Zentrum gerückt (je nach Kurstendenz lachend oder verhärmt). Geht es um einen Staat, muss dessen Präsident ins Blatt. Bei einem Erdbeben muss ein Opfer her.

Diese Fixierung auf Menschen erklärt den Erfolg einer der wichtigsten kulturellen Erfindungen – des Romans. Diese literarische »Killer App« macht zwischen- und innermenschliche Konflikte an wenigen Einzelschicksalen fest. Über die psychologischen Foltermethoden des puritanischen Neuenglands hätte man eine Dissertation schreiben können – stattdessen lesen wir bis heute Hawthornes *Der scharlachrote Buchstabe*. Und die Weltwirtschaftskrise der 30er-Jahre? Als Statistik eine reine Zahlenreihe. Als Familiendrama unvergesslich – wie in Steinbecks *Früchte des Zorns*.

Fazit: Seien Sie vorsichtig, wenn Ihnen Einzelschicksale serviert werden. Fragen Sie nach den Fakten und der statistischen Verteilung dahinter. Das Einzelschicksal wird Sie deswegen nicht kaltlassen – aber Sie können es in den richtigen Kontext setzen. Sind Sie hingegen nicht Rezipient, sondern verfolgen Sie eine eigene Agenda, sprich möchten Sie Menschen bewegen, aufrütteln, motivieren – dann sorgen Sie dafür, dass es ordentlich menschelt.

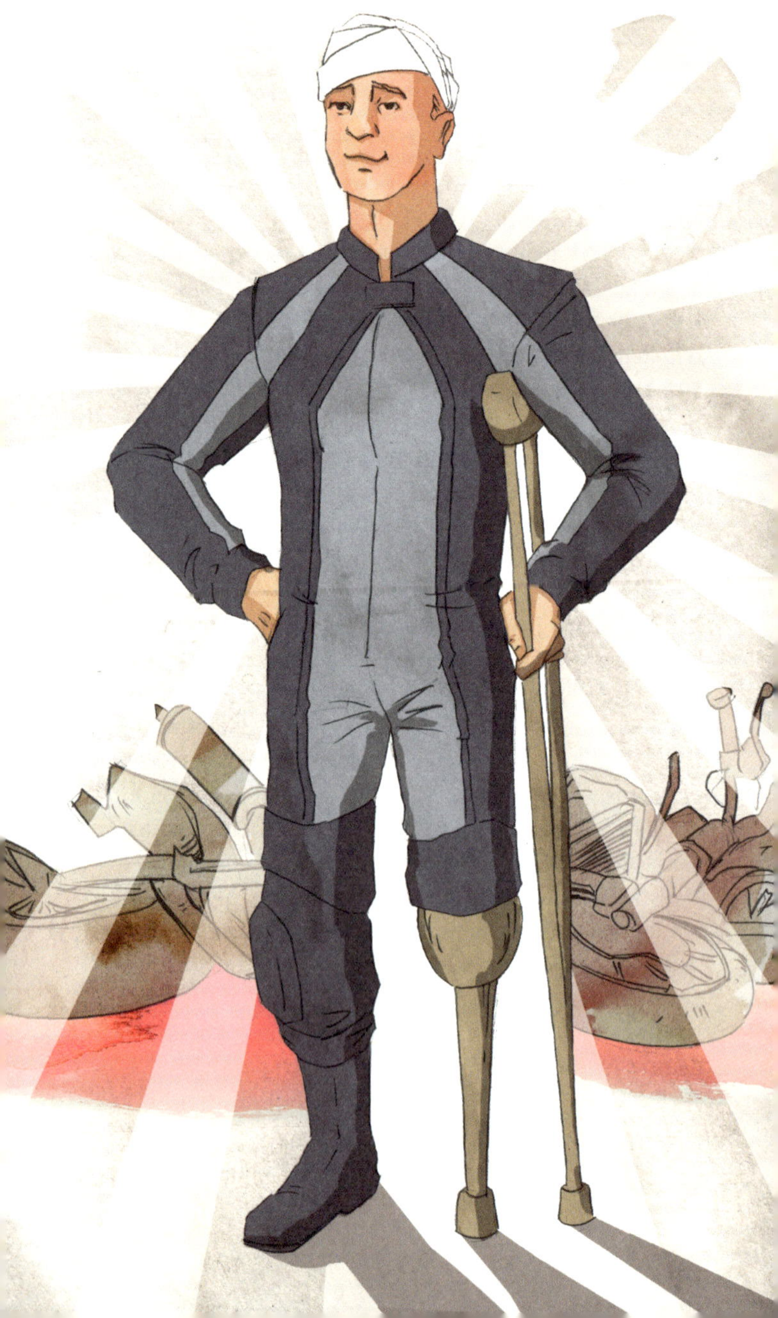

> Siehe Workbook-Teil S. 350

40

WAS-MICH-NICHT-UMBRINGT-TRUGSCHLUSS

Warum Krisen selten Chancen sind

Als ich Sandra vor zehn Jahren kennenlernte, strotzte sie vor Lebenslust. Eine entzückende, intelligente, junge Frau, die sämtliche theoretischen Gedanken zum Verblassen bringen konnte. Sandra heiratete – einen Wirtschaftsprüfer (was nichts heißen will). Zwei Jahre später erkrankte sie an Brustkrebs Typ 5, der schrecklichsten Art. Mitten während der Chemotherapie hatte ihr Mann eine Affäre. Sandra fiel in eine Depression, und in der Folge gelang es ihr nie mehr, einen Job länger als sechs Monate zu halten. Heute ist sie ein armseliger Schatten ihres früheren Selbst. Als ich sie kürzlich besuchte – sie ist geschieden und lebt allein –, sagte sie: »Ich war so nah am Tod. Aber weißt du, was mich nicht umbringt, macht mich stärker.« Noch nie kam mir ein Satz so falsch vor.

Martin ist Unternehmer. Er stellt Laptoptaschen her. Fünf Jahre nach der Gründung seiner Firma trat ein Konkurrent auf den Plan und schnappte ihm die Kunden weg. Die Produkte waren vergleichbar, aber das Marketing des Konkurrenten war um Größenordnungen besser. Martin musste fast alle Mitarbeiter entlassen. Die Bank kündigte den Betriebskredit, und die fälligen Zinsen konnte er nur zahlen, weil er sich privat verschuldete. Das Unternehmen schrammte haarscharf an der Pleite vorbei. Heute ist Martin fast wieder so weit wie zuvor. »Wir haben viel gelernt und kommen jetzt gestärkt aus der Krise heraus.« Gestärkt aus der Krise?

»Was mich nicht umbringt, macht mich stärker.« Der Satz stammt von Nietzsche. Er ist falsch. Eine Firmenkrise stärkt nicht, sie schwächt: Die Kunden laufen davon. Die Medien kommentieren hämisch. Die besten Mitarbeiter laufen davon. Der Cash-Bestand sinkt. Die Kredite werden teurer. Das Management kriegt kalte Füße und verabschiedet sich. Und doch wollen wir Positives darin sehen.

Woher stammt diese Illusion? Versuchen Sie probabilistisch, das heißt, in Wahrscheinlichkeiten zu denken. Wer eine Krise überlebt, hat oft einfach Glück. Angenommen, man schickt 1.000 Laptoptaschenproduzenten durch eine heftige Wirtschaftskrise und verfolgt ihr Schicksal. Wie würde die statistische Verteilung aussehen? Die meisten bankrott, einige wenige gleich weit wie vorher und ganz wenige besser. Aus der Sicht der Überlebenden ist man gestärkt aus der Krise gekommen. Aber das ist eine optische Illusion. Im Ganzen betrachtet ist die Krise eine Krise und kein Stärkungsprozess. Dass man in einer Krise auch untergehen kann (oder hätte untergehen können), vergisst man leicht.

Ein Freund hatte einen Motorradunfall. Hat ihn der Crash stärker gemacht? Er hat gelernt, wie gefährlich Motorradfahren ist, und hat sein Motorrad verkauft. Bravo. Dafür hätte ein Blick in die Statistik gereicht. Er hätte nicht mit dem Tod liebäugeln brauchen. Viele Menschen sagen: »Die Krise hat mir gutgetan, ich lebe nun ganz anders.« Nun gut, aber diese Überlegung (weniger Stress, weniger Geldgier, seiner Berufung nachgehen und so weiter) hätte man sich auch vorher machen können. Die Erkenntnis über den Weg eines Unfalls, einer Krankheit oder eines Zusammenbruchs zu finden ist der tragischste und – Pardon – der idiotischste Weg. Wenn der neue Lebensstil heute Sinn macht, hätte er auch vorher schon Sinn machen sollen. Man hat es nicht realisiert? Das heißt nichts anderes, als dass man denkfaul oder inkonsequent war.

Es ist eine Illusion, zu glauben, dass uns Schreckliches guttut. Eine Krankheit, und mag sie noch so eine Erfahrung sein, hinterlässt Spuren am Körper. Der Körper ist nicht gesünder als vor der Krankheit. Ebenso ein Unfall oder ein Burn-out. Und wie viele Soldaten kommen »gestärkt« aus einem Krieg hervor? Ist, wer Fukushima oder den Wirbelsturm Katrina überlebt hat, »gestärkt« für die Zukunft? Man hat eine Erfahrung gemacht. Doch statt sich damit zu trösten, dass einem diese beim nächsten Wirbelsturm zugutekommen wird, wäre es intelligenter, aus dem Gefahrengebiet wegzuziehen.

Fazit: Wenn ein CEO verkündet, die Firma sei gestärkt aus der Krise gekommen, ist das ein Aufruf, genauer hinzuschauen. Das Gegenteil könnte der Fall sein. Was Sandra betrifft: Ich ließ ihr die Illusion. Sie ermöglicht ihr ein Leben, das angenehmer ist als die Wahrheit.

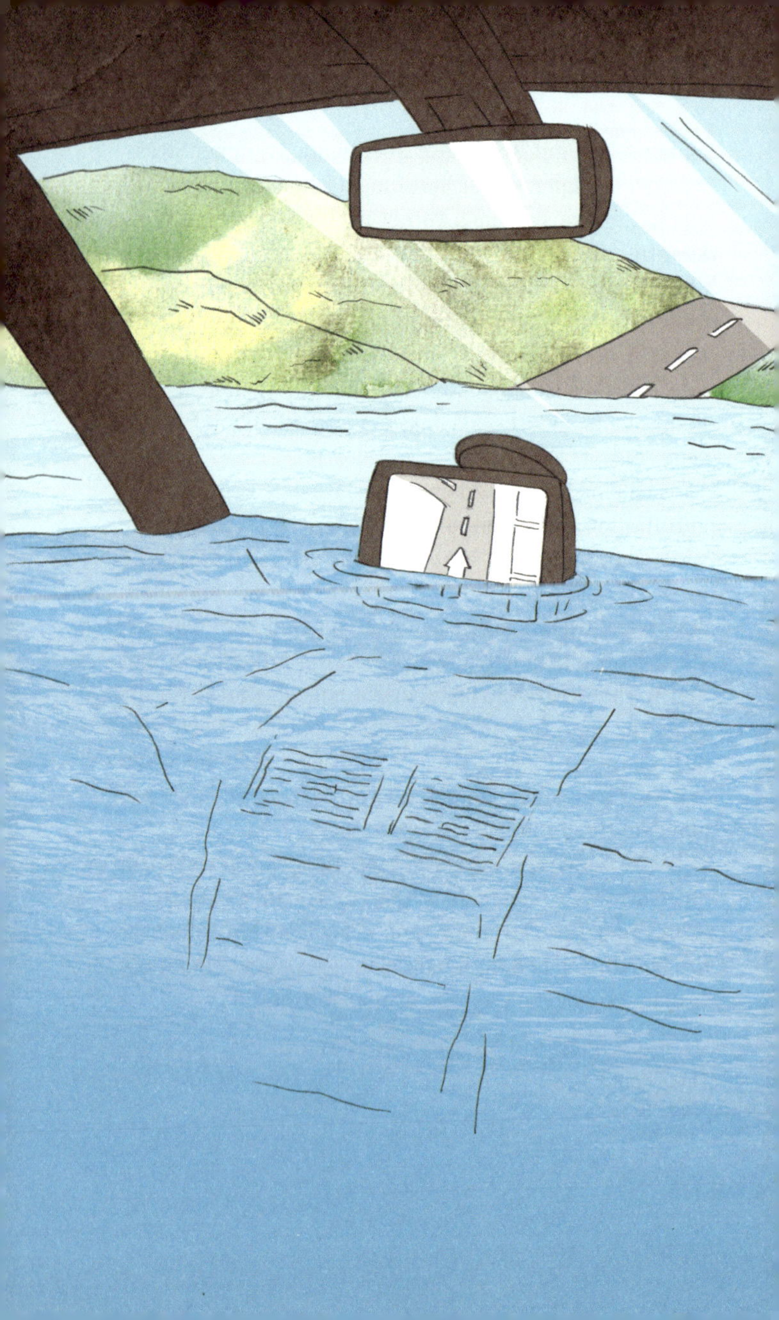

> Siehe Workbook-Teil S. 353

41

AUFMERKSAMKEITSILLUSION

Warum Sie gelegentlich am Brennpunkt vorbeischauen sollten

Nach heftigen Regenfällen im Süden Englands trat der Fluss im Dorf Luckington in der Nähe von Bristol über die Ufer. Die Polizei sperrte die Furt – also die Untiefe, die Fahrzeuge normalerweise durchqueren – und signalisierte eine Umleitung. Zwei Wochen lang dauerte die Sperre, und jeden Tag fuhr mindestens ein Auto an der Warntafel vorbei, hinein in das reißende Wasser. Die Fahrer waren so sehr auf ihr Navigationssystem konzentriert, dass sie nicht sahen, was direkt vor ihnen lag.

Diese Beobachtung stammt von den Psychologen Daniel Simons und Christopher Chabris. In Harvard in den 1990ern filmten Forscher zwei Teams von Studentinnen, die sich Basketbälle hin- und herwarfen. Das eine Team trug schwarze, das andere weiße T-Shirts. Das kurze Video ist auf YouTube unter *The Monkey Business Illusion* zu finden. Falls Sie Internetzugang haben, lesen Sie nicht weiter, bis Sie das Video gesehen haben.

Probanden, die sich das Video anschauten, wurden aufgefordert, zu zählen, wie oft sich die weißen Spielerinnen den Ball zuwarfen. In der Mitte des Films passiert etwas Absurdes: Ein als Gorilla verkleideter Student spaziert in die Mitte des Spielfelds, trommelt sich auf die Brust und macht sich wieder aus dem Staub. Am Ende des Videos wurden die Probanden gefragt, ob ihnen etwas Unübliches aufgefallen sei, ja ob sie den Gorilla gesehen hätten. Die Hälfte der Zuschauer schüttelte erstaunt den Kopf. Gorilla? Was für ein Gorilla?

Das Monkey-Business-Experiment gilt als eines der bekanntesten in der Psychologie und demonstriert die sogenannte *Aufmerksamkeitsillusion*: Wir glauben, nichts zu verpassen, was sich in unserem Gesichtsfeld abspielt. Doch in Wahrheit sehen wir oft nur das, worauf wir uns konzentrieren – hier das Zählen der Bälle. Das Unerwartete kann dabei noch so groß und auffällig daherkommen wie ein Gorilla.

Die *Aufmerksamkeitsillusion* kann gefährlich sein, zum Beispiel wenn Sie im Auto telefonieren. Im Normalfall läuft alles gut. Ihr Telefongespräch hat keinen negativen Einfluss auf die Routinetätigkeit, nämlich das Fahrzeug in der Mitte des Fahrstreifens zu halten und zu bremsen, wenn das vordere bremst. Doch sobald ein unerwartetes Ereignis die Routine unterbricht – etwa ein Kind über die Straße rennt –, bleibt nicht genug Aufmerksamkeit übrig, um zu reagieren. Studien belegen, dass Telefonieren während des Fahrens die Reaktionsgeschwindigkeit gleich stark heruntersetzt wie Fahren im betrunkenen Zustand. Ob Sie das Handy in der Hand halten oder die Gegensprechanlage benutzen, spielt dabei keine Rolle. Die Aufmerksamkeit für unerwartete Straßensituationen ist weg.

Vielleicht kennen Sie den englischen Ausdruck »the elephant in the room«. Damit bezeichnet man ein offensichtliches Thema, über das niemand sprechen will. Eine

Art Tabu. Lassen Sie uns im Gegensatz dazu den Ausdruck »der Gorilla im Raum« definieren: Ein Thema, das übergroß, überaus wichtig und dringend ist, über das man durchaus sprechen würde, aber niemand nimmt es wahr.

Nehmen Sie den Fall Swissair: Ein Unternehmen, das so sehr auf Expansion fixiert war, dass es die schrumpfende Liquidität übersah. Oder die Misswirtschaft im Ostblock, die zum Fall der Berliner Mauer führte. Oder die Risiken in den Bankbilanzen, die bis 2007 niemand beachtete, bevor sie ein Jahr später das Finanzsystem kollabieren ließen. Alles Gorillas, die vor unserer Nase herumtrampeln – weitgehend unbemerkt.

Nun ist es ja nicht so, dass wir überhaupt nichts Außergewöhnliches wahrnehmen würden. Die Krux ist vielmehr: Uns fallen nur diejenigen überraschenden Dinge auf, die uns eben auffallen – und nicht jene, die wir übersehen. Wir haben keine Evidenz für unsere fehlende Aufmerksamkeit. Das gibt uns die gefährliche Illusion, dass wir alles Wichtige wahrnehmen.

Deshalb: Rauben Sie sich selbst diese *Aufmerksamkeitsillusion* immer mal wieder. Konfrontieren Sie sich mit allen möglichen und scheinbar unmöglichen Szenarien. Was könnte Unerwartetes eintreten? Was lauert neben, was lauert hinter den medialen Brennpunkten? Wovon spricht niemand? Wo ist es merkwürdig ruhig? Denken Sie das Undenkbare. Fazit: Etwas Überraschendes kann noch so groß und anders sein, wir sehen es vielleicht nicht. Groß und anders zu sein genügt nicht. Es muss erwartet werden.

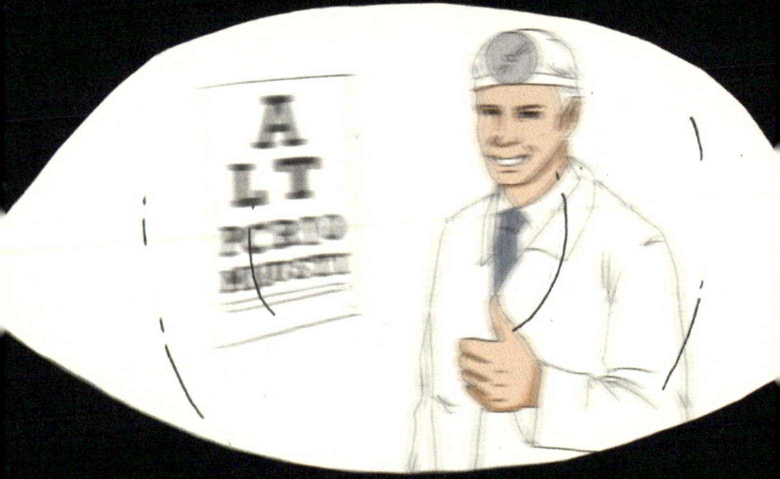
A
LT

> Siehe Workbook-Teil S. 356

42

STRATEGISCHE FALSCHANGABEN

Warum heiße Luft überzeugt

Angenommen, Sie bewerben sich um Ihre Traumstelle. Sie polieren Ihren Lebenslauf auf Hochglanz. Im Job-Interview streichen Sie Ihre Erfolge und Fähigkeiten heraus und gehen geflissentlich über weniger Vorteilhaftes hinweg. Gefragt, ob es Ihnen gelingen würde, den Umsatz um 30 % zu steigern und gleichzeitig die Kosten um 30 % zu reduzieren, antworten Sie mit ruhiger Stimme: »Davon dürfen Sie ausgehen.« Selbst wenn Sie innerlich zittern und sich fragen, wie zum Teufel das gehen soll, setzen Sie alles daran, den Job zu bekommen. Erst den Job, dann die Details. Sie wissen: Mit einer einigermaßen realistischen Antwort wären Sie aus dem Rennen.

Angenommen, Sie sind Journalist und haben eine grandiose Idee für ein Sachbuch. Das Thema ist in aller Munde. Sie finden einen Verleger, der bereit ist, einen schönen Vorschuss zu bezahlen. Was er allerdings braucht, um richtig zu kalkulieren, ist ein Zeitplan. Er zieht die Lesebrille aus dem Gesicht und schaut Sie an: »Wann darf ich mit dem Manuskript rechnen, kriegen Sie es in sechs Monaten hin?« Sie schlucken leer, denn Sie haben noch nie ein Buch in weniger als drei Jahren geschrieben. Ihre Antwort: »Davon dürfen Sie ausgehen.« Natürlich möchten Sie nicht schwindeln, aber Sie wissen auch, dass Sie den Zuschlag nicht bekommen, wenn Sie die Wahrheit sagen. Ist der Vertrag nämlich in trockenen Tüchern und der Vorschuss erst mal auf Ihrem Bankkonto, können Sie den Verleger wenn nötig immer noch ein Weilchen bei der Stange halten – mit gutem »Ausreden-Management«.

Dieses Verhalten wird in der Fachsprache als *strategische Falschangabe* (englisch: *Strategic Misrepresentation*) bezeichnet. Je mehr auf dem Spiel steht, desto stärker wird übertrieben. *Strategische Falschangaben* funktionieren nicht überall. Wenn Ihr Augenarzt fünfmal nacheinander verspricht, Ihnen das perfekte Augenlicht zurückzugeben, Sie aber nach jedem Eingriff schlechter sehen, dann werden Sie ihn irgendwann nicht mehr ernst nehmen. Wo hingegen Einmaligkeit im Spiel ist, lohnen sich *strategische Falschangaben* – bei Bewerbungsgesprächen zum Beispiel, wie gesehen. Die gleiche Firma wird Sie ja nicht mehrmals einstellen – nur einmal oder eben nie.

Am anfälligsten für *strategische Falschangaben* sind Megaprojekte, bei denen a) niemand so richtig die Verantwortung trägt (weil zum Beispiel die Regierung, die das Projekt in Auftrag gegeben hat, schon lange wieder abgewählt wurde), Projekte, in die b) viele Unternehmen eingebunden sind, die sich gegenseitig die Schuld in die Schuhe schieben können, und bei denen c) die Fertigstellung frühestens in ein paar Jahren erwartet wird.

Niemand weiß mehr über Großprojekte als der Oxford-Professor Bent Flyvbjerg. Warum kommt es fast immer zu Kosten- und Terminüberschreitungen? Weil nicht das beste Projekt finanziert wird, sondern jenes, das auf dem

Papier am besten aussieht. Flyvbjerg nennt dies »umgekehrten Darwinismus«: Wer am meisten heiße Luft produziert, wird mit dem Projekt belohnt. Handelt es sich bei *strategischen Falschangaben* um dreiste Lügen? Lügen Frauen, die Puder auftragen? Lügen Männer, die Porsches leasen, um finanzielle Potenz zu signalisieren? Klar, eigentlich schon. Nur übersehen wir diese Lügen systematisch. Und genauso systematisch übersehen wir *strategische Falschangaben*.

In vielen Fällen ist die *strategische Falschangabe* harmlos, in anderen allerdings nicht – nämlich dann, wenn es wie in den vorherigen Beispielen um wirklich Wichtiges geht: Ihre Augen, Ihren künftigen Mitarbeiter. Deshalb: Wenn Sie es mit einer Person zu tun haben (einem Stellenkandidaten, einem Buchautor, einem Augenarzt), dann beachten Sie nicht, was Ihr Gesprächspartner sagt, sondern was er in der Vergangenheit tatsächlich geleistet hat. Und wenn es sich um Projekte handelt: Betrachten Sie Laufzeit, Nutzen und Kosten vergleichbarer Projekte, und verlangen Sie eine Begründung, warum der vorliegende Plan so viel optimistischer ist. Geben Sie den Plan einem Finanzmann, der ihn gnadenlos zerpflückt. Nehmen Sie eine Klausel in den Vertrag, der scharfe Geldstrafen für Kosten- und Terminüberschreitungen vorsieht. Und lassen Sie sich die Geldstrafe sicherheitshalber schon mal auf ein Sperrkonto überweisen.

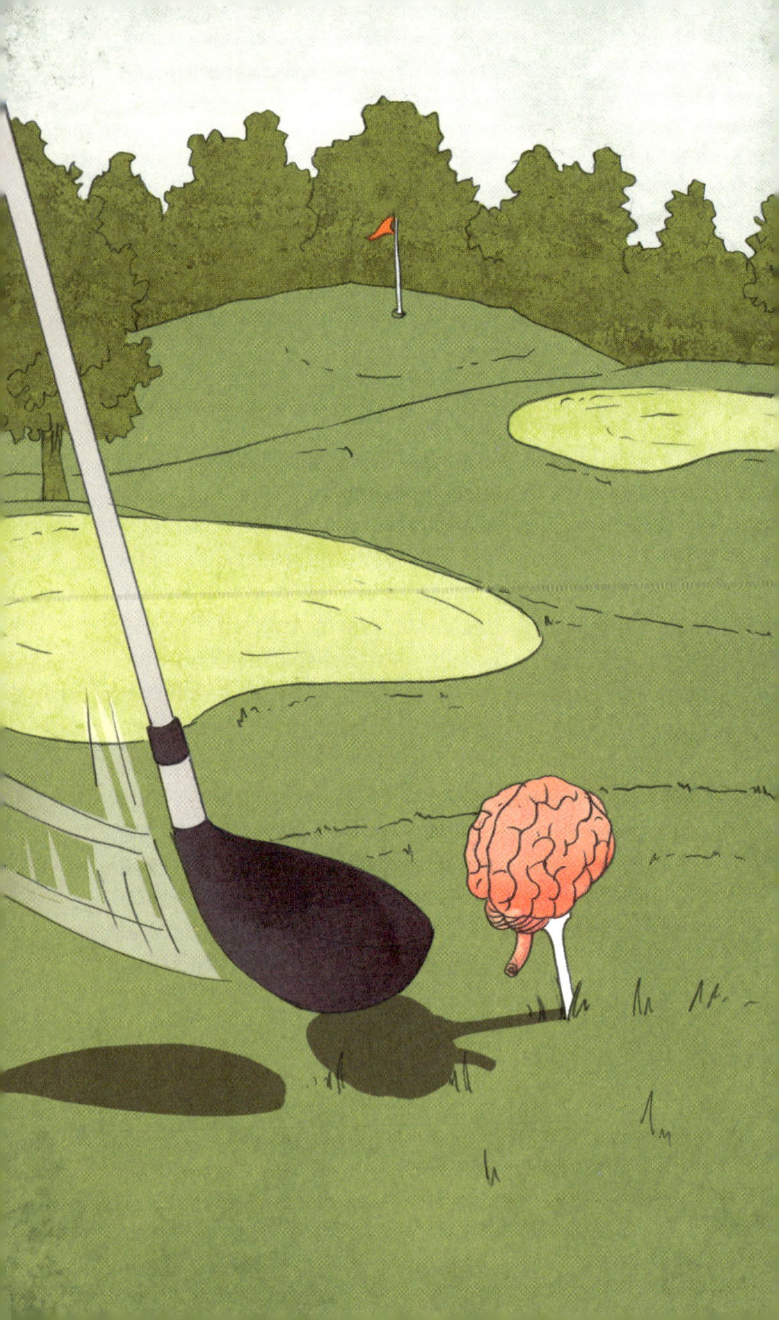

> Siehe Workbook-Teil S. 359

43
ZU VIEL DENKEN

Wann Sie Ihren Kopf ausschalten sollten

Es war einmal ein intelligenter Tausendfüßler. Er schaute von einer Tischkante hinüber zu einem anderen Tisch, auf dem ein Zuckerkörnchen lag. Schlau, wie er war, überlegte er sich, ob er das linke oder rechte Tischbein herunterkrabbeln sollte, und ob er beim anderen Tisch über das linke oder rechte Tischbein hochkrabbeln sollte. Dann widmete er sich der Frage, mit welchem Bein er idealerweise den Weg beginnen würde, in welcher Reihenfolge er die andern nachziehen sollte und so weiter. Er war in Mathematik geschult, rechnete alle Varianten durch und entschied sich für die beste. Schließlich machte er den ersten Schritt. Vor lauter Denken verhedderte er sich, kam nicht vom Fleck und verhungerte.

British Open 1999. Jean Van de Velde hatte bis dahin perfektes Golf gespielt. Mit drei Schlägen Vorsprung kam er am letzten Loch an. Er konnte sich bequem zwei Schläge über Par leisten und noch immer gewinnen. Eine Leichtigkeit! Der Aufstieg in die Weltliga war jetzt nur noch eine Frage von Minuten. Es genügte, auf Nummer sicher zu spielen. Doch als Van de Velde zum Tee trat, sammelte sich Schweiß auf seiner Stirn. Er schlug wie ein Anfänger. Der Ball segelte ins Gebüsch – fast 20 Meter vom Loch entfernt. Van de Velde wurde immer nervöser. Die nächsten Schläge waren nicht besser. Er schoss den Ball nochmals ins kniehohe Gras, dann ins Wasser, dann in den Sand. Seine Körperbewegungen glichen plötzlich denen eines Anfängers. Schließlich schaffte er es aufs Grün und – nach dem siebten Versuch – ins Loch. Van de Velde verlor die British Open. Das war das vorläufige Ende seiner Karriere.

Jonah Lehrer beschreibt in seinem Buch *How We Decide* die Gefahr des *Zu-viel-Denkens*. In den 80er-Jahren ließ die amerikanische Konsumentenzeitschrift *Consumer Reports* 45 verschiedene Sorten von Erdbeermarmelade von erfahrenen Degustatoren testen. Einige Jahre später wiederholte der Psychologieprofessor Timothy Wilson das Experiment mit seinen Studenten. Resultat: beinahe identisch. Die Studenten bevorzugten dieselben Marmeladen wie die Experten. Das war aber nur der erste Teil von Wilsons Experiment. Er wiederholte es mit einer zweiten Gruppe von Studenten, die im Gegensatz zur ersten Gruppe einen Fragebogen ausfüllen mussten, der sie zwang, ihre Bewertungen detailliert zu begründen. Die Rangliste, die so entstand, war komplett verdreht. Manche der besten Sorten bekamen jetzt teilweise die schlechtesten Noten.

Fazit: Wenn man zu viel nachdenkt, schnürt man den Kopf von der Weisheit der Gefühle ab. Klingt esoterisch, ist es aber nicht, denn Emotionen entstehen genauso im Hirn wie glasklare, rationale Gedanken. Sie sind bloß eine andere Art der Informationsverarbeitung als das rationale Denken – eine ursprünglichere, aber nicht notwendigerweise schlechtere. Oft eben sogar die bessere.

Fragt sich: Wann soll man nachdenken, wann auf den »Bauch« hören? Eine Faustregel könnte lauten: Handelt es sich um eingeübte, vor allem motorische Fähigkeiten (Tausendfüßler, Van de Velde) oder geht es um Fragen, die wir schon tausendmal beantwortet haben (Warren Buffett spricht in diesem Fall von einem »Circle of Competence«), dann denkt man besser nicht nach. Das Nachdenken würde die intuitive Lösungsfindung unnötig sabotieren. Dasselbe gilt für Entscheidungen, vor denen schon unsere Steinzeitvorfahren standen: die Bewertung von Esswaren etwa, die Wahl von Freunden oder die Frage, wem man vertrauen kann. Dafür haben wir Heuristiken (Denkabkürzungen), die dem rationalen Denken deutlich überlegen sind. In komplexen Situationen hingegen, auf die uns die Evolution nicht vorbereitet hat (zum Beispiel Investitionsentscheidungen) tun Sie gut daran, nüchtern nachzudenken. Hier ist Logik besser als Intuition.

Der Mathematikprofessor Barry Mazur erzählt dazu diese Geschichte: »Vor einigen Jahren versuchte ich zu entscheiden, ob ich von Stanford nach Harvard ziehen sollte oder nicht. Pausenlos belästigte ich meine Freunde mit diesem Dilemma. Schließlich sagte einer: ›Du bist einer der Experten auf dem Gebiet der Entscheidungstheorie. Vielleicht solltest du eine Liste aller Vor- und Nachteile zusammenstellen, sie bewerten und den erwarteten Nutzen ausrechnen.‹ Ohne zu überlegen schoss es aus mir heraus: ›Ich bitte dich, Sandy, das hier ist eine ernste Angelegenheit!‹«

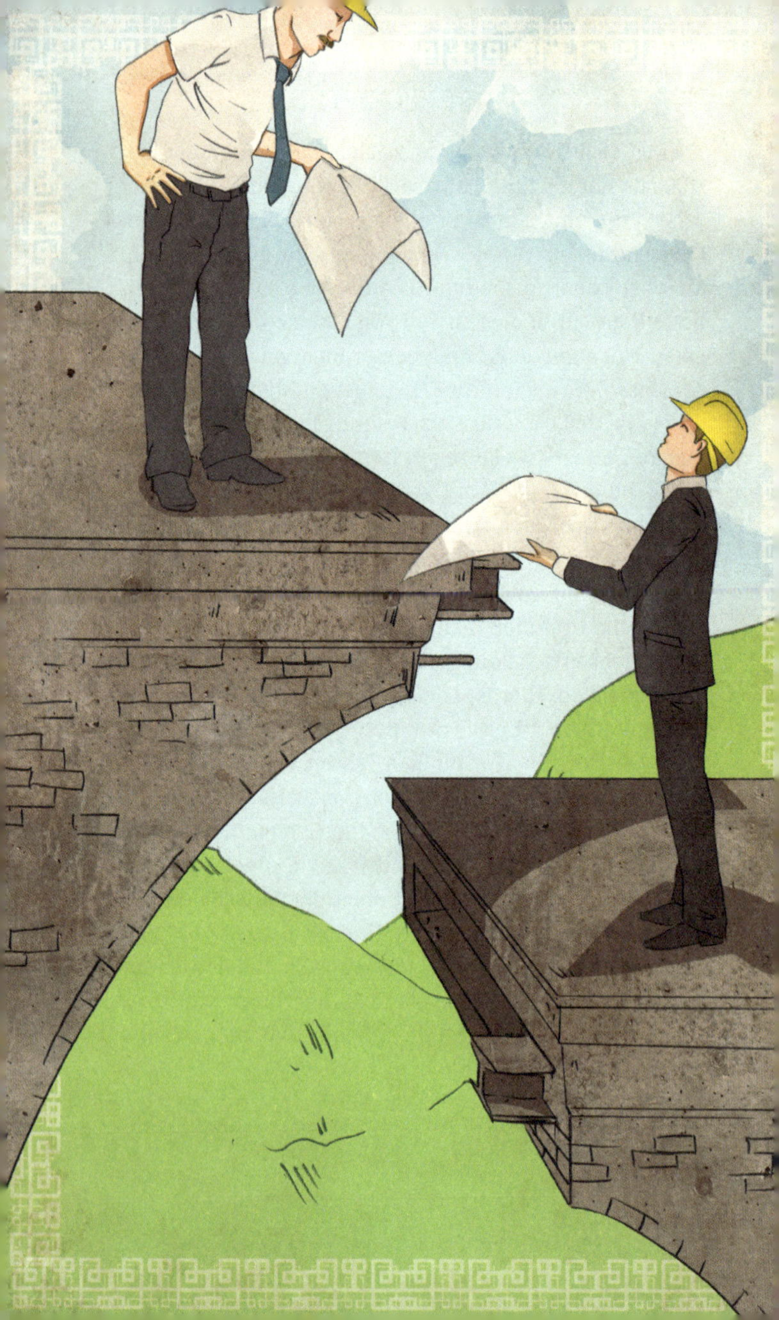

> Siehe Workbook-Teil S. 362

44

PLANUNGSIRRTUM

Warum Sie sich zu viel vornehmen

Sie stellen sich am Morgen Ihre Aufgabenliste zusammen. Wie oft kommt es vor, dass Sie alle Aufgaben am Abend abgearbeitet haben? Sie schaffen das immer? Jeden zweiten Tag? Vielleicht einmal pro Woche? Wenn Sie so ticken wie die meisten Menschen, gehen Sie gerade mal jeden 20. Tag mit einer komplett abgehakten Aufgabenliste in den Feierabend. Sie nehmen sich also viel zu viel vor. Geradezu absurd viel. Das wäre verzeihlich, wenn es Ihr erster Tag auf diesem Planeten wäre. Doch Sie machen ja schon seit Jahren Aufgabenlisten, wenn nicht seit Jahrzehnten. Also dürfte man annehmen, Sie würden Ihre Fähigkeit, Dinge zu erledigen, nicht jeden Tag von Neuem überschätzen. Das ist keine triviale Feststellung, denn auf anderen Gebieten lernen Sie ja auch aus Ihrer Erfahrung. Warum denn nicht, wenn es um Pläne geht? Obwohl Sie wissen, dass die meisten Ihrer früheren Prognosen zu optimistisch waren, glauben Sie allen Ernstes daran, dass Sie heute ausnahmsweise realistisch seien. Der Wirtschaftsnobelpreisträger Daniel Kahneman nennt das *Planungsirrtum* (englisch: *Planning Fallacy*).

Studenten im letzten Semester müssen üblicherweise eine Jahresarbeit schreiben. Der kanadische Psychologe Roger Buehler und sein Forschungsteam stellten ihrer Abschlussklasse zwei Fragen. Die Studenten sollten angeben, wann sie die Arbeit a) »realistischerweise« abgeben würden und wann, falls b) »alles schiefläuft«. Das Ergebnis: Nur 30 % der Studenten hielten den »realistischen« Termin ein. Im Schnitt brauchten sie fast doppelt so lange, ja, ganze sieben Tage länger als in ihrem »Alles-läuft-schief«-Szenario.

Besonders ausgeprägt ist der *Planungsirrtum*, wenn Menschen miteinander kooperieren – in Wirtschaft, Wissenschaft und Politik. Der Zeitaufwand und der Nutzen von Projekten werden überschätzt – ganz im Gegenteil zu Kosten und Risiken, die systematisch unterschätzt werden. Das muschelförmige Opernhaus von Sydney wurde 1957 geplant: Fertigstellung im Jahr 1963 bei sieben Millionen Dollar Kosten, so das Ziel. Es öffnete seine Tore 1973 – mit Kosten von 102 Millionen Dollar. 14-mal mehr!

Warum können wir nicht planen? Erster Grund: Wunschdenken. Wir möchten Erfolgsmenschen sein, die alles erreichen, was sie sich vornehmen. Zweitens: Wir konzentrieren uns zu stark auf das Projekt und blenden die projektfremden Einflüsse aus. Nassim Taleb beschreibt in seinem Buch *Der Schwarze Schwan*, wie ein Kasino in Las Vegas Risiken und Gewinne perfekt berechnete. Doch dann passierten drei Dinge, die beinahe zum Bankrott geführt hätten. Das Kasino verlor über 100 Millionen Dollar, weil ein Star in einer Show von einem Tiger angegriffen wurde (Roy von »Siegfried & Roy«). Ein Mitarbeiter verschlampte Steuerformulare – der Entzug der Kasinolizenz drohte.

Schließlich wurde die Tochter des Kasinobesitzers entführt, und dieser griff, um das Lösegeld aufzubringen, in den Pot des Kasinos. Mit so was hatte natürlich niemand gerechnet, aber es sind genau die unerwarteten Dinge – selbst wenn sie nicht halb so dramatisch sind –, die uns Pläne zunichtemachen. Auch bei unseren Tagesplänen: Die Tochter hat eine Fischgräte verschluckt. Die Autobatterie hat ihren Geist aufgegeben. Eine Offerte für das Haus landet auf dem Tisch und muss dringend besprochen werden.

Noch genauer planen – wäre das die Lösung? Nein, die Schritt-für-Schritt-Planung verstärkt sogar den *Planungsirrtum*, weil man damit den Fokus auf das Projekt verstärkt und damit noch weniger an Unerwartetes denkt.

Was also tun? Konsultieren Sie die Vergangenheit. Richten Sie den Blick nicht nach innen – auf Ihr eigenes Projekt –, sondern knallhart nach außen, auf vergleichbare Vorhaben. Wenn ähnliche Projekte drei Jahre dauerten und fünf Millionen verschlangen, wird dies wahrscheinlich auch auf Ihr Projekt zutreffen – egal, wie genau Sie planen. Und, ganz wichtig, führen Sie eine sogenannte »Premortem«-Sitzung durch (wörtlich: »vor dem Tod«), knapp bevor über das Projekt entschieden wird. Der amerikanische Psychologe Gary Klein empfiehlt diese kurze Rede vor versammeltem Team: »Stellen Sie sich vor, heute in einem Jahr. Wir haben den Plan, wie er jetzt auf Papier steht, umgesetzt. Das Ergebnis ist ein Desaster. Nehmen Sie sich fünf bis zehn Minuten Zeit, um eine kurze Geschichte dieses Desasters zu schreiben.« Die fiktiven Storys werden Ihnen zeigen, wie die Dinge laufen könnten.

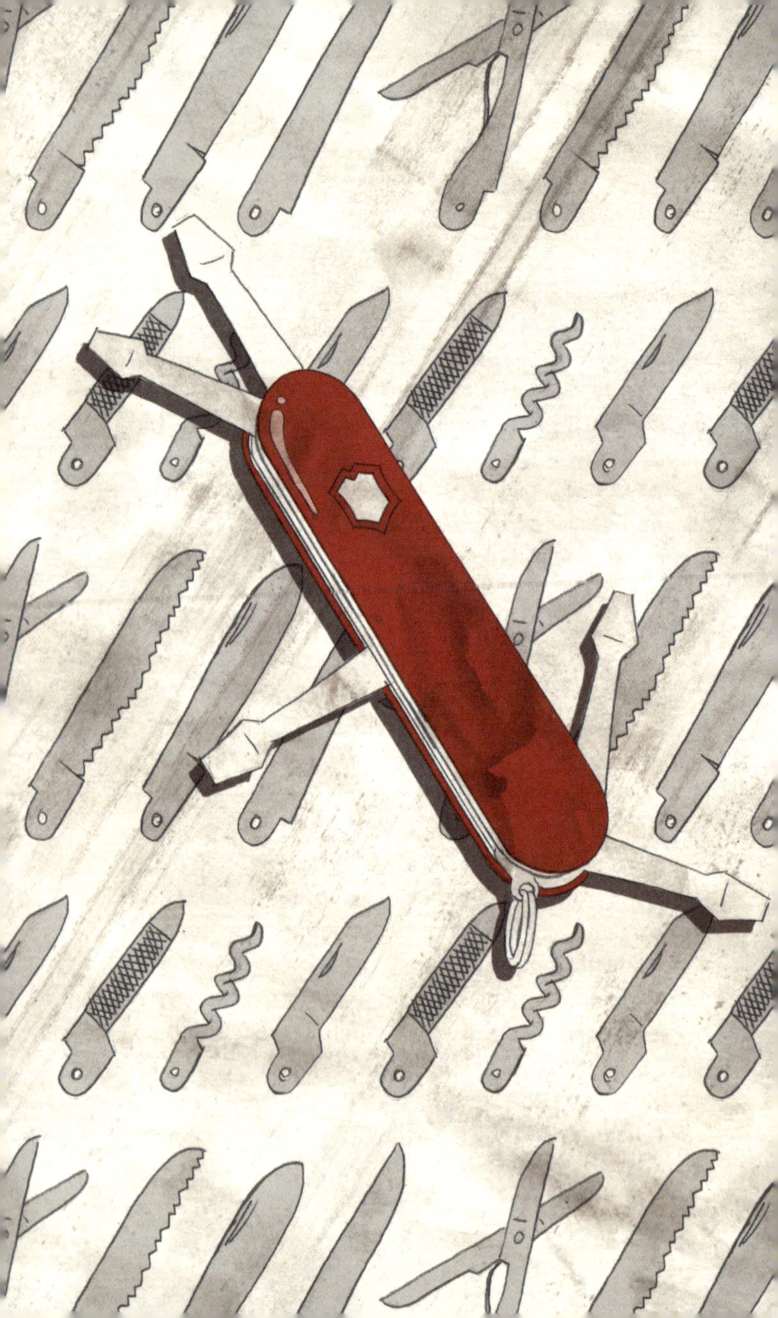

45

DÉFORMATION PROFESSIONNELLE

Der Mann mit dem Hammer
betrachtet alles als Nagel

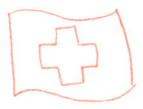

Ein Mann nimmt einen Kredit auf, gründet damit eine Firma und macht kurz darauf Bankrott. Er stürzt in eine Depression und bringt sich um.

Was machen Sie aus dieser Geschichte? Als Betriebswirtschaftler werden Sie verstehen wollen, warum die Geschäftsidee nicht funktioniert hat: Konnte der Mann nicht führen? War die Strategie falsch, der Markt zu klein, die Konkurrenz zu groß? Als Marketingexperte vermuten Sie, dass der Mann seine Zielgruppe verfehlte. Wenn Sie Finanzexperte sind, fragen Sie sich, ob der Kredit das richtige Finanzierungsinstrument war. Als Lokaljournalist erkennen Sie das Potenzial der Geschichte: Zum Glück hat sich der Mann umgebracht! Als Schriftsteller überlegen Sie sich, wie sich der Vorfall zu einer Art griechischen Tragödie ausbauen ließe. Als Bankier glauben Sie an einen Fehler der Kreditabteilung. Als Sozialist an das Versagen des Kapitalismus. Als Pietist an eine Strafe Gottes. Als Psychiater an einen niedrigen Serotoninspiegel. Welche ist die »richtige« Perspektive?

Keine. »Wenn dein einziges Werkzeug ein Hammer ist, wirst du jedes Problem als Nagel betrachten«, sagte Mark

Twain – ein Zitat, das die *Déformation professionnelle* perfekt zusammenfasst. Charlie Munger, Warren Buffetts Geschäftspartner, nennt den Effekt frei nach Twain *the man with the hammer tendency* (der Mann-mit-dem-Hammer-Effekt): »Menschen wurden zu Ökonomen, Ingenieuren, Marketing-, Investmentmanagern oder sonst was ausgebildet. Sie lernen die wenigen gedanklichen Modelle ihres Faches, und nun rennen sie herum und versuchen, alle Probleme, die sie antreffen, mit diesen wenigen Modellen zu lösen.«

Beispiele: Ein Chirurg wird fast jedes medizinische Problem mit einem chirurgischen Eingriff lösen wollen, obwohl der Patient vielleicht durch eine weniger invasive Methode geheilt werden könnte. Militärs denken zuerst an militärische Lösungen. Bauingenieure an bauliche. Trendgurus sehen in allem einen Trend (übrigens eine der idiotischsten Sichtweisen auf die Welt). Kurzum: Fragt man jemanden nach dem zentralen Punkt eines Problems, nennt er zumeist den eigenen Kompetenzbereich.

Was ist daran so schlimm? Ist doch gut, wenn der Schuster bei seinen Leisten bleibt? Gefährlich wird die *Déformation professionnelle*, wenn die Methoden des eigenen Bereichs auch dort zum Einsatz kommen, wo sie nichts zu suchen haben. Wer kennt sie nicht: Frauen, die, nachdem sie Mütter geworden sind, ihre Männer wie Kinder behandeln. Lehrer, die ihre Freunde wie Schüler abkanzeln. Seit wir Excel-Spreadsheets auf jedem Rechner haben, verwenden wir Excel auch dort, wo es sinnlos ist – zum Beispiel bei Bewertungen von Start-ups oder potenziellen Liebhabern, die wir über Kontaktbörsen aufgegabelt haben.

Selbst im eigenen Fachbereich hat »der Mann mit dem Hammer« die Tendenz, den Hammer zu strapazieren. Literaturrezensenten sind darauf getrimmt, überall Verweise, Symbole und versteckte Aussagen des Autors zu entdecken. Seit ich Romane schreibe, weiß ich, dass sie auch dort Verweise, Symbole und versteckte Aussagen finden, wo keine sind – was mich an Wirtschaftsjournalisten erinnert, die in den nebensächlichsten Äußerungen eines Notenbankchefs Hinweise auf einen geldpolitischen Kurswechsel wahrnehmen.

Fazit: Das Hirn ist kein Zentralrechner. Treffender ist das Bild eines Schweizer Taschenmessers mit vielen spezifischen Werkzeugen. Leider ist unser Hirn ein unvollständiges Taschenmesser, denn viele Klingen und Schraubenzieher fehlen. Jedermann ist Gefangener seiner wenigen Gedankenmodelle. Versuchen Sie deshalb, zwei oder drei zusätzliche Werkzeuge hinzuzufügen – Gedankenmodelle, die weitab Ihres Fachbereichs liegen. Ich habe mir in den letzten Jahren eine biologistische Sicht der Welt antrainiert und damit ein neues Verständnis für komplexe Systeme gewonnen. Ein Freund – Musiker – hat sich eine betriebswirtschaftliche Sicht angeeignet. Überlegen Sie sich, wo Ihre Defizite liegen, und suchen Sie genau dort nach guten Denkmodellen. Es dauert etwa ein Jahr, um die wichtigsten Modelle eines neuen Fachbereichs zu verinnerlichen. Es lohnt sich: Ihr Taschenmesser wird größer und vielseitiger. Und Ihre Gedanken werden schärfer.

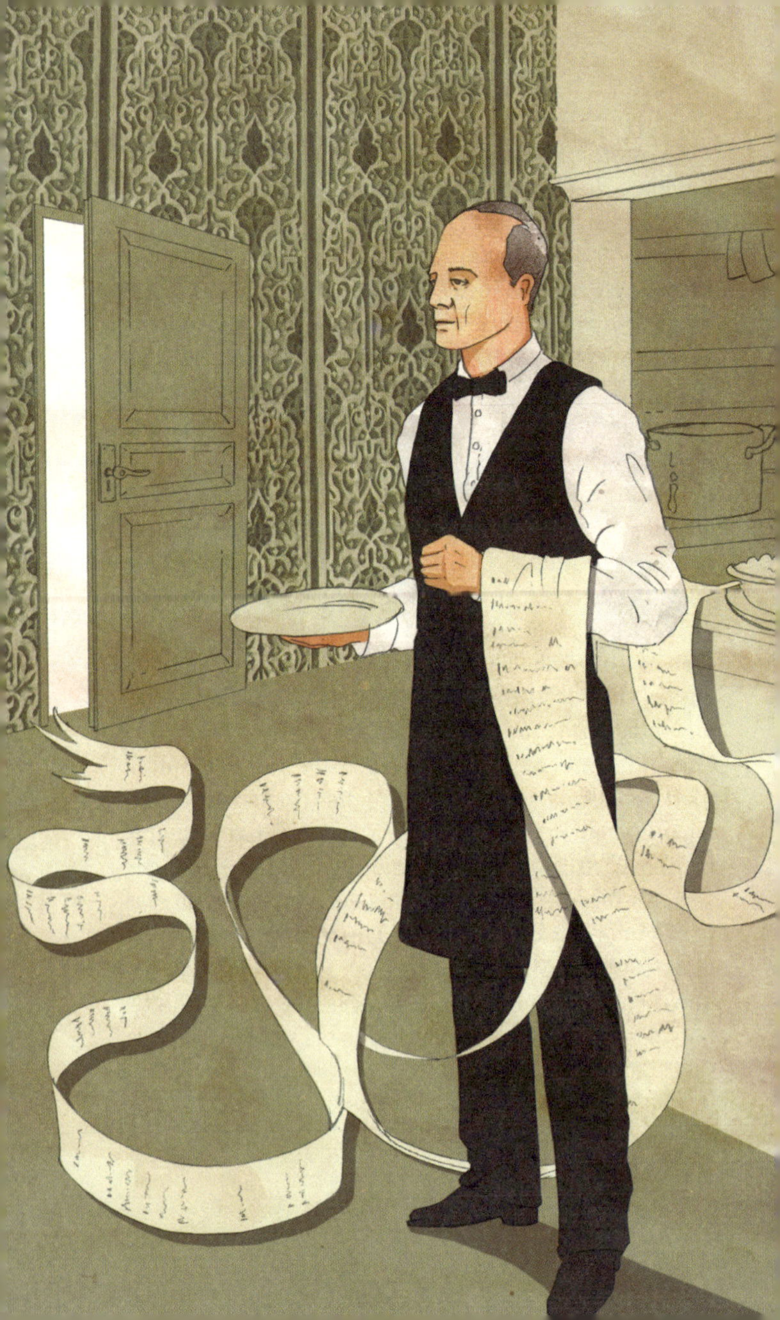

46

ZEIGARNIK-EFFEKT

Warum Pläne beruhigen

Berlin, 1927. Eine Gruppe von Studenten und Professoren der Universität besucht ein Restaurant. Der Kellner nimmt Bestellung um Bestellung auf, Extrawünsche inklusive, hält es aber nicht für nötig, etwas aufzuschreiben. Kann nicht gut gehen, denkt sich die Tischrunde, und doch: Die Gerichte und Getränke werden fehlerlos geliefert!

Nach dem Essen, schon wieder auf der Straße, merkt die russische Psychologiestudentin Bluma Zeigarnik, dass sie ihren Schal im Restaurant liegen gelassen hat. Sie geht zurück, sucht den Kellner mit dem stupenden Erinnerungsvermögen und fragt ihn nach dem Schal. Dieser starrt sie nur fragend an. Er hat keine Ahnung, wer sie ist, und schon gar nicht, wo sie gesessen hat. »Wie können Sie das vergessen haben?«, fragt Bluma entrüstet. »Sie mit Ihrem Supergedächtnis?« Der Kellner antwortet lakonisch: »Ich behalte jede Bestellung im Kopf, bis sie serviert ist.«

Bluma Zeigarnik und ihr Mentor Kurt Lewin untersuchten dieses seltsame Verhalten und fanden Hinweise, dass alle Menschen mehr oder weniger wie der Kellner funktionieren: Noch nicht abgeschlossene Aufgaben vergessen wir selten. Sie rufen sich immer wieder ins Bewusstsein, lassen nicht locker, zerren wie kleine Kinder an uns, bis wir ihnen Aufmerksamkeit schenken. Abgehakte Aufgaben hingegen werden gleich wieder aus dem Gedächtnis gelöscht.

Bluma Zeigarnik hat diesem Mechanismus ihren Namen geliehen: Man spricht vom *Zeigarnik-Effekt*. Allerdings gab es in ihren Forschungen ein paar unschöne Ausreißer: Einigen Menschen behielten durchaus einen klaren Kopf, selbst wenn sie Dutzende Projekte am Laufen hatten.

Erst in den letzten Jahren gelang es Roy Baumeister und seinem Forschungsteam der Florida State University, den Schleier zu lüften. Er teilte Studenten, die einige Monate vor der anspruchsvollen Abschlussprüfung standen, in drei Gruppen auf. Gruppe 1 sollte intensiv an eine Party des laufenden Semesters denken. Gruppe 2 sollte intensiv an die Abschlussprüfung denken. Gruppe 3 sollte intensiv an die Abschlussprüfung denken und sich einen genauen Studienplan zurechtlegen. Anschließend bat Baumeister die Studenten, unter Zeitdruck Wörter zu vervollständigen. Einige Studenten machten aus »Pa...« »Panik«, andere zum Beispiel »Party« oder »Paris« – eine gute Art, um herauszufinden, was die Studenten unbewusst beschäftigte. Wie erwartet zerbrachen sich die Studenten der Gruppe 1 kaum den Kopf über die anstehende Prüfung, während die Studenten der Gruppe 2 kaum an etwas anderes denken konnten. Erstaunlich war das Ergebnis der Gruppe 3. Obwohl auch diese Studenten intensiv an die kommende Prüfung dachten, war ihr Kopf klar und frei von bedrückenden Gedanken. Weitere Experimente bestätigten: Offene Aufgaben nagen nur so lange an uns, bis wir eine klare Vorstellung haben, wie wir mit ihnen umgehen wollen. Bluma Zeigarnik glaubte irrtümlicherweise, man müsse Aufgaben abschließen, um sie aus dem Kopf zu kriegen. Doch das ist nicht nötig; ein guter Plan genügt. Ein erstaunliches Ergebnis, denn es ist evolutionär nicht nachvollziehbar, dass Pläneschmieder Problemlösern gleichgestellt sind.

David Allen ist der Zeitmanagementguru der USA. Sein erklärtes Ziel: ein Kopf so klar wie Wasser. Das bedeutet nicht, dass das ganze Leben aufgeräumt sein muss. Aber es bedeutet, dass man detaillierte Pläne hat, wie man mit den unaufgeräumten Dingen umgeht. Schritt für Schritt. Am besten schriftlich. Erst wenn alles aufgeschrieben und in detaillierte Aufgaben gefasst ist, geben die inneren Stimmen Ruhe. Das Adjektiv »detailliert« ist wichtig. »Geburtstagsparty meiner Frau organisieren« oder »Neuen Job suchen« sind unbrauchbar. David Allen zwingt seine Klienten dazu, solche Aufgaben in 20 bis 50 Einzelschritte herunterzubrechen.

Zum Glück können Sie das selbst, ohne Allen ein teures Beraterhonorar zu zahlen. Wenn Sie das nächste Mal nicht einschlafen können, wissen Sie, warum. Legen Sie einen Notizblock auf Ihr Nachttischchen. Der simple Akt des Niederschreibens lässt die Kakofonie Ihrer inneren Stimmen verstummen. »Sie wollen Gott finden, aber Ihr Katzenfutter ist alle, dann machen Sie verdammt noch mal einen Plan, um damit umzugehen«, sagt Allen. Der Tipp ist gut – selbst wenn Sie Gott schon gefunden oder gar keine Katze haben.

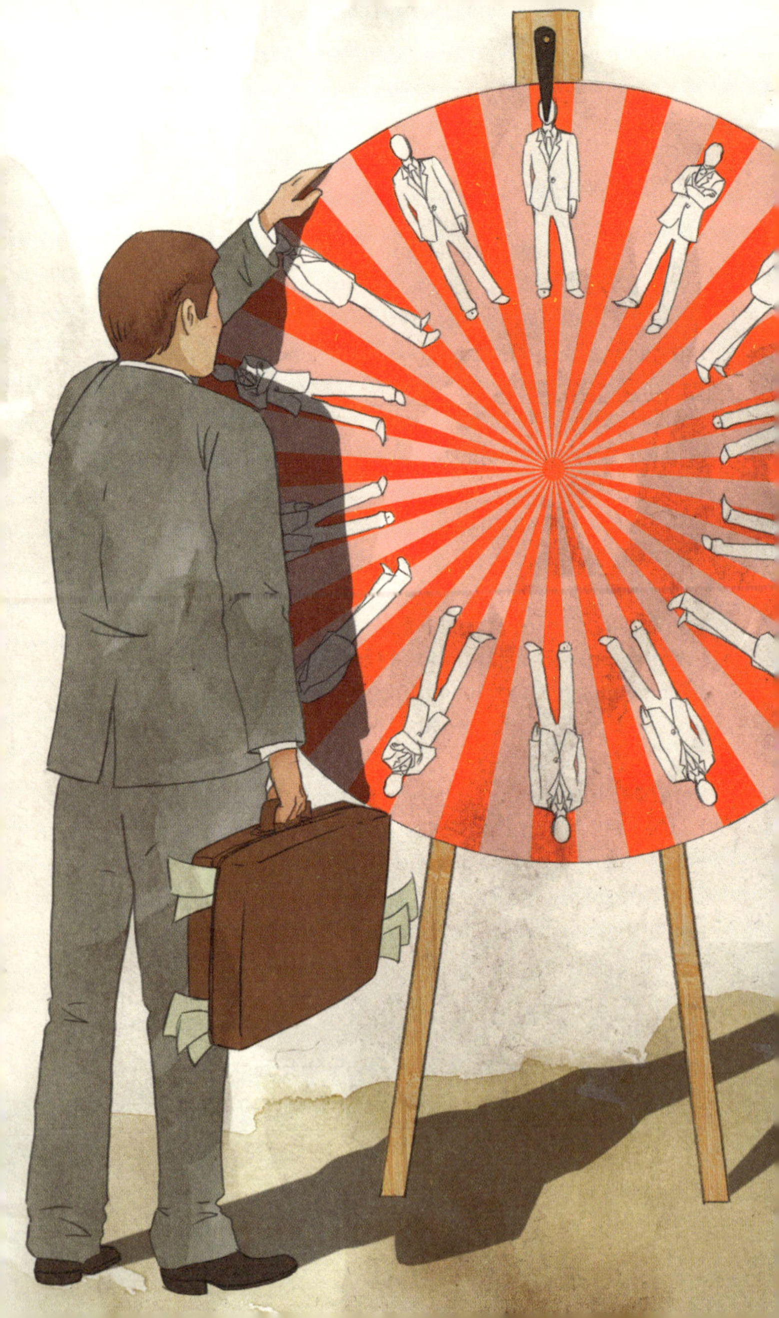

47

FÄHIGKEITSILLUSION

Das Boot, in dem du sitzt, zählt mehr
als die Kraft, mit der du ruderst

Warum gibt es so wenige Serienunternehmer – Gründer, die gleich mehrere erfolgreiche Firmen nacheinander gestartet haben? Natürlich, wir kennen Steve Jobs, Richard Branson und Elon Musk. Doch sie sind eine winzige Minderheit: Serienunternehmer machen weniger als 1 % aller Firmengründer aus. Liegt es daran, dass sich alle andern Erfolgsunternehmer auf ihre Privatjacht zurückgezogen haben, wie Microsoft-Mitgründer Paul Allen? Das kann nicht sein. Wer Unternehmer kennt, weiß, dass sie es nicht lange auf dem Liegestuhl aushalten. Ist es, weil sie nicht loslassen können, ihre Firma hätscheln, bis sie 65 sind? Auch nicht. Die meisten Firmengründer verkaufen ihren Anteil innerhalb von zehn Jahren. Eigentlich müsste man annehmen, dass diese Machertypen mit ihren Fähigkeiten, ihrem persönlichen Netzwerk und ihrer Reputation das perfekte Rüstzeug für zahllose weitere Firmengründungen hätten. Warum starten sie trotzdem nur einmal durch? Es gibt nur eine Antwort, die auf die Faktenlage passt: Das Glück ist entscheidender als die Fähigkeiten. Das hört kein Unternehmer gern. Als ich selbst zum ersten Mal von der *Fähigkeitsillusion* (englisch: *Illu-*

sion of Skill) hörte, war meine Reaktion: »Was, mein Erfolg soll reiner Zufall sein?« Man ist erst mal beleidigt, vor allem, wenn man hart für den Erfolg gearbeitet hat.

Doch bleiben wir nüchtern: Wie viel von einem Unternehmenserfolg ist Glück, wie viel die Frucht harter Arbeit und besonderer Begabung? Die Frage wird leicht missverstanden. Natürlich geht es nicht ohne Talent, und natürlich geht es nicht ohne harte Arbeit. Nur sind leider weder Fähigkeiten noch harte Arbeit die entscheidenden Kriterien für den Erfolg. Sie sind notwendig, aber nicht entscheidend. Warum man das weiß? Es gibt einen ganz einfachen Test: Nur wenn der Erfolg einer Person über lange Zeit anhält und nur wenn sie im Vergleich mit weniger befähigten Personen über lange Zeit erfolgreicher bleibt – nur dann, wirklich nur dann sind die Fähigkeiten ausschlaggebend. Das ist bei Firmengründern nachweislich nicht der Fall. Sonst würde es den meisten nach dem ersten Erfolg problemlos gelingen, eine zweite, dritte und vierte Firma ebenso erfolgreich hochzuziehen.

Wie steht es mit Managern? Wie entscheidend sind sie für den Erfolg einer Firma? Forscher haben den Zusammenhang zwischen Persönlichkeitsmerkmalen und Managerverhalten einerseits und der Wertsteigerung von Firmen andererseits ermittelt. Das Ergebnis: Wenn man zufällig jeweils zwei Firmen vergleicht, führt in 60 % der Fälle der stärkere CEO die stärkere Firma. In 40 % der Fälle führt der schwächere CEO die stärkere Firma. Das sind 10 %-Punkte über der reinen Zufallsverteilung. Der Nobelpreisträger Daniel Kahneman dazu: »Man kann sich nur schwer vorstellen, dass Leute enthusiastisch Bücher von Wirtschaftsgrößen kaufen, die im Durchschnitt nur knapp besser sind als der Zufall.« Auch Warren Buffett hält nichts von der CEO-Vergötterung: »Deine Leistung als CEO ist viel stärker abhängig von dem Business-Boot, in dem du sitzt, als von deinen Ruderkünsten.«

Und dann gibt es noch die Bereiche, wo Fähigkeiten überhaupt keine Rolle spielen. Null. In seinem Buch *Thinking, Fast and Slow* beschreibt Kahneman seinen Besuch bei einer Vermögensverwaltungsfirma. Zur Vorbereitung bekam er ein Spreadsheet zugestellt, das die Performance jedes Anlageberaters über die letzten acht Jahre zeigte. Daraus gab es für jeden Händler einen Rang: Nummer 1, 2, 3 und so weiter in absteigender Folge. Und das in jedem Jahr. Kahneman rechnete kurz die Korrelationen der Ränge zwischen Jahr 1 mit Jahr 2, Jahr 1 mit Jahr 3, Jahr 1 mit Jahr 4 und so weiter bis Jahr 7 mit Jahr 8 aus. Das Ergebnis: purer Zufall. Mal war der Händler weit oben, mal ganz unten. Hatte ein Berater ein Topjahr, bedeutete dies überhaupt nichts für seine Leistung in den vorherigen oder nachfolgenden Jahren. Die Korrelation war null. Und trotzdem heimsten die Berater Boni für ihre Performance ein. Mit anderen Worten, die Firma belohnte Zufall statt Leistung.

Fazit: Es gibt Menschen, die tatsächlich von ihren Fähigkeiten leben: Piloten, Klempner, Anwälte etc. Dann gibt es Bereiche, wo Fähigkeiten zwar notwendig, aber nicht entscheidend sind: Firmengründer, Manager. Und es gibt Gebiete, wo der Zufall regiert: Die Finanzindustrie zum Beispiel, die durchdrungen ist von der *Fähigkeitsillusion*. Also: Begegnen Sie Ihrem Klempner mit gebührendem Respekt, und nehmen Sie erfolgreiche Finanzjongleure nicht ernst.

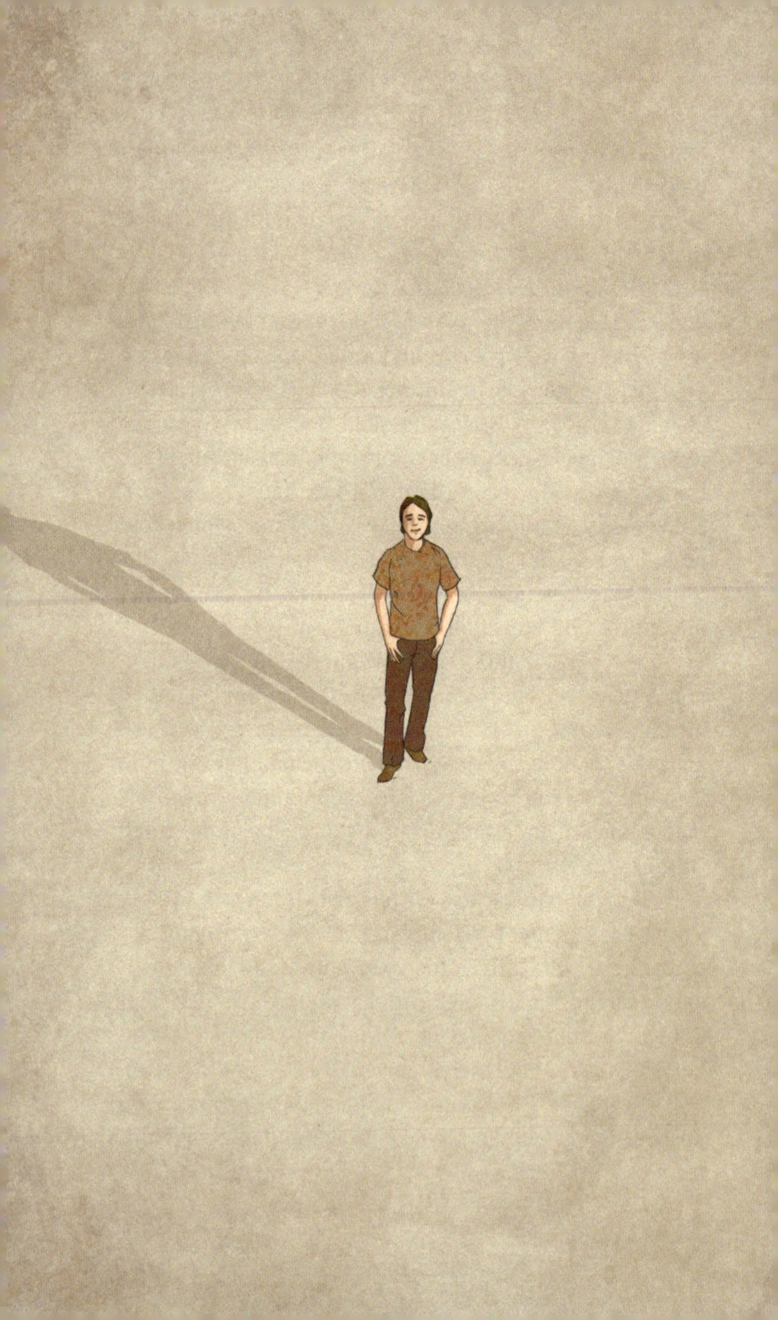

> Siehe Workbook-Teil S. 374

48

FEATURE-POSITIVE EFFECT

Warum Checklisten blind machen

Zwei Zahlenreihen. Die erste, Zahlenreihe A, besteht aus: 724, 947, 421, 843, 394, 411, 054, 646. Was ist diesen Zahlen gemeinsam? Lesen Sie nicht weiter, bis Sie es herausgefunden haben. Richtig, in allen Zahlen kommt die Ziffer 4 vor. Nun die Zahlenreihe B: 349, 851, 274, 905, 772, 032, 854, 113. Was ist diesen Zahlen gemeinsam? Lesen Sie nicht weiter, bis Sie es herausgefunden haben. Sie merken: Aufgabe B ist schwieriger. Antwort: Überall fehlt die Zahl 6. Was können Sie daraus lernen? Absenz ist viel schwieriger zu erkennen als Präsenz. Anders ausgedrückt: Was da ist, hat mehr Gewicht als das, was nicht da ist.

Letzte Woche, auf einem Spaziergang, fiel mir auf, dass ich keine Schmerzen hatte. Der Gedanke kam unerwartet, denn ich habe kaum je Schmerzen. Er verblüffte mich, gerade weil er so banal und offensichtlich war. Ja er verlieh mir einen Moment lang ein Gefühl von Glückseligkeit. Es bedurfte einiger mentaler Arbeit, diese Absenz zu denken – bis ich den Gedanken wieder vergaß.

An einem Konzert im Rahmen des Lucerne Festivals wurde Beethovens Neunte aufgeführt. Ein Begeisterungssturm erfasste den Saal. Bei der Ode im vierten Satz sah man hier und dort sogar Freudentränen. Was für ein Glück, gibt es diese Sinfonie, dachte ich. Aber stimmt das wirklich? Wären wir ohne die Neunte unglücklicher? Wohl kaum. Wäre die Sinfonie nie komponiert worden, würde sie niemandem fehlen. Es gäbe keine wütenden Anrufe an den Intendanten mit dem Inhalt: »Bitte lassen Sie diese Sinfonie sofort komponieren und aufführen!« Kurzum: Was es gibt, bedeutet uns viel mehr als das, was fehlt. Die Wissenschaft nennt das den *Feature-Positive Effect*. Eine deutsche Übersetzung gibt es nicht.

Präventionskampagnen spielen mit diesem Effekt. »Rauchen führt zu Lungenkrebs« macht viel mehr Eindruck als »Nichtrauchen führt zu einem Leben ohne Lungenkrebs«. Wirtschaftsprüfer und andere Berufe, die mit Checklisten operieren, sind anfällig für den *Feature-Positive Effect*: Eine mangelnde Mehrwertsteuerabrechnung wird sofort aufgedeckt, weil sie auf der Checkliste steht, nicht aber artistische Betrügereien, wie wir sie bei Enron, Madoff und einer Reihe von »Rogue Traders« also »Schurken-Händlern« wie Nick Leeson oder Jérôme Kerviel kennenlernten, denen die Barings Bank oder die Société Générale zum Opfer fielen. Finanzkapriolen dieser Art stehen auf keiner Checkliste. Und es muss nicht mal um Verbrechen gehen: Bei einer Hypothekenbank wird ein Kreditrisiko mit hoher Präzision aufgedeckt, weil die Checkliste danach fragt, nicht aber die Abwertung der Immobilie durch den Bau einer Müllverbrennungsanlage in der unmittelbaren Nachbarschaft.

Angenommen, Sie sind Hersteller eines zweifelhaften Produkts, zum Beispiel einer Salatsoße mit übermäßigem Cholesteringehalt. Was tun Sie? Auf der Verpackung führen Sie 20 verschiedene Vitamine auf, die in der Soße enthalten sind, und verschweigen den Cholesterinwert. Die Absenz wird den Konsumenten nicht auffallen. Und die positiven – präsenten – Eigenschaften stellen sicher, dass sie sich in Sicherheit fühlen.

Im Wissenschaftsbetrieb stoßen wir ständig auf den *Feature-Positive Effect*. Die Bestätigung von Hypothesen führt zu Publikationen, und die werden in herausragenden Fällen mit Nobelpreisen gefeiert. Die Falsifikation einer Hypothese hingegen bekommen Sie kaum in einer wissenschaftlichen Zeitschrift publiziert, und meines Wissens gab es noch nie einen Nobelpreis dafür. Dabei ist die Falsifikation einer Hypothese ein wissenschaftlich genauso wertvolles Resultat wie eine Bestätigung. Wegen des Effekts sind wir auch viel anfälliger für positive Empfehlungen (tun Sie X) als für negative (lassen Sie Y) – egal, wie sinnlos oder sinnvoll sie sind.

Fazit: Wir haben Schwierigkeiten, Nichtgeschehnisse (»nonoccurrences«) zu denken. Wir sind blind für das, was nicht ist. Wir realisieren, wenn Krieg herrscht – denken aber nicht an die Absenz von Krieg, wenn Friede herrscht. Wenn wir gesund sind, ist uns selten bewusst, dass wir auch krank sein könnten. Oder wir steigen in Mallorca aus dem Flieger und sind keinesfalls verblüfft, dass wir nicht abgestürzt sind. Würde es uns gelingen, auch nur ab und zu die Absenz zu denken, wären wir wohl zufriedener. Aber das ist harte Denkarbeit. Die größte philosophische Frage lautet: Warum ist etwas und nicht einfach nichts? Erwarten Sie auf die Schnelle keine Antwort, aber die Frage ist ein nützliches Mittel gegen den *Feature-Positive Effect*.

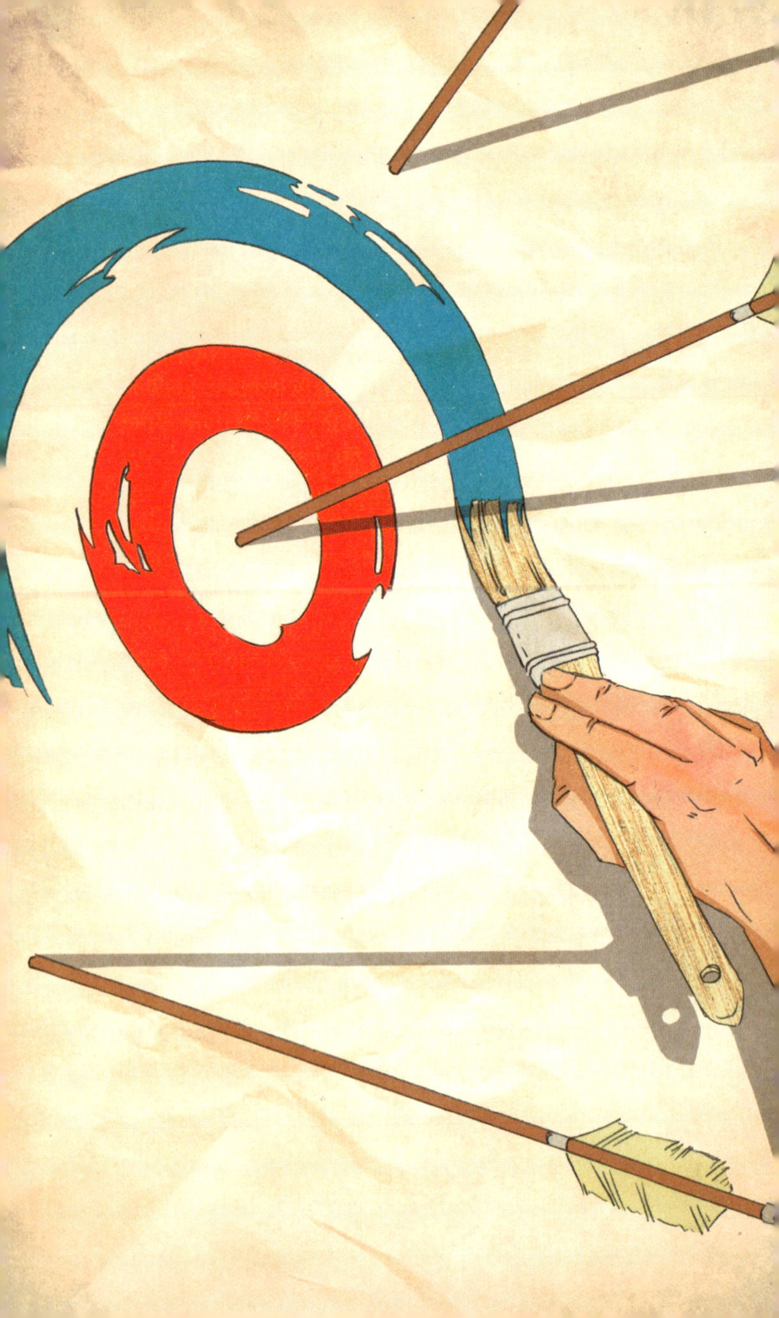

> Siehe Workbook-Teil S. 377

49

ROSINENPICKEN

Warum die Zielscheibe um den Pfeil herumgemalt wird

Hotels zeigen sich auf ihren Webseiten im besten Licht. Die Fotos sind sorgfältig ausgewählt. Was schön und edel erscheint, kommt auf die Website. Unschöne Perspektiven, tropfende Rohre im Zimmer und stillos eingerichtete Frühstücksräume bleiben draußen. Natürlich wissen Sie das, und so zucken Sie höchstens mit den Achseln, wenn Sie in der schäbigen Lobby einchecken. Sie haben es ja geahnt. Was das Hotel getan hat, nennt man *Rosinenpicken*, auf Englisch: *Cherry Picking*. Mit der gleichen gedämpften Erwartungshaltung, wie Sie ein Hotel betreten, studieren Sie auch Verkaufsprospekte für Autos, Liegenschaften oder Anwaltskanzleien. Sie kennen das Prinzip, und Sie fallen nicht darauf herein.

Anders reagieren Sie auf die Geschäftsberichte von Firmen, von Stiftungen und staatlichen Organisationen. Hier rechnen Sie mit einer objektiven Darstellung. Fälschlicherweise, denn auch diese Organe picken Rosinen: Erfüllte Ziele werden groß aufgemacht, nicht erfüllte gar nicht erst erwähnt.

Angenommen, Sie sind Bereichsleiter. Die Geschäftsleitung lädt Sie ein, den »Stand der Dinge« Ihrer Abteilung zu präsentieren. Wie gehen Sie vor? Sie werden die meisten PowerPoint-Folien zu den Triumphen und die restlichen zu den »Herausforderungen« malen. Die nicht erreichten Ziele aber werden Sie unter den Teppich kehren.

Ein besonders heikler Fall von *Rosinenpicken* sind Anekdoten. Angenommen, Sie sind Geschäftsleiter einer Unternehmung, die irgendein technisches Gerät herstellt. Eine repräsentative Befragung hat ergeben, dass die große Mehrzahl der Kunden Ihr Produkt nicht bedienen kann. Zu kompliziert. Nun streckt der Personalleiter den Finger auf und sagt: »Mein Schwiegervater hat das Produkt gestern in die Hand genommen und es auf Anhieb kapiert.« Wie viel Gewicht würden Sie dieser Rosine beimessen? Richtig, annähernd null. Eine Anekdote zu übergehen ist aber nicht einfach, denn sie ist eine Minigeschichte – und wir wissen, wie anfällig unser Hirn auf Geschichten reagiert. Gewiefte Geschäftsleiter haben sich im Verlauf ihrer Karriere eine Allergie gegenüber Anekdoten antrainiert und schießen derartige Wortmeldungen gleich ab.

Je »höher« oder »elitärer« ein Gebiet ist, desto eher tappen wir in die *Rosinenpickerfalle*. Nassim Taleb, von dem die obigen Hotelbeispiele stammen, beschreibt in seinem Buch *Antifragile*, wie alle Forschungsgebiete – von der Philosophie über die Medizin, bis hin zur Ökonomie – mit ihren Ergebnissen prahlen: »Die universitäre Forschung ist gut darin, uns zu sagen, was sie für uns getan hat, nicht, was sie nicht für uns getan hat.« Reine *Rosinenpickerei*. Doch unser Respekt vor dem akademischen Betrieb ist viel zu groß, als dass uns das *Rosinenpicken* auffallen würde. Nehmen wir die Medizin. Den Leuten zu sagen, sie sollen nicht rauchen, ist der größte medizinische Beitrag der letzten 60 Jahre – größer als alle Forschung und alle medizinischen Fortschritte zusammengerechnet seit dem Ende des Zweiten Weltkrieges. Das belegt der Mediziner Druin Burch in seinem Buch *Taking the Medicine*. Die paar Rosinen (Antibiotika) täuschen. Nur: Medikamentenforscher werden gefeiert, Rauchgegner eher nicht.

Stabsstellen großer Firmen oder in der Verwaltung preisen sich an wie Hoteliers. Sie sind Meister im Zeigen, was sie alles geleistet haben. Aber sie sind schlecht darin, zu zeigen, welche Nutzen sie *nicht* geliefert haben. Was tun? Sitzen Sie im Aufsichtsrat einer solchen Organisation, fragen Sie unbedingt nach den »nicht gepickten Rosinen«, nach den gescheiterten Projekten und unerreichten Zielen. Daraus lernen Sie viel mehr als aus den Erfolgen. Es ist erstaunlich, wie selten solche Fragen gestellt werden. Zweitens: Statt eine Horde von Finanzcontrollern zu beschäftigen, die die Kosten auf den Cent genau nachprüft, prüfen Sie lieber Ziele nach. Dabei werden Sie erstaunt feststellen, dass sich die ursprünglichen Ziele im Lauf der Zeit in Luft aufgelöst haben. Dafür hat man sich in der Zwischenzeit still und heimlich eigene Ziele gesetzt – die man natürlich alle erreicht. Hören Sie von »selbst gesetzten Zielen«, sollten bei Ihnen deshalb die Alarmglocken läuten. Es ist, als würde jemand einen Pfeil auf eine Holzwand schießen und dann eine Zielscheibe um den Pfeil herummalen.

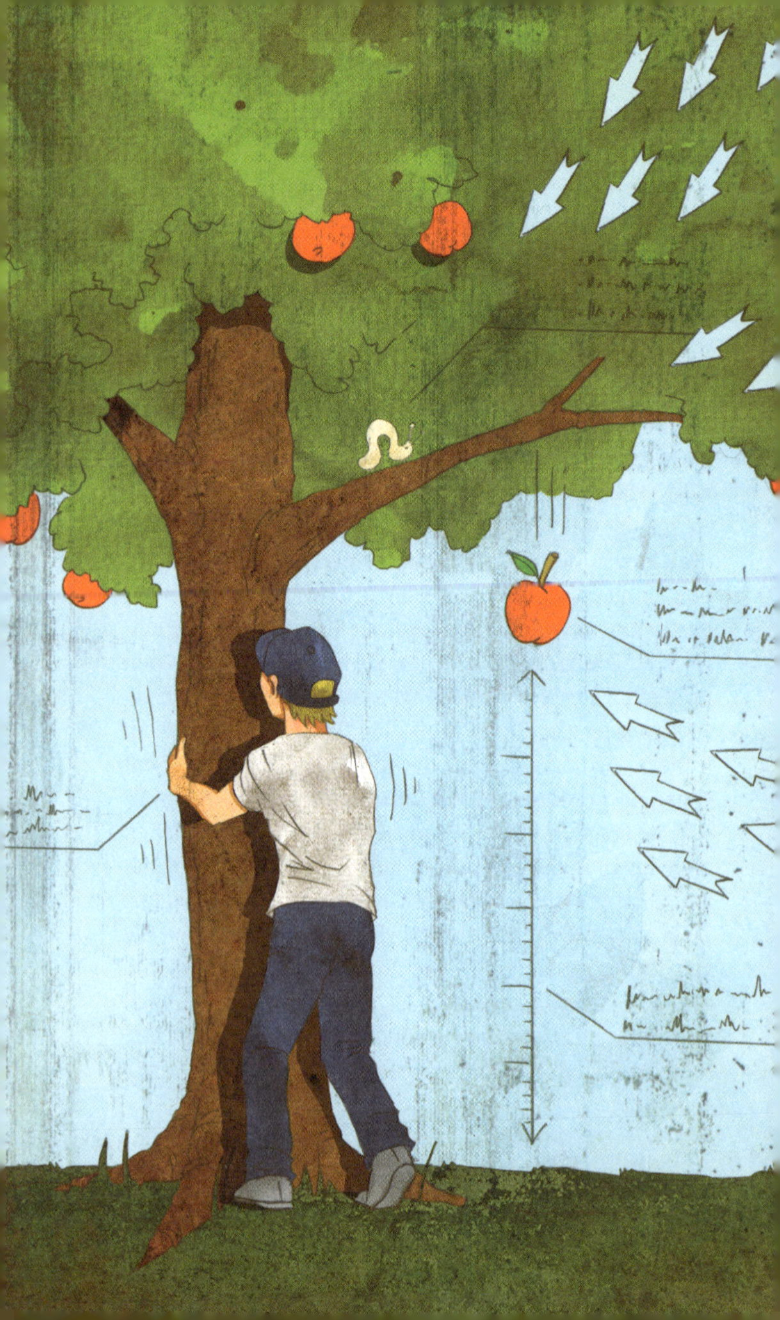

> Siehe Workbook-Teil S. 380

50

DIE FALLE DES EINEN GRUNDES

Die steinzeitliche Jagd auf
Sündenböcke

Chris Matthews ist einer der Starjournalisten des amerikanischen Fernsehsenders MSNBC. In seiner News-Show werden im Minutentakt »Politexperten« zugeschaltet und befragt. Ich habe nie verstanden, was ein Politexperte ist, noch warum eine solche Karriere erstrebenswert sein soll. Im Jahr 2003 stand der Irak-Einmarsch der USA im Zentrum des Interesses. Wichtiger als die Antworten der Experten waren Chris Matthews' Fragen: »Was ist *das Motiv* für den Krieg?« »Ich wollte wissen, ob der 11. September *der Grund* ist?« »Glauben Sie, die Massenvergeltungswaffen waren *der Grund* für den Krieg?« »Warum, glauben Sie, sind wir in den Irak einmarschiert? Welches ist *der wahre Grund*, nicht der vorgeschobene?« Und so weiter. Ich kann solche Fragen nicht mehr hören. Sie sind symptomatisch für den häufigsten aller Denkfehler, einen Fehler, für den es seltsamerweise keinen geläufigen Namen gibt. Er figuriert unter dem umständlichen Begriff *Falle des einen Grundes* (englisch: *Fallacy of the Single Cause*).

Fünf Jahre später – 2008 – herrschte Panik auf den Finanzmärkten. Banken krachten zusammen und mussten mit Steuergeldern aufgepäppelt werden. Anleger, Politiker und Journalisten fragten aufgebracht nach der Ursache der Finanzkrise: Greenspans lockere Geldpolitik? Die Dummheit der Investoren? Die zwielichtigen Ratingagenturen? Gekaufte Wirtschaftsprüfer? Falsche Risikomodelle? Pure Gier? Nichts davon ist die Ursache – und alles zusammen.

Und so ist es überall. Der zauberhafte Altweibersommer, eine Scheidung im Freundeskreis, der Erste Weltkrieg, Krebs, der Amoklauf an einer Schule, der Welterfolg einer Firma, die Erfindung der Schrift – jeder klar denkende Mensch weiß: Es gibt nicht die eine Ursache, sondern Hunderte, Tausende, unendlich viele. Und doch versuchen wir immer wieder, der Sache auf *den* Grund zu gehen.

»Wenn der Apfel reif ist und fällt, warum fällt er? Weil er von der Erde angezogen wird? Weil sein Stängel ausgedörrt ist? Sein Fleisch mürbe? Weil er zu schwer geworden ist? Weil der Wind ihn schüttelt? Oder weil der unten stehende Knabe ihn essen möchte? Nichts davon ist die Ursache, sondern alles zusammen ...«, schreibt Tolstoi in *Krieg und Frieden* und trifft den Nagel auf den Kopf.

Angenommen, Sie sind Produktmanager von Cornflakes und haben soeben die neue Sorte »Bio-Slim-Fit« lanciert. Nach einem Monat ist es nicht mehr zu verbergen: ein Flop! Wie eruieren Sie die Ursache für das Scheitern? Erstens: Sie wissen nun, dass es nicht eine Ursache gibt, sondern viele. Nehmen Sie ein Blatt Papier und zeichnen Sie mit Strichen und Linien alle Gründe auf, die zum Flop geführt haben könnten. Tun Sie dasselbe für die Gründe, die hinter diesen Gründen stehen. Nach einer

Weile haben Sie ein Netz möglicher Einflussfaktoren. Zweitens: Markieren Sie diejenigen, die Sie verändern können, und streichen Sie die nicht beeinflussbaren (zum Beispiel »die menschliche Natur«). Drittens: Führen Sie empirische Tests durch, indem Sie die markierten Faktoren in verschiedenen Märkten variieren. Das kostet viel Geld und Zeit, aber es ist der einzige Weg, dem Sumpf der seichten Vermutungen zu entsteigen.

Die *Falle des einen Grundes* ist ebenso alt wie gefährlich. Wir haben gelernt, den Menschen als »Urheber seines eigenen Handelns« zu sehen. So hat es Aristoteles vor 2.400 Jahren ausgedrückt. Heute wissen wir, dass dies falsch ist. Wir haben keinen freien Willen, vielmehr sind es Tausende von Faktoren, die zusammenspielen und eine Handlung auslösen – von der genetischen Disposition über die Erziehung bis hin zur Hormonkonzentration zwischen den einzelnen Hirnzellen. Und doch halten wir am veralteten Menschenbild fest. Das ist nicht nur dumm, sondern auch moralisch bedenklich: Solange wir an den *einen* Grund glauben, wird es uns immer gelingen, Triumphe oder Katastrophen auf einzelne Menschen zurückzuführen und sie als »Verantwortliche« abzustempeln. Die idiotische Jagd nach einem Sündenbock eignet sich hervorragend zur Ausübung von Macht – ein Spiel, das die Menschen seit Jahrtausenden spielen.

Und doch: Die *Falle des einen Grundes* ist so beliebt, dass Tracy Chapman darauf ihren Welterfolg begründen konnte. *Give Me One Reason* heißt der Song, der ihr zum Durchbruch verhalf. Oder Moment – waren da nicht noch ein paar andere?

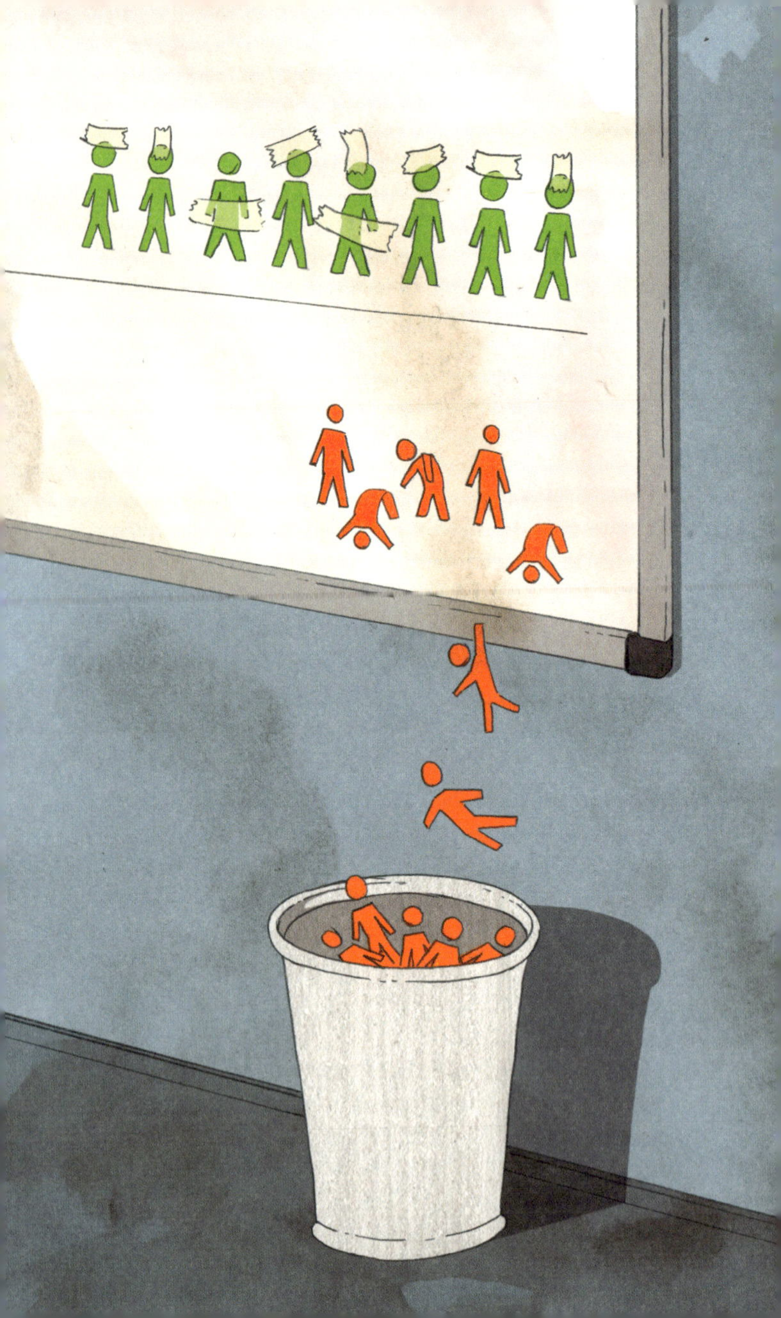

> Siehe Workbook-Teil S. 383

51

INTENTION-TO-TREAT-FEHLER

Warum Raser scheinbar sicherer fahren

Raser fahren sicherer als die sogenannten »vernünftigen« Autofahrer. Warum? Von Hamburg nach Hannover sind es 150 Kilometer. Autofahrer, die die Strecke in einer Stunde oder weniger schaffen, teilen wir der Gruppe der »Raser« zu, denn sie sind mit durchschnittlich 150 km/h oder mehr unterwegs. Alle anderen teilen wir der Gruppe der »Vernünftigen« zu. Wo gibt es weniger Unfälle – bei den »Rasern« oder den »Vernünftigen«? Eindeutig bei den Rasern. Sie haben die Strecke ja alle in weniger als einer Stunde geschafft, also kann kein Einziger von ihnen in einen Unfall verwickelt worden sein. Die Unfallfahrer hingegen landen automatisch in der Gruppe der »Vernünftigen«. Dieses Beispiel aus dem ausgezeichneten Buch *Der Hund, der Eier legt* präsentiert einen heimtückischen Denkfehler, den sogenannten *Intention-To-Treat-Fehler*. Es gibt leider keinen schöneren Begriff dafür, und keinen deutschen.

Ein Banker hat mir neulich eine interessante Studie präsentiert. Daraus geht hervor, dass Firmen mit massiver Verschuldung bedeutend rentabler sind als Firmen ohne Kredite. Der Banker forderte vehement, dass sich jede Firma bis ans Limit verschulden soll – natürlich mit Vorteil bei seiner eigenen Bank. Ich schaue mir die Studie genauer an. Tatsächlich! Aus 1.000 zufällig ausgewählten Firmen konnten jene mit Schuldenberg nicht nur eine höhere Rendite auf ihr Eigenkapital vorweisen, sondern auch auf ihr Gesamtkapital. Die überschuldeten Firmen waren in jeder Beziehung erfolgreicher als die nicht verschuldeten. Wieso bloß? Nach einer Weile fiel bei mir der Groschen: Unrentable Firmen bekommen keine Firmenkredite. Sie landen automatisch in der Gruppe der nicht verschuldeten. Anders ausgedrückt: Verschuldete Firmen gehen schneller Bankrott als unverschuldete. Sobald eine Unternehmung die Zinsen nicht mehr bezahlen kann, übernimmt die Bank das Zepter, und die Firma wird verscherbelt – mit dem Ergebnis, dass sie aus der Studie verschwindet. Die verschuldeten Firmen, die übrig bleiben, sind relativ gesund. Nicht verschuldete Firmen hingegen verfügen über ein dickeres Polster, gehen nicht so schnell Bankrott – und bleiben, egal wie kränkelnd, Teil der Studie.

Wenn Sie jetzt denken: »Okay, verstanden«, dann passen Sie auf – der *Intention-To-Treat-Fehler* ist nicht einfach zu erkennen. Ein fiktives Beispiel aus der Medizin: Der Pharmakonzern Novirus hat eine neue Pille gegen Herzerkrankungen entwickelt. Eine Studie »beweist«, dass das Medikament die Sterberate von Herzpatienten deutlich verringert. Die Daten sprechen für sich: Die Fünf-Jahres-Sterberate von Kranken, die die neue Pille regelmäßig geschluckt haben, beträgt 15 %. Zwar ist die Sterberate der Menschen, die eine unwirksame Placebopille geschluckt haben, etwa gleich hoch. Aber, und das ist entscheidend, die Sterberate von Patienten, die die neue Pille unregelmäßig eingenommen haben, liegt bei 30 % – also doppelt so hoch! Ein Riesenunterschied zwischen regelmäßiger und unregelmäßiger Einnahme. Die Pille ist also ein voller Erfolg. Oder doch nicht?

Der Haken: Wahrscheinlich ist nicht die Pille der entscheidende Faktor, sondern das Verhalten der Patienten. Vielleicht haben Patienten mit starken Nebenwirkungen die Pille abgesetzt und landen so in der Kategorie der »unregelmäßigen Einnahme«. Vielleicht waren sie so schwer krank, dass an eine regelmäßige Einnahme gar nicht zu denken war. Wie auch immer: Es bleiben nur die Patienten in der Gruppe der »regelmäßigen Einnahme«, die relativ gesund sind – was das fragliche Medikament viel wirksamer aussehen lässt, als es in der Realität ist.

Bei seriösen Studien werden die Daten aller Patienten, die man ursprünglich zu behandeln beabsichtigte (*intention to treat*), auch tatsächlich ausgewertet – egal, ob sie den Versuch mitgemacht haben oder nicht. Leider gibt es viele Studien, die sich um diese Regel nicht scheren – ob absichtlich oder versehentlich, sei dahingestellt. Seien Sie deshalb auf der Hut: Prüfen Sie sofort, ob Studienobjekte – Unfallfahrer, bankrotte Firmen, schwer kranke Patienten – aus irgendwelchen Gründen die Stichprobe stillschweigend verlassen haben. Falls dem so ist, sollten Sie die Studie dem Mülleimer anvertrauen.

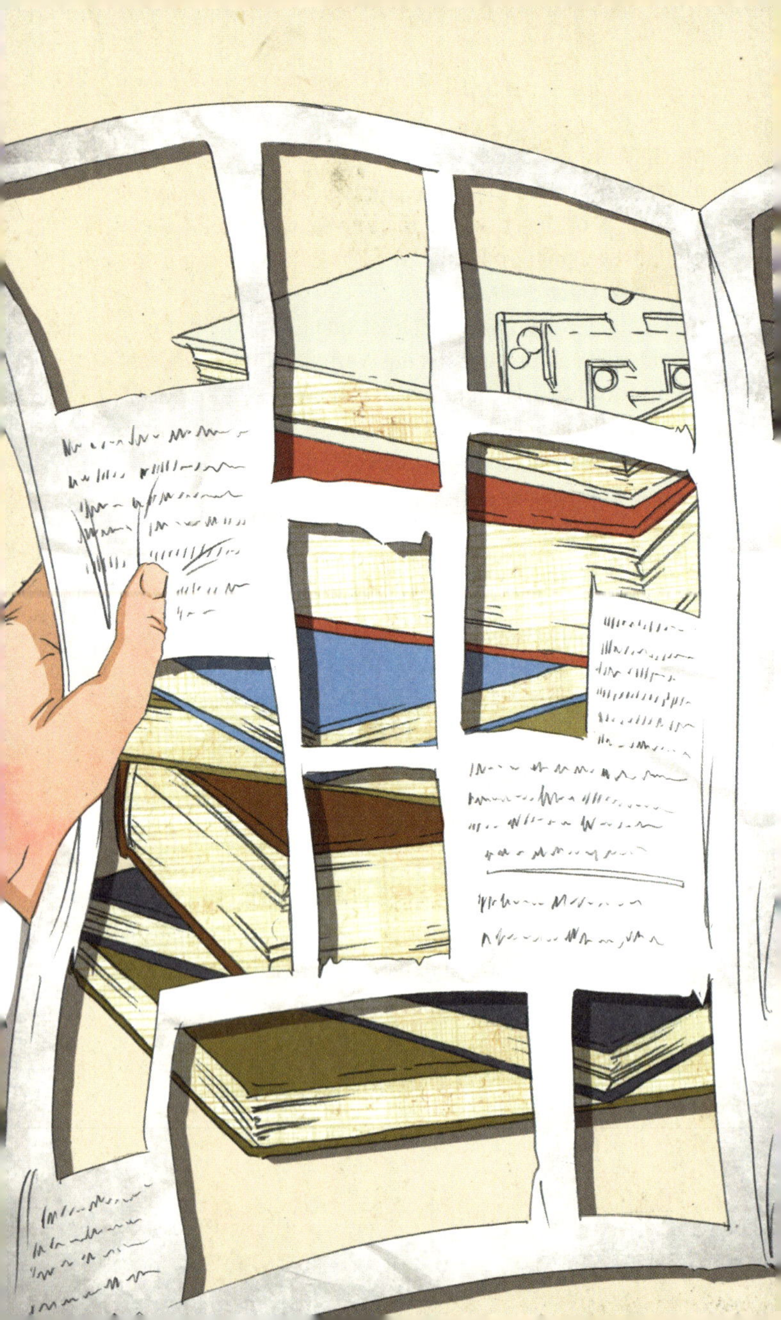

52

NEWS-ILLUSION

Warum Sie keine News lesen sollten

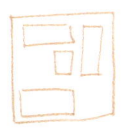

Erdbeben auf Sumatra. Flugzeugabsturz in Russland. Mann hält Tochter 30 Jahre lang im Keller gefangen. Heidi Klum trennt sich von Seal. Rekordlöhne bei der Deutschen Bank. Attentat in Pakistan. Rücktritt des Präsidenten von Mali. Neuer Weltrekord im Kugelstoßen. Muss man das wissen?

Wir sind so gut informiert, und wissen doch so wenig. Warum? Weil wir vor 200 Jahren eine toxische Wissensform namens »News« erfunden haben, Nachrichten aus aller Welt. News sind für den Geist, was Zucker für den Körper ist. News sind appetitlich, leicht verdaulich – und langfristig höchst schädlich.

Vor einigen Jahren startete ich ein Experiment. Ich beschloss, keine News mehr zu konsumieren. Ich kündigte sämtliche Zeitungs- und Zeitschriftenabos. Fernseher und Radio wurden entsorgt. Ich löschte die News-Apps vom iPhone. Ich berührte keine einzige Gratiszeitung mehr und schaute bewusst weg, wenn im Flieger vor mir jemand die Zeitung aufspannte. Die ersten Wochen waren hart. Sehr hart. Ständig hatte ich Angst, etwas zu verpassen. Doch nach einer Weile stellte sich ein neues Lebensgefühl ein. Das Ergebnis nach drei Jahren: klareres Denken, wertvollere Einsichten, bessere Entscheidungen und viel mehr Zeit. Und das Beste: Noch nie habe ich etwas Wichtiges verpasst. Mein soziales Netzwerk – nicht Facebook, sondern das echte, bestehend aus Freunden und Bekannten aus Fleisch und Blut – funktioniert als Nachrichtenfilter.

Es gibt ein Dutzend Gründe, einen weiten Bogen um News zu machen. Hier die top drei. Erstens: Unser Hirn reagiert unverhältnismäßig stark auf skandalöse, schockierende, personenbezogene, laute, schnell wechselnde Reize – und unverhältnismäßig schwach auf abstrakte, komplexe und deutungsbedürftige Informationen. News-Produzenten nutzen dies aus. Packende Geschichten, schreiende Bilder und aufsehenerregende »Fakten« fesseln unsere Aufmerksamkeit. So funktioniert nun einmal das Geschäftsmodell – die Werbung, die den News-Zirkus finanziert, wird nur verkauft, wenn sie gesehen wird. Die Folge: Alles Feinsinnige, Komplexe, Abstrakte und Hintergründige muss systematisch ausgeblendet werden, obwohl diese Inhalte für unser Leben und das Verständnis der Welt viel relevanter sind. Als Folge des News-Konsums spazieren wir mit einer falschen Risikokarte in unseren Köpfen umher. News-Konsumenten gewichten die meisten Themen völlig falsch. Die Risiken, von denen sie in der Presse lesen, sind nicht die wahren Risiken.

Zweitens: News sind irrelevant. Sie dürften in den letzten zwölf Monaten etwa 20.000 Kurznachrichten verschlungen haben – ca. 60 Meldungen pro Tag. Seien Sie ganz ehrlich: Nennen Sie eine davon, die es Ihnen erlaubt hat, eine bessere Entscheidung – für Ihr Leben, Ihre Karriere, Ihr Geschäft – zu treffen, als wenn Sie diese News nicht gehabt hätten. Niemand, dem ich diese Frage gestellt habe, konnte mehr als zwei Nachrichten angeben – aus 20.000. Eine miserable Relevanzquote. Nachrichtenorganisationen wollen Sie glauben machen, dass sie Ihnen einen Wettbewerbsvorteil verschaffen. Viele fallen darauf hinein. In Wirklichkeit ist der News-Konsum kein Wettbewerbsvorteil, sondern ein Wettbewerbsnachteil. Falls News-Konsum Menschen tatsächlich weiterbringen würde, stünden die Journalisten an der Spitze der Einkommenspyramide. Tun sie aber nicht, im Gegenteil.

Drittens: Zeitverschwendung. Ein durchschnittlicher Mensch verschwendet einen halben Arbeitstag pro Woche mit News. Global betrachtet ist der Verlust an Produktivität immens. Nehmen Sie die Terroranschläge in Mumbai im Jahr 2008. Terroristen töteten in einem Akt kühler Geltungssucht 200 Menschen. Stellen Sie sich vor, dass eine Milliarde Menschen durchschnittlich eine Stunde ihrer Aufmerksamkeit auf die Tragödie in Mumbai verwendeten: Sie haben die News verfolgt und sich das Geplapper irgendwelcher »Experten« und »Kommentatoren« im Fernsehen angeschaut. Eine durchaus realistische Schätzung, denn Indien allein hat mehr als eine Milliarde Einwohner. Doch rechnen wir konservativ. Eine Milliarde Menschen mal eine Stunde Ablenkung ergibt eine Milliarde Stunden Ablenkung. Umgerechnet: Durch News-Konsum wurden also an die 2.000 Menschenleben vernichtet – zehnmal mehr als durch das Attentat. Eine sarkastische, aber wahre Betrachtung.

Das Ausmerzen keines anderen der rund 100 Denk- und Handlungsfehler bringt Ihnen einen vergleichbaren

Nutzen wie der Verzicht auf News. Haben Sie Angst davor, dass Sie durch Ihre newsfreie Existenz auf Partys ausgestoßen werden? Nun, Sie wissen vielleicht nicht, dass irgendein Flugzeug in Sibirien zerschellte, aber Sie verstehen die tieferen und oftmals unsichtbaren Zusammenhänge der Welt. Und diese können Sie mit anderen teilen. Haben Sie keine Hemmungen, über Ihre News-Diät zu reden. Man wird Ihnen fasziniert zuhören. Kurzum, geben Sie Ihren News-Konsum auf, und zwar ganz. Lesen Sie stattdessen lange Hintergrundartikel und Bücher. Ja, es gibt nichts Besseres als Bücher, um die Welt zu verstehen.

DANK

Ich danke Koni Gebistorf, der die Texte mit Meisterschaft redigiert und ihnen den endgültigen Schliff verpasst hat. Ich danke den Wissenschaftlern der WORLD.MINDS Community für die unzähligen Gespräche über den Stand der Forschung. Martin Janik vom Piper Verlag danke ich für die hochprofessionelle Zusammenarbeit. Dem Superagenten John Brockman verdanke ich die amerikanische und britische Ausgabe. Ohne den allwöchentlichen Druck, die eigenen Gedanken in ein lesbares Format zu gießen, wären die Denk- und Handlungsfehler nie in Buchform erschienen. Ich danke Dr. Frank Schirrmacher (†), dass er die Kolumne in die *FAZ* geholt hat, Giovanni di Lorenzo und Moritz Müller-Wirth für die Publikation der Texte in der *Zeit* und Martin Spieler, der ihr mit der *SonntagsZeitung* einen Hafen in der Schweiz zur Verfügung gestellt hat. Ich danke den Künstlern El Bocho und Simon Stehle für die Illustrationen zu meinen Texten. Die Argusaugen der Redakteure Sebastian Ramspeck, Balz Spörri und Gabi Schwegler (alle *SonntagsZeitung*), Dr. Hubert Spiegel (*FAZ*) und Moritz Müller-Wirth (*Zeit*) haben Fehler und Unklarheiten ausgemerzt, bevor die Kolumne in den Druck ging – herzlichen Dank. Für alles, was nach den unzähligen Schritten des Redigierens hier steht, trage allein ich die Verantwortung. Mein größter Dank geht an meine Frau Sabine Dobelli, die mir jeden Tag aufs Neue beweist, dass das »Gute Leben« – im Sinne von Aristoteles – aus mehr als klarem Denken und klugem Handeln besteht.

DER DOBELLI-DISCLAIMER

Die Thesen dieses Buchs – und das gilt für alle meine Sachbücher – spiegeln die klarste und wahrste Sicht der Dinge, die ich bis zum Zeitpunkt der Publikation erlangen konnte, wider. Ich erlaube mir, meine Thesen jederzeit zu revidieren. Vielleicht werde ich mich sogar dem Vergnügen hingeben, mir zu widersprechen. Der einzige Grund, warum ich meine Thesen revidieren oder mir widersprechen würde, ist, um der Wahrheit näher zu kommen. Niemals, um einen persönlichen Vorteil daraus zu ziehen.

STIMMEN ZU ROLF DOBELLI

»*Die Kunst des klaren Denkens* bietet einen erfrischenden Perspektivenwechsel. Rolf Dobelli liefert Denkanstöße und schreibt Klartext – geistreich, amüsant, brillant.«
Dr. Christoph Franz, Chairman von Roche

»Dieses Buch gehört in die Aktentasche aller CEOs.«
Ton Büchner, CEO AkzoNobel

»Muss man dieses Buch lesen? Unbedingt. Denn es ist äußerst unterhaltsam und führt grundseriös in das Wesen des menschlichen Denkens ein.«
Prof. Dr. h.c. Roland Berger, Gründer und Honorary Chairman von Roland Berger Strategy Consultants

»Ein Feuerwerk an Erkenntnis! Rolf Dobelli beschreibt brillant, dass der Schlüssel zum Erfolg im klaren Denken liegt. Wer nicht ständig über Denkfallen stolpern will, muss dieses Buch lesen.«
Prof. Iris Bohnet, Harvard University

»Dieses Buch wird Ihr Denken verändern.«
Prof. Dan Goldstein, London Business School and Microsoft Research in New York

»Rolf Dobelli ist einer der geistreichsten Denker Europas.«
Matt Ridley, Bestsellerautor

Stimmen zu Rolf Dobelli

»Eine kurzweilige Lektüre mit Tiefgang – danach werden Sie Ihre Denkfehler besser verstehen.«
Riet Cadonau, CEO der dormakaba Gruppe

»Dobelli ist ein begnadeter Autor, dem es gelingt, schwer verdauliche wissenschaftliche Studien leicht und spannend zu präsentieren, ohne dabei die intellektuelle Aussagekraft zu verlieren. Eine amüsante Lektüre mit Tiefgang – künftig werden Sie Ihre Denkfehler besser verstehen.«
Martin Spieler, Chefredakteur Sonntagszeitung

»Dieses Buch ist ein Genuss ohne Reue: hochaktuell, wissenschaftlich fundiert und glänzend geschrieben.«
Claudio Feser, CEO McKinsey Schweiz

»Die Kunst des klaren Denkens ist eine Waffe gegen seichtes Handeln. Ein Glücksfall, dass es dieses Buch gibt.«
Andreas Meyer, CEO Schweizerische Bundesbahnen SBB

»Wenn Sie lernen wollen, wie einfache Denkfehler ein gutes Leben verhindern, sollten Sie Rolf Dobellis meisterhaftes Buch über die menschliche Irrationalität lesen.«
John Gray, Professor an der London School of Economics und Autor des Bestsellers Straw Dogs

»Dobelli untersucht unsere häufigsten Entscheidungsfehler mit lebhafter Eloquenz und zeigt, wie wir sie mit klarem Denken umschiffen können.«
Professor Robert Cialdini, Autor des Weltbestsellers Influence

»Rolf Dobellis Bücher habe ich nicht nur gelesen, sondern jedes Wort auf der Zunge zergehen lassen.«
Frank Elstner, Fernsehshowmaster

»Rolf Dobelli schreibt klar, klug und überzeugend.«
Gerhard Schröder, ehem. Bundeskanzler

DAS
WORKBOOK

EINFÜHRUNG

Niemand ist frei von Denkfehlern. Diese Abweichungen vom vernünftigen Entscheiden und Handeln sind tief in unserem Gehirn verankert. Sie »unterlaufen« uns, wie man sagt – passieren automatisch, unbewusst. Um die Qualität unserer Entscheidungen zu verbessern, müssen wir uns deshalb diese Denkfehler ins Bewusstsein rufen. Zum Beispiel, indem Sie dieses Buch lesen (und nochmals lesen) und sich die angeführten Beispiele zu jedem Denkfehler einprägen. Und doch – wie schnell ist das meiste wieder vergessen!

Erfolg versprechender als die einmalige oder wiederholte Lektüre ist die intensive Beschäftigung mit dem Stoff. Deshalb schlage ich Ihnen diesen Workbook-Teil vor. Zu jedem Denkfehler finden Sie hier eine kurze Zusammenfassung und weitere Beispiele, die nicht im jeweiligen Kapitel vorne im Buch vorkommen. Und Sie haben die Möglichkeit, sich weitere Exempel zu notieren. Tun Sie es, denken Sie nach. Wenn Ihnen auf die Schnelle keine eigenen Episoden einfallen, geben Sie nicht gleich auf. Je intensiver Sie nachdenken, desto besser bleibt Ihnen der Inhalt im Gedächtnis. Verwenden Sie am besten ein spezielles Notizheft für Ihre Beispiele, da das Buch Ihnen meist nicht genügend Platz für Ihre Aufzeichnungen bieten kann. Kreuzen Sie anschließend im Buch und in Ihrem Notizheft an, welche Denkfehler Ihnen auch schon unterlaufen sind.

Man kann Denkfehler als eine Pest ansehen, die es auszurotten gilt. Man kann sie sich aber auch zunutze machen.

Wer mit Denkfehlern vertraut ist, wird bei einigen von ihnen das Potenzial sehen, Menschen zu beeinflussen – etwa im Marketing oder im Verkauf. In diesen Fällen werden Sie im Workbook-Teil eine entsprechende Frage vorfinden. Sie brauchen sich dabei nicht schäbig vorzukommen: Fast das ganze Consumer-Marketing basiert darauf, Denkfehler auszunutzen. Ebenso die Verhandlungstaktik – auch hier wird auf psychologische Phänomene wie Social Proof, Framing- und Kontrasteffekte sowie Anker- und Halo-Effekte gesetzt. Natürlich sind nicht alle Methoden, mit denen Menschen sich lenken lassen, auch ethisch vertretbar. Statt das Ausnutzen von Denkfehlern jedoch schlichtweg als unzulässig zu brandmarken – was reichlich naiv wäre –, sollten Sie besser Ihre eigenen ethischen Überlegungen anstellen.

Um Entscheidungskatastrophen in Ihrem privaten oder beruflichen Leben zu vermeiden, müssen Sie wissen, welche Denkfehler für Sie am gefährlichsten sind. Keiner von uns ist vor Denkfehlern gefeit, allerdings ist jeder Mensch anders gestrickt. Wenn Sie die fünf für Sie gefährlichsten Denkfallen identifiziert haben, ist schon viel gewonnen.

Ich schlage vor, dass Sie hierzu jeweils den Denkfehlerindex berechnen. Was nach drögem Mathematikunterricht klingen mag, ist jedoch ganz einfach. Stellen Sie sich zu jedem Denkfehler zwei Fragen. Erstens: »Wie *häufig* fallen Sie auf diesen Denkfehler herein?« Bewerten Sie von 1 (nie) bis 10 (fast täglich), und tragen Sie die jeweilige Ziffer in die danebenstehende Box ein. Zweite Frage: »Wie schwer waren die *Konsequenzen,* als Sie in diese Denkfalle tappten?« Beziehungsweise, falls es noch nie vorgekommen ist: »Wie schwer wären die Konsequenzen, falls Sie in diese Denkfalle tappen würden?« Bewerten Sie von 1 (kaum spürbare Konsequenzen) bis 10 (fatal). Tragen Sie auch hier die für Sie zutreffende Ziffer in die danebenstehende Box ein.

Nun multiplizieren Sie Häufigkeit x Konsequenzen x Konsequenzen, um den Denkfehlerindex zu ermitteln. Warum die Verdoppelung des Faktors Konsequenzen? Hiermit werden diese stärker gewichtet als die Häufigkeit, denn häufige Denkfehler mit minimalen Konsequenzen sind weniger schlimm als Denkfehler, die Ihnen fast nie unterlaufen, aber für Ihre Karriere oder Ihr Privatleben gravierend sein können. Der niedrigste Denkfehlerindex beträgt 1, der höchstmögliche – den ich Ihnen natürlich nicht wünsche – 1.000. Tragen Sie die von Ihnen ermittelte Zahl zur Auswertung auf den Seiten **389 ff.** ein.

Wenn Sie alle Kapitel durchgearbeitet haben, kreuzen Sie auf den Seiten **389 ff.** die fünf Denkfehler mit dem höchsten Denkfehlerindex an. Diese übertragen Sie dann auf Seite **392**. Das sind Ihre gefährlichsten Entscheidungsfallen, Ihre Killer-Fehler, Ihre persönlichen Super-GAUs. Schreiben Sie sie auf ein Blatt Papier und hängen Sie dies in Blickrichtung nahe bei Ihrem Schreibtisch auf. Lesen Sie die fünf Kapitel erneut, beschäftigen Sie sich während der nächsten Wochen regelmäßig mit diesen fünf Themen und den dazugehörigen Beispielen. Mit der Zeit werden Sie so Ihren fünf »Killern« die Zähne ziehen.

Mein erstes Buch über systematische Denkfehler trägt den Titel *Die Kunst des klaren Denkens*. Lassen Sie sich durch die Titelbezeichnungen »Denken« versus »Handeln« nicht irritieren. Unter uns: Ich brauchte einfach einen anderen Titel für dieses zweite Denkfehler-Buch. Tatsache ist aber: *Die Kunst des klugen Handelns* führt die Reihe von *Die Kunst des klaren Denkens* fort. Um zu entscheiden, welche Ihre in der Summe gefährlichsten Denkfallen sind, empfehle ich Ihnen deshalb, auch die Denkfehlerindizes aus dem ersten Buch zu berechnen.

Und gleich noch ein Bekenntnis: Sie werden – ebenso wie ich – nie ein perfekt rationaler Entscheider. Wenn es Ihnen jedoch gelingt, die gefährlichsten Fallen hin und wieder zu umgehen und insgesamt die Qualität Ihrer Entscheidungen zu verbessern, haben Sie schon viel gewonnen. Denkfehler sind wie jedes Übel: Es ist die Dosis, die das Gift macht. Ich wünsche Ihnen viel Vergnügen und viel Erfolg mit diesem Workbook-Teil.

BEGRÜNDUNGSRECHTFERTIGUNG

Wir lechzen nach Begründungen – auch wenn sie kaum stichhaltig oder sogar kompletter Bullshit sind. Beispiel: Wenn Sie am Flughafen die Lautsprecherdurchsage hören, »Ihr Flug nach New York ist um vier Stunden verspätet«, macht Sie das rasend. Eine Ungeheuerlichkeit! Aber wenn es heißt, »Ihr Flug nach New York ist aus *betrieblichen Gründen* um vier Stunden verspätet«, akzeptieren Sie das grummelnd. Dies, obwohl der Zusatz nichts zur Sache tut, denn alle Verspätungen sind immer *betrieblicher* Art. Dennoch besänftigt Sie die Begründung – selbst wenn es eine »Heiße Luft«-Begründung ist. Menschen sind »weil«-süchtig. Marketingbotschaften strotzen vor leeren Begründungen und funktionieren trotzdem – oder gerade deshalb. Roger Federer soll angeblich auf Jura-Kaffeemaschinen stehen. So what? Das ist doch keine Begründung, um eine solche zu kaufen. Doch der Trick funktioniert. Noch mehr Bullshit-Begründungen als in der Werbung finden Sie nur noch in den Börsenkommentaren. Der Aktienmarkt steigt um ein Prozent, also muss eine Begründung her – irgendeine. Der Journalist darf nicht zugeben, dass er keine Ahnung hat, was den Anstieg verursacht hat, und dass eine einprozentige Schwankung nichts als weißes Rauschen ist, nämlich: das völlig undurchsichtige Zusammenspiel von Millionen von Kauf- und Verkaufsentscheidungen aus Millionen von verschiedenen Gründen.

Beispiele für die *Begründungsrechtfertigung*, die nicht im Haupttext erwähnt sind:

- Angenommen, Sie haben eine Deadline verpasst: Sich einfach zu entschuldigen genügt nicht. Bringen Sie einen Grund vor. Irgendeinen. Er muss nicht stichhaltig sein. Aber er wird ihre Nachlässigkeit akzeptabel machen.
- Schauen Sie sich kurz um und nehmen Sie irgendein Konsumprodukt – Coca-Cola, Parfüm, Shampoo, Wein. Schauen Sie genau hin: Mit welchen Begründungen preisen Marken ihre Produkte an? Sie werden feststellen: 95 % der Verkaufsargumente sind nicht stichhaltig, tun also nichts zur Sache. Sie hören sich zwar wie echte Gründe an, doch beim zweiten Hinschauen werden Sie merken: Mit rationalen Überlegungen haben sie nichts zu tun. Im Firmenkundengeschäft (B2B) sind die Begründungen übrigens tendenziell rationaler als im Endkundengeschäft (B2C). Offenbar lassen wir uns privat für noch ein bisschen blöder verkaufen.
- Haben Sie auch schon gestaunt, wie ausführlich selbst simple Produkte – zum Beispiel ein Paar Wanderschuhe – mit angehängten Leaflets, Broschüren etc. erklärt werden? Hier geht es nicht etwa um eine Bedienungsanleitung (Sie wissen, wie Sie die Schuhe binden müssen), sondern um das, was im Marketing »Post-Kaufbestätigung« heißt: Sie brauchen möglichst viele Gründe, um den eventuell teuren Kauf vor sich selbst rechtfertigen zu können.
- Falls Ihnen ein gravierender Fehler passiert, werden Sie sofort nach einer Begründung suchen – damit Sie mit dem Fehler leben können. Diese erste Begründung werden Sie nicht bei sich selbst suchen, sondern bei den anderen – was oftmals einer »Bullshit«-Begründung

gleichkommt. Sie mag nichts mit Ihrem Fehler zu tun haben, aber sie erfüllt ihre Funktion und erlaubt es Ihnen, »Schwamm drüber« zu sagen.

Kommen Ihnen weitere Beispiele für diesen Denkfehler in den Sinn? Denken Sie intensiv nach. Nur weil Ihnen auf die Schnelle nichts einfällt, bedeutet es noch lange nicht, dass Sie nicht anfällig für diesen Denkfehler sind.

_____

_____

_____

Sie kennen nun eine Menge Beispiele für diesen Denkfehler. Welche davon sind Ihnen schon einmal unterlaufen? Kreuzen Sie sie oben an.

Wie häufig fallen Sie auf diesen Denkfehler herein? (von 1 = nie bis 10 = fast täglich)

Wie stark waren/wären die Konsequenzen? (von 1 = kaum Konsequenzen bis 10 = fatal)

Berechnen Sie den Denkfehlerindex (Häufigkeit x Konsequenzen x Konsequenzen) und tragen Sie die Zahl auf S. 389 ein.

Auf welche Weise könnten Sie diesen Denkfehler nutzen, um Menschen zu beeinflussen – etwa in Verhandlungen, im Marketing oder im Verkauf?

_____

_____

_____

ENTSCHEIDUNGSERMÜDUNG

Nach dem Joggen sind die Beinmuskeln müde. Etwas Ähnliches passiert, wenn Sie fortlaufend Entscheidungen treffen müssen. Nach vielen und schwierigen Entscheidungen ermüdet Ihr Gehirn, und die Qualität Ihrer Entscheidungen sinkt. Sie entscheiden sich dann tendenziell für den Status quo – oder aber erratisch, basierend auf Ihren gerade aktuellen Gefühlen. Dieses Phänomen der *Entscheidungsermüdung* und seinen Effekt müssen Sie kennen und entsprechend handeln. Konkret: Treffen Sie große, schwierige Entscheidungen mit weitreichenden Konsequenzen am Morgen, wenn Sie ausgeruht sind. Der Volksmund hat recht: »Drüber schlafen« zahlt sich aus.

Beispiele für die *Entscheidungsermüdung*, die nicht im Haupttext erwähnt sind:

☐ Hedgefonds, Private-Equity-Firmen und Banken entscheiden über Milliarden-Investitionen. Diese sogenannten Investment Committee Meetings dauern oft den ganzen Tag bis weit in die Nacht hinein. Ich durfte schon oft als Beisitzer daran teilnehmen und beobachtete: Die Argumente für oder gegen eine Investition sind am Vormittag und nach dem Mittagessen klarer, weitsichtiger und rationaler als am späten Nachmittag. Vom Abend ganz zu schweigen.

☐ Wenn Sie Sitzungen leiten, beraumen Sie sie für den frühen Morgen an. Behandeln Sie die wichtigsten Themen gleich zu Beginn der Sitzung. Verplempern Sie keine Zeit mit Kleinigkeiten am Anfang.

- [ ] Treffen Sie wichtige Entscheidungen für Ihr Privatleben (wenn Sie z.B. eine Immobilie kaufen wollen) nicht nach einem harten Arbeitstag. Treffen Sie sie am Morgen nach einem guten Schlaf oder am Wochenende, wenn Sie tendenziell wenig anderes zu entscheiden haben.
- [ ] Versuchen Sie bei kleinen Entscheidungen nicht zu optimieren – zum Beispiel bei der Hotelsuche im Internet. Sie können Stunden, ja Tage damit verbringen, das »perfekte« Hotel für Ihren Wochenendausflug zu suchen. Doch erstens gibt es kein »perfektes« Hotel, und zweitens stehen die Kosten, die Sie sich via *Entscheidungsermüdung* aufladen, in keinem Verhältnis zu den Unterschieden in der Hotelqualität. Sie schaden damit den wirklich wichtigen Entscheidungen, die Sie noch zu treffen haben. Darüber hinaus hängt die Qualität Ihres Wochenendausflugs viel weniger vom Hotel ab, als Sie glauben. Wichtiger ist Ihre innere Befindlichkeit – das Gemisch von positiven und negativen Emotionen, die Sie mit sich herumtragen. Mehr dazu im Kapitel *Das Auswahl-Paradox* in *Die Kunst des klaren Denkens*.
- [ ] Planen Sie frühmorgens Ihren Tag: Legen Sie Zeiträume für bestimmte Tätigkeiten fest, die Sie dann genau einhalten. Später am Tag wird Ihnen die Disziplin für einen strengen Tagesplan fehlen – Sie werden froh sein, nicht mehr entscheiden zu müssen, was es als Nächstes zu tun gilt.

Kommen Ihnen weitere Beispiele für diesen Denkfehler in den Sinn?

_____
_____
_____

Welche Beispiele für diesen Denkfehler sind Ihnen schon einmal unterlaufen? Kreuzen Sie sie an.

Wie häufig fallen Sie auf diesen Denkfehler herein? (von 1 = nie bis 10 = fast täglich)

Wie stark waren/wären die Konsequenzen? (von 1 = kaum Konsequenzen bis 10 = fatal)

Berechnen Sie den Denkfehlerindex (Häufigkeit x Konsequenzen x Konsequenzen) und tragen Sie die Zahl auf S. 389 ein.

Auf welche Weise könnten Sie diesen Denkfehler nutzen, um Menschen zu beeinflussen?

_____
_____
_____

BERÜHRUNGSDENKFEHLER

Viele Menschen glauben, Berührungen würden ein Ding – ein Produkt, einen Ort, ein Kleidungsstück – für immer verändern. Der *Berührungsdenkfehler* ist besonders ausgeprägt, wenn es um wichtige Persönlichkeiten der Geschichte geht. Oft glauben wir, es wehe für alle Ewigkeit ein besonderer Geist, wo eine Person mal gestanden, gewohnt, gedacht, geatmet hat. Das klassische (negative) Beispiel ist Hitlers Pullover, den niemand anziehen würde, obwohl nachweislich kein einziges Molekül von Hitler mehr in ihm steckt.

Beispiele für den *Berührungsdenkfehler,* die nicht im Haupttext erwähnt sind:

☐ Wenige Schritte von meinem Berner Büro entfernt liegt die Kramgasse 49. Dort, in der zweiten Etage, hat Albert Einstein von 1903 bis 1905 seine Relativitätstheorie zu Papier gebracht und damit unser Verständnis von Ort und Zeit revolutioniert. Wie oft war ich als junger Mann in dieser Wohnung (die heute ein kleines Museum ist), atmete die Luft in diesen Zimmern ein (die nichts anderes als dieselbe Berner Luft ist, die ich auch in meinem Büro habe) und redete mir ein, dass von diesem Ort eine Kraft ausgehe, die hoffentlich auch mich zu gedanklichen Höhenflügen antreiben würde (was dann doch nie passiert ist).

☐ Als Schriftsteller werde ich oft gebeten, Bücher zu signieren. Ich mache das gern, weil es den Lesern offenbar viel bedeutet. Doch warum? Wertvoller werden die

Bücher dadurch nicht – alles Wichtige steht schon drin. Meine Unterschrift ändert nichts am Inhalt – aber offenbar etwas an dessen Wahrnehmung.

☐ Wie viele Fetzen und Lumpen finden sich in den vergoldeten Reliquienkästen in aller Welt, von denen ihre Hüter behaupten, dass sie den Schweiß oder sogar Blutstropfen Jesu enthalten würden? Tausende von Menschen pilgern zu diesen Kirchen. Aber es müssen nicht einmal Reliquien sein. Überall, wo Jesus angeblich ein Comeback hatte (interessanterweise immer in kargen Gegenden, in die sich vorher kaum ein gebildeter Mensch verirrt hat), befinden sich heute Kirchen, die Millionen von Menschen anziehen. Sie erhoffen sich Heilung von ihren Gebrechen. Wenn es tatsächlich klappt, sprechen Wissenschaftler vom Placeboeffekt.

Kommen Ihnen weitere Beispiele für diesen Denkfehler in den Sinn?

___

___

___

Welche Beispiele für diesen Denkfehler sind Ihnen schon einmal unterlaufen? Kreuzen Sie sie an.

Wie häufig fallen Sie auf diesen Denkfehler herein? (von 1 = nie bis 10 = fast täglich)

Wie stark waren/wären die Konsequenzen?
(von 1 = kaum Konsequenzen bis 10 = fatal)

Berechnen Sie den Denkfehlerindex (Häufigkeit x Konsequenzen x Konsequenzen) und tragen Sie die Zahl auf S. 389 ein.

Auf welche Weise könnten Sie diesen Denkfehler nutzen, um Menschen zu beeinflussen?
___
___
___

DAS PROBLEM MIT DEM DURCHSCHNITT

Den Durchschnitt aus einer Menge von Zahlen kann man immer ausrechnen, doch manchmal ergibt er überhaupt keinen Sinn. Nämlich dann, wenn die Zahlen nach dem Potenzgesetz (auf Englisch: power law) verteilt sind. Potenzgesetz bedeutet in der Praxis: Ein kleiner Teil der Messobjekte hat einen weit überdurchschnittlichen Anteil am Ergebnis. Die bekannte 80-zu-20-Regel (das sogenannte Paretoprinzip) ist ein Beispiel dafür. Immer mehr Dinge sind heutzutage nach dem Potenzgesetz verteilt: die Popularität von Websites oder Apps, der Reichtum einzelner Personen, der Bonus von Bankern. Ein einziger Ausreißer kann den Durchschnitt komplett durcheinanderbringen. Seien Sie deshalb auf der Hut, wenn Sie das Wort »Durchschnitt« hören. Fragen Sie sich zuerst, wie die Verteilung in etwa aussieht. Erst dann ist klar, ob Sie das Wort »Durchschnitt« in den Mund nehmen dürfen.

Beispiele für diesen Denkfehler, die nicht im Haupttext erwähnt sind:

☐ Jedes Jahr erscheinen etwa 100.000 neue Buchtitel auf Deutsch und etwa 200.000 auf Englisch. Ein einzelnes Buch, so würde man denken, kann den Buchmarkt nicht wirklich bewegen. Was ist schon eine einzige Neuerscheinung gegenüber den 99.999 anderen! Doch der Buchmarkt funktioniert nach dem Potenzgesetz:

Ganz wenige Bücher (Bestseller) bestimmen den Großteil des Jahresumsatzes. Das war in den Jahren 2003 bis 2007 besonders ausgeprägt, als das Erscheinen eines neuen Harry-Potter-Buchs sich entscheidend auf die jeweilige Jahresbilanz vieler Buchhandlungen ausgewirkt hatte.

- [ ] Wie hoch ist die *durchschnittliche* Börsenkapitalisierung eines Unternehmens? Die Frage ist sinnlos, weil die Verteilung dem Potenzgesetz unterliegt. Weltweit gibt etwa 30.000 an der Börse gelistete Firmen (Tendenz abnehmend). Die meisten sind winzig. Und dann gibt es ganz wenige Giganten (Saudi Aramco, Apple, PetroChina, Alphabet, Microsoft, Amazon). Diese wenigen Giganten bestimmen hauptsächlich die *durchschnittliche* Börsenkapitalisierung.
- [ ] Weitere Gebiete, die dem Potenzgesetz unterliegen: die Anzahl der verkauften Musik-Downloads; die Militärausgaben pro Land; Speaker-Honorare; der Preis pro Kunstobjekt; die Anzahl Menschen, die eine bestimmte Sprache sprechen; die Anzahl von Mitarbeitern pro Firma; die durchschnittliche Größe von Grabsteinen (die Pyramiden in Ägypten als bestimmende Ausreißer).
- [ ] Wie steht es mit einzelnen Ziffern – von 1 bis 9 – in einem Meer von Daten? Interessanterweise unterliegen auch sie einem (leichten) Potenzgesetz. Das heißt, sie sind nicht gleich verteilt. Die Ziffer 1 kommt etwa 6,6-mal so häufig vor wie die Ziffer 9. Dabei ist es egal, ob es sich um Zahlen in der Buchhaltung, in der Einwohnerzahl von Städten oder in Naturkonstanten handelt. Das ist das sogenannte benfordsche Gesetz. Diese Verteilung kann man nutzen, um z. B. eine Buchhaltung

auf Fälschung zu prüfen. Wenn die Verteilung der einzelnen Ziffern in der Buchhaltung stark von der benfordschen Verteilung abweicht, handelt es sich vermutlich um eine Fälschung (außer, die Betrüger hätten von der benfordschen Verteilung gewusst und sie bewusst imitiert, was ich mir eher schwierig vorstelle).

Kommen Ihnen weitere Beispiele für diesen Denkfehler in den Sinn?

___

___

Welche Beispiele für diesen Denkfehler sind Ihnen schon einmal unterlaufen? Kreuzen Sie sie an.

Wie häufig fallen Sie auf diesen Denkfehler herein? (von 1 = nie bis 10 = fast täglich)

Wie stark waren/wären die Konsequenzen?
(von 1 = kaum Konsequenzen bis 10 = fatal)

Berechnen Sie den Denkfehlerindex (Häufigkeit x Konsequenzen x Konsequenzen) und tragen Sie die Zahl auf S. 389 ein.

Auf welche Weise könnten Sie diesen Denkfehler nutzen, um Menschen zu beeinflussen?

___

___

___

MOTIVATIONSVERDRÄNGUNG

Geld motiviert. Das verleitete die Ökonomen zu der Vorstellung, dass *ausschließlich* Geld motiviert. Und es passte zu zwei zentralen Annahmen der klassischen Ökonomie: dass Menschen rational und egoistisch seien. Aber natürlich wissen unterdessen auch die Wirtschaftswissenschaftler und die Psychologen, was wir alle schon immer ahnten: dass wir um einiges komplizierter gestrickt sind und oftmals irrational entscheiden (deshalb dieses Buch) und genauso altruistisch wie egoistisch sind. Geld ist nicht immer die treibende Kraft – im Privatleben schon gar nicht und in der Karriere nur teilweise. Soziale Beziehungen; das Gefühl, ein guter Mensch zu sein; zu lieben und geliebt zu werden; Würde zu haben; Würde zu schenken; zu helfen, sich selbst zu reduzieren, um andere zu erhöhen; etwas aus purem Interesse tun – das alles sind Motivatoren, die nichts mit Geld zu tun haben. Das Problem ist nur, dass diese Motivatoren zerstört werden, sobald Geld ins Spiel kommt. Wenn Sie einem Freund etwas Gutes tun, er Sie aber dafür bezahlt, dann entwertet er Ihre Hilfe und entwürdigt Ihre Freundschaft. Deshalb der Rat: Wo nicht monetäre Motivation funktioniert, sollte Geld aus dem Spiel bleiben. Und seien Sie gewarnt: Wenn Geld nur vorübergehend ins Spiel kommt, aber nach einer Weile wieder verschwindet, dann wird die nicht monetäre Motivation nie mehr das ursprüngliche Niveau erreichen. Der Ruch des schnöden Mammons bleibt hängen.

Beispiele für die *Motivationsverdrängung*, die nicht im Haupttext erwähnt sind:

☐ Kinder malen gern. Sie tun dies aus eigener Motivation. Stellt man Kindern hingegen eine Belohnung in Aussicht, wenn sie zu malen anfangen, wird diese intrinsische Motivation korrumpiert. In einer Untersuchung hat man festgestellt, dass diese Kinder zwei Wochen später weniger und schlechtere Bilder malten als Kinder, die keine Belohnungen erhalten.

☐ Wenn ich für Keynote-Vorträge eingeladen werde, verlange ich entweder mein Standardhonorar (für Unternehmen, Kundenveranstaltungen oder Businessevents), oder ich mach's komplett gratis (für Non-Profit-Organisationen). Verhandeln tu ich nicht. Selbst wenn diese Non-Profit-Organisationen ein kleines Speakerhonorar offerieren, lehne ich dieses ab. Es würde meiner Motivation, »etwas Gutes zu tun«, schaden, wenn ich aus Gier selbst da Geld annähme, wo es gar nicht wirklich einträglich ist.

☐ Selbst wenn viele Start-up-Unternehmer hauptsächlich auf das große Geld aus sind, müssen sie einen größeren Zweck verkaufen – gegenüber ihren Mitarbeitern und gegenüber ihren Investoren. Natürlich haben auch diese Investoren hauptsächlich das große Geld im Sinn, doch sie spielen das Spiel der »größeren Mission« mit. Seien Sie deshalb auf der Hut, wenn man versucht, Ihr Geld mit vermeintlich hehren Absichten zu ködern. Oft ist die noble Selbstlosigkeit nur vorgetäuscht, um die *Motivationsverdrängung* zu verdrängen.

☐ Wenn Sie mit Freunden essen gehen, teilen Sie den Rechnungsbetrag durch die Anzahl der Personen, oder laden Sie einfach alle ein. Bestehen Sie keinesfalls darauf, auszurechnen, wer jetzt genau einen Espresso hatte und wer nur das 150-Gramm-Filet. Es gibt keinen größeren Stimmungskiller.

Kommen Ihnen weitere Beispiele für diesen Denkfehler in den Sinn?

___

___

___

Welche Beispiele für diesen Denkfehler sind Ihnen schon einmal unterlaufen? Kreuzen Sie sie an.

Wie häufig fallen Sie auf diesen Denkfehler herein? (von 1 = nie bis 10 = fast täglich)

Wie stark waren/wären die Konsequenzen? (von 1 = kaum Konsequenzen bis 10 = fatal)

Berechnen Sie den Denkfehlerindex (Häufigkeit x Konsequenzen x Konsequenzen) und tragen Sie die Zahl auf S. 389 ein.

Auf welche Weise könnten Sie diesen Denkfehler nutzen, um Menschen zu beeinflussen?

___

___

___

PLAPPERTENDENZ

Jemand stellt uns eine Frage, aber wir kennen die Antwort nicht. Trotzdem können wir nicht still bleiben. Unserem Mund entströmt ein Sprühnebel von Vermutungen, Halbwahrheiten, Anekdoten und eingeübten Slogans. Das ist die *Plappertendenz:* Wir sagen etwas, selbst wenn wir nichts zu sagen haben. Dabei wäre es viel mutiger, zu antworten: »Ich weiß es nicht.« Warum plappern wir? Zwei Gründe. Erstens: Nichtwissen zuzugeben ist hart. Das Geplapper, so die Hoffnung, möge unsere Ignoranz verschleiern. Zweitens: Menschen sind soziale Tiere. Wenn selbst ein leeres Gespräch weiterläuft, signalisieren wir dem Gegenüber: Ich mag dich, ich mag mit dir zusammen sein, auch wenn wir uns nichts zu sagen haben! Das ist die soziale Funktion der Sprache. Und doch: Das Geplapper ist eine Falle – für die Zuhörer sowieso, vor allem aber auch für den Plapperer selbst. Er baut für sich selbst die Illusion auf, tatsächlich etwas zu wissen. Die eigene Ignoranz nicht nur zu vertuschen, sondern nicht mal mehr zu erkennen ist aber höchst gefährlich: Es verleitet zu riskanten Entscheidungen. Selbstüberschätzung führt nicht nur bei Extremalpinisten geradewegs in den Abgrund.

Beispiele für die *Plappertendenz,* die nicht im Haupttext erwähnt sind:
☐ Sogenannte Mission-Statements sind oft reines Geplapper. Zum Beispiel dieses hier, das ich bei einer Bank abgeschrieben habe: »Wir sind der bevorzugte Anbie-

ter von spezifischen Finanzdienstleistungen, basierend auf starken Kundenbeziehungen. Wir stärken diese Beziehungen, indem wir die richtigen Lösungen offerieren – eine Kombination aus Technologie, Erfahrung und finanzieller Stärke. Unsere Ziele sind Kundenloyalität, Shareholder-Value und Mitarbeiterzufriedenheit.« Glauben die, dass ihnen das jemand abkauft? Kein Mission-Statement zu haben wäre besser.

☐ Ich vermeide Talkshow-Auftritte wie die Pest, es sei denn, mein Verlag brummt sie mir auf. Warum? Weil man zur Plapperei gezwungen wird. Weil man spontan sein muss. Weil man nicht sagen kann: »Moment, ich muss zehn Minuten nachdenken, bevor ich Ihnen antworte.« Kein Wunder, dass der Informationsgehalt von Talkshows selbst bei eigentlich interessanten Gästen derart gering ist.

☐ Die beliebtesten Fußballkommentatoren – habe ich mir sagen lassen – sind interessanterweise nicht die Dampfplauderer, die keinen noch so banalen Kurzpass unkommentiert lassen, sondern jene, die auch mal den Mund halten und dramatische Pausen wirken lassen. Melden sie sich dann wieder zu Wort, nimmt man ihnen die Kompetenz viel eher ab – wahrscheinlich, weil sie tatsächlich darüber eher verfügen als andere. Daraus können Sie etwas lernen, selbst wenn Sie sich – wie ich – nichts aus Fußball machen: Hören Sie zu, denken Sie nach, und sagen Sie dann etwas, was Ihr Gegenüber wirklich aufhorchen lässt.

Kommen Ihnen weitere Beispiele für diesen Denkfehler in den Sinn?

_____
_____
_____

Welche Beispiele für diesen Denkfehler sind Ihnen schon einmal unterlaufen? Kreuzen Sie sie an.

Wie häufig fallen Sie auf diesen Denkfehler herein? (von 1 = nie bis 10 = fast täglich)

Wie stark waren/wären die Konsequenzen? (von 1 = kaum Konsequenzen bis 10 = fatal)

Berechnen Sie den Denkfehlerindex (Häufigkeit x Konsequenzen x Konsequenzen) und tragen Sie die Zahl auf S. 389 ein.

Auf welche Weise könnten Sie diesen Denkfehler nutzen, um Menschen zu beeinflussen?

_____
_____
_____

WILL-ROGERS-PHÄNOMEN

»Glaube keiner Statistik, die du nicht selbst gefälscht hast«, lautet ein geflügeltes Wort. Manchmal muss man Statistiken nicht einmal fälschen, um ihre Aussagen zu manipulieren. So beim *Will-Rogers-Phänomen:* Je nachdem, wie man Dinge gruppiert, entstehen ganz andere Werte – ohne dass sich in Wirklichkeit etwas verändert hat. Beispiel: Sie führen zwei Buchverlage. Verlag A veröffentlicht Bestseller um Bestseller. Die Bücher des Verlages B schaffen es hingegen kaum in die hintersten Regale der Buchhandlungen. Ihre Aufgabe besteht darin, den durchschnittlichen Verkauf pro Titel zu steigern – und zwar gleich für beide Verlage. Was tun Sie? Sie schieben die schwächeren Bestseller von Verlag A in den Verlag B. Beim Verlag A bleiben jetzt nur noch die Superbestseller übrig. Der durchschnittliche Umsatz pro Titel ist nochmals gestiegen. Und Verlag B hat jetzt zumindest ein paar (wenn auch schwache) Bestseller bekommen. Damit steigt auch hier der durchschnittliche Umsatz pro Titel an. Von außen betrachtet sieht es aus, als seien Sie ein Verlagsgenie. In Wahrheit aber haben Sie kein einziges zusätzliches Buch verkauft.

Beispiele für das *Will-Rogers-Phänomen,* die nicht im Haupttext erwähnt sind:

☐ Es gibt viele Arten, Universitäten zu bewerten. Eine Art besteht darin, die durchschnittliche Anzahl von Publikationen pro Wissenschaftler in den wichtigsten Wissenschaftsmagazinen zu berechnen. Die Rektoren von zwei Universitäten treffen sich zum Abendessen. Nach einem Glas Wein haben sie eine Idee, wie sie beide ihr Rating heraufschrauben könnten. Sie identifizieren jene Wissenschaftler, die in der einen Uni unterdurchschnittlich publizieren, in der anderen Uni hingegen über dem Durchschnitt liegen würden, und machen ihnen ein Transferangebot. Die gute Uni ist froh, die »unterdurchschnittlichen« Wissenschaftler losgeworden zu sein. Die andere Uni ist froh, sie zu haben, da sie dort den Durchschnittswert heben.

☐ Genau dasselbe können Sie als Schulleiter tun, wenn Sie die Durchschnittsnoten pro Klasse steigern möchten.

☐ Zum Schluss ein ganz einfaches theoretisches Beispiel: Sie besitzen zwei Unternehmen und möchten die Frauenquote in den beiden Aufsichtsräten maximieren. Aufsichtsrat A besteht ausschließlich aus Frauen. Aufsichtsrat B besteht ausschließlich aus Männern. Sie möchten niemanden entlassen oder neu einstellen. Was tun? Sie schieben alle Frauen (bis auf eine) von A nach B.

Kommen Ihnen weitere Beispiele für diesen Denkfehler in den Sinn?

_____
_____
_____

Welche Beispiele für diesen Denkfehler sind Ihnen schon einmal unterlaufen? Kreuzen Sie sie an.

Wie häufig fallen Sie auf diesen Denkfehler herein? (von 1 = nie bis 10 = fast täglich)

Wie stark waren/wären die Konsequenzen?
(von 1 = kaum Konsequenzen bis 10 = fatal)

Berechnen Sie den Denkfehlerindex (Häufigkeit x Konsequenzen x Konsequenzen) und tragen Sie die Zahl auf S. 389 ein.

Auf welche Weise könnten Sie diesen Denkfehler nutzen, um Menschen zu beeinflussen?
_____
_____
_____

INFORMATION BIAS

Mehr Information bedeutet nicht automatisch bessere Entscheidungen. Viele Informationen sind komplett nebensächlich; sie haben einen Wert von null. Wenn ein Aspekt von übergeordneter Wichtigkeit ist, sollte man sich auf diesen einen Aspekt konzentrieren und die anderen ausblenden. Ein ganz einfaches Beispiel: Sie haben die Wahl zwischen zwei Bewerberinnen für einen Buchhaltungsjob. Die eine hat einen tadellosen Leumund, die andere wurde von einem vorherigen Arbeitgeber des Betrugs überführt. Wenn Sie das wissen, bringt es Ihnen nichts, zusätzliche Infos (Schulnoten, IQ, Erfahrung, besuchte Kurse, Social-Media-Vernetzungen, DNA-Profil etc.) zu recherchieren. Es würde Sie nur von dem Kriterium ablenken, dass in einem Buchhaltungsjob das Allerwichtigste absolute Ehrlichkeit ist. Beim *Information Bias* kommt ein Aspekt hinzu, den ich im Kapitel *Availability Bias* in meinem Buch *Die Kunst des klaren Denkens erläutert* habe: Oftmals stürzen wir uns auf die Informationen, die vor uns liegen, statt uns zuerst zu fragen, ob es Informationen gibt, die wichtiger sind, aber erst noch gefunden werden müssen. Nebensächliche Informationen bleiben nebensächlich, selbst wenn sie vorhanden sind. Und wichtige Informationen bleiben wichtig, selbst wenn sie zuerst noch mühsam zusammengesucht werden müssen.

Beispiele für den *Information Bias*, die nicht im Haupttext erwähnt sind:

☐ Angenommen, Sie spielen mit dem Gedanken, Aktien der Firma X zu kaufen. Beim Investieren gibt es einen Aspekt, der von übergeordneter Wichtigkeit ist: Liegt die Firma X in Ihrem Kompetenzkreis oder nicht? Anders ausgedrückt: Verstehen Sie das Unternehmen, und können Sie mit einiger Sicherheit vorhersagen, wie sich der Cashflow langfristig entwickeln wird? Wenn Sie diese Frage nicht bejahen können, nützen Ihnen alle Terrabytes von Daten über diese Firma nichts. Ein Investment wäre ein Roulettespiel. Erst wenn Sie die ökonomischen Mechanismen eines Unternehmens (oder einer Industrie) verstehen, nützen Ihnen die anderen Daten etwas.

☐ Angenommen, Sie suchen einen Verkäufer für Ihr Unternehmen. Zwei Kandidaten stehen zur Auswahl, beide können zehn Jahre Erfahrung in der gleichen Branche vorweisen. Kandidat A hat zehnmal so viel Umsatz gemacht wie Kandidat B. Wie wichtig sind Informationen wie Schulnoten, Universitätsabschlüsse, Weiterbildungskurse? Wie wichtig ist das Jobinterview? Antwort: Alles komplett nebensächlich; was zählt, ist nur der Track-Record.

☐ Sie planen Skiferien und haben die Wahl zwischen einem Ort auf 1.200 Meter Höhe und einem auf 1.600 Meter Höhe. In Ihrer Ferienwoche wird die Schneefallgrenze voraussichtlich auf 1.500 Meter liegen. Spielt es eine Rolle, dass der niedriger gelegene Ort über mehr Pistenkilometer verfügt und offenbar die besseren Restaurants hat? Natürlich nicht. Sie wollen Skifahren, und das können Sie nur auf Schnee. Sein Vorhandensein ist das ultimative Kriterium.

Kommen Ihnen weitere Beispiele für diesen Denkfehler in den Sinn?

___

___

___

Welche Beispiele für diesen Denkfehler sind Ihnen schon einmal unterlaufen? Kreuzen Sie sie an.

Wie häufig fallen Sie auf diesen Denkfehler herein? (von 1 = nie bis 10 = fast täglich)

Wie stark waren/wären die Konsequenzen? (von 1 = kaum Konsequenzen bis 10 = fatal)

Berechnen Sie den Denkfehlerindex (Häufigkeit x Konsequenzen x Konsequenzen) und tragen Sie die Zahl auf S. 389 ein.

Auf welche Weise könnten Sie diesen Denkfehler nutzen, um Menschen zu beeinflussen?

___

___

___

CLUSTERING ILLUSION

Wir sehen oft Muster, wo keine sind. Je mehr Daten uns zur Verfügung stehen, desto größer ist die Gefahr, dass wir uns etwas einbilden. Selbst Künstliche Intelligenz ist nicht davor gefeit, vermeintliche Muster im reinen Zufall zu entdecken. Warum ist das ein Problem? Weil wir diese Muster verwenden, um die Zukunft vorherzusagen und Entscheidungen zu fällen. Die *Clustering Illusion* hängt mit der *Falschen Kausalität* zusammen, die im Buch *Die Kunst des klaren Denkens* beschrieben wird. In beiden Fällen neigen wir zur Überinterpretation. Bei der *Clustering Illusion* entdecken wir Muster im Zufall. Bei der *Falschen Kausalität* entdecken wir Muster in Daten, die keinen Zusammenhang haben (etwa zwischen der Anzahl von Geburten und der Anzahl von Störchen in Deutschland).

Beispiele für die *Clustering Illusion*, die nicht im Haupttext erwähnt sind:
- [ ] Der sowjetische Wirtschaftswissenschaftler Nikolai Kondratjew veröffentlichte 1926 eine Theorie der Konjunkturwellen. Danach überlagern langfristige Wellen (in Zyklen von 40 bis 60 Jahren) die kurzfristigen Konjunkturwellen. Kondratjew hat Regelmäßigkeiten gesehen, wo es keine gibt. Zeichnet man nämlich das Bruttoinlandsprodukt der letzten 100 Jahre (von beliebigen Staaten) auf, so sieht das Resultat alles andere als zyklisch aus.
- [ ] Im Zahlenlotto ist jede Kombination von sechs Zahlen gleich wahrscheinlich. Wenn jedoch zweimal hinterei-

nander dieselben sechs Zahlen gezogen werden – so geschehen 2009 in der Bulgarischen Nationallotterie –, glauben wir nicht mehr an den reinen Zufall. Wir sehen dann fälschlicherweise sofort das Muster eines Betrugs.

☐ Chart-Analysten sind besonders fantasiebegabt, wenn es um Mustererkennung geht. Sie studieren Aktienkurse und sprechen dann vielsagend von »Schultern«, »Köpfen« oder »Tassen mit Henkeln«. Klar ist allerdings: Wenn auf diese »Muster« Verlass wäre, wären die Analysten von ihren Teetassen längst zum Champagner übergegangen, den sie auf ihren Privatjachten schlürfen könnten.

☐ Obwohl die hellen (d. h. tendenziell nahen) Sterne am Nachthimmel zufällig verteilt sind, sehen wir in ihnen Sternbilder – den Großen Wagen, Orion, Kassiopeia. Dabei haben diese Sterne absolut nichts miteinander zu tun. Jede Kultur hat die Sterne etwas anders »gebündelt«, und keine Kultur hat es unterlassen, sie zu »clustern«. Das ist okay, solange man nicht denkt, diese zufälligen Anordnungen hätten irgendetwas zu bedeuten.

Kommen Ihnen weitere Beispiele für diesen Denkfehler in den Sinn?

_____
_____
_____

Welche Beispiele für diesen Denkfehler sind Ihnen schon einmal unterlaufen? Kreuzen Sie sie an.

Wie häufig fallen Sie auf diesen Denkfehler herein? (von 1 = nie bis 10 = fast täglich)

Wie stark waren/wären die Konsequenzen? (von 1 = kaum Konsequenzen bis 10 = fatal)

Berechnen Sie den Denkfehlerindex (Häufigkeit x Konsequenzen x Konsequenzen) und tragen Sie die Zahl auf S. 389 ein.

Auf welche Weise könnten Sie diesen Denkfehler nutzen, um Menschen zu beeinflussen?

AUFWANDSBEGRÜNDUNG

Je mehr Aufwand wir für eine Sache betreiben – je mehr Tränen, Schweiß, Geld, Zeit oder Pein wir darauf verschwenden –, desto höher steigt der empfundene Wert dieser Sache. Angenommen, Sie haben ein IKEA-Möbel unter großem Aufwand und Gefluche selbst zusammengeschraubt, dann erscheint Ihnen dieses Möbel jetzt viel wertvoller, als wenn Sie es fix und fertig gekauft hätten. Oder nehmen wir an, Ihre Mitarbeiter haben wochenlang Tag und Nacht an einem Projekt gearbeitet. Völlig egal, was dabei letztlich herauskommt: Für alle, die sich dafür ins Zeug gelegt haben, wird es nichts weniger als ein Meilenstein sein. Das ist die *Aufwandsbegründung* – auf die wir alle nur allzu gern zurückgreifen.

Beispiele für die *Aufwandsbegründung*, die nicht im Haupttext erwähnt sind:

☐ Je mehr Aufwand ich in das Schreiben eines Buchs investiere, desto eher werde ich den Wert dieses Buchs überschätzen. Glücklicherweise weiß ich um diesen Effekt. Deshalb beziffere ich den Schreibaufwand jeweils auf einer Skala von 1 bis 10. Je höher der Aufwand, desto vorsichtiger bin ich bei der Einschätzung des Manuskripts. Anders gesagt: Nur weil ich elend lange für ein Kapitel gebraucht habe, heißt das noch lange nicht, dass es gut genug ist, um tatsächlich ins Buch aufgenommen zu werden. Tun Sie das auch bei Ihrer Arbeit – egal ob Sie mit Büchern, Blumenbouquets oder Börsengängen zu tun haben.

☐ Große M&A-Transaktionen (Kauf und Verkauf von Unternehmen) laufen in der Mehrheit der Fälle schief. Erst nachträglich erkennt man: Man hat zu viel bezahlt; die geplanten Synergien bleiben aus, und die Integration der Unternehmensteile gestaltet sich schwieriger als geplant. Warum ist die Erfolgsquote großer Transaktionen so erbärmlich tief? Zum einen sind perverse Anreizsysteme schuld: die unglaublich hohen Honorare für die Investmentbanker und das »Empire-Building« (also der Größenwahn) des Managements. Zum anderen aber liegt es an der simplen *Aufwandsbegründung,* also einem psychologischen Effekt: Investmentbanker und Managementteams arbeiten oft monatelang Tag und Nacht an der Due Diligence, der sorgfältigen Prüfung. Ein derart gigantischer Aufwand muss sich doch einfach lohnen – ja, es darf gar nicht anders sein! Dieses Gefühl ist nachvollziehbar, aber es hat natürlich nichts mit vernünftiger Einschätzung zu tun.

☐ Haben Sie sich auch schon gefragt, warum Sie im Sternerestaurant derart viel zahlen, wenn Ihnen die »Fantasie der Wildente auf ihrem Wakame-Algenbeet« doch eigentlich gar nicht besser schmeckt als ein simples Hähnchen mit Pommes? Natürlich, Sie greifen zur *Aufwandsbegründung:* Was eine ganze Küchenbrigade beschäftigt, kann doch nichts weniger als grandios sein!

☐ Die *Aufwandsbegründung* beobachtet man schon bei Kindern: Eine Hütte, die sie selbst gebastelt haben, ist für sie viel wertvoller als eine vorgefertigte, auch wenn diese viel schöner und bequemer sein mag. Geben Sie Ihren Kleinen besser ein paar Kisten, Bretter oder Kissen zum Spielen als fix und fertige (und teure) Luxusspielzeuge.

Kommen Ihnen weitere Beispiele für diesen Denkfehler in den Sinn?
_____
_____
_____

Welche Beispiele für diesen Denkfehler sind Ihnen schon einmal unterlaufen? Kreuzen Sie sie an.

Wie häufig fallen Sie auf diesen Denkfehler herein? (von 1 = nie bis 10 = fast täglich)

Wie stark waren/wären die Konsequenzen?
(von 1 = kaum Konsequenzen bis 10 = fatal)

Berechnen Sie den Denkfehlerindex (Häufigkeit x Konsequenzen x Konsequenzen) und tragen Sie die Zahl auf S. 389 ein.

Auf welche Weise könnten Sie diesen Denkfehler nutzen, um Menschen zu beeinflussen?
_____
_____
_____

DAS GESETZ DER KLEINEN ZAHL

Der Durchschnitt in kleinen Zahlenmengen variiert stärker als in großen Zahlenmengen. Klingt abstrakt. Deshalb ein Beispiel: Fast jeder Zoo hat einen Käfig für Totenkopfäffchen. Neulich war ich mit meinen Jungs in einem kleinen Zoo und staunte, wir dick die dortigen Äffchen waren. Bekamen die mehr zu fressen als die Artgenossen, die wir in größeren Zoos gesehen hatten? Kaum, es lag eher am *Gesetz der kleinen Zahl*. Genauso gut hätten wir in einem kleinen Zoo besonders hagere Äffchen antreffen können. In den großen Zoos (mit vielen Affen) liegt das durchschnittliche Gewicht der Tiere ziemlich genau im globalen Durchschnitt. Nur dort, wo wenige Affen gehalten werden, können sich Extremwerte beim Durchschnitt bilden. Vielleicht hat ein kleiner Zoo nur zwei Äffchen, und die sind zufälligerweise gerade sehr dick (oder beide sehr hager). Je kleiner die Anzahl der Messobjekte, desto größer die Wahrscheinlichkeit für extreme Durchschnittswerte. Seien Sie deshalb auf der Hut, wenn Sie von Extremwerten in kleinen Unternehmen, Haushalten, Städten, Kirchengemeinden, Schafherden etc. hören. Hinter diesen Extremwerten steckt oft nur das *Gesetz der kleinen Zahl*.

Beispiele für das *Gesetz der kleinen Zahl*, die nicht im Haupttext erwähnt sind:

☐ Jede Schule ist bestrebt, die Abschlussrate der Schüler zu erhöhen. Wo sind die tendenziell höchsten Abschlussraten zu finden – in großen oder kleinen Schulen? Natürlich in kleinen Schulen. Das hat nichts mit der

Qualität der Schule zu tun. Mit einiger Sicherheit ist auch die niedrigste Abschlussrate in einer kleinen Schule zu finden.

☐ Katar, Macao, Luxemburg, Singapur, Brunei, Irland, Vereinigte Arabische Emirate, Kuwait und die Schweiz – so lautet gemäß der Weltbank die Rangliste der Staaten mit dem höchsten Bruttoinlandsprodukt pro Person. Was fällt auf? Es sind alles Ministaaten. Wir sollten nicht überrascht sein. Wir kennen nun das *Gesetz der kleinen Zahl* und wissen, dass dies ein statistischer Effekt ist. Tatsächlich: Die großen Staaten – China, Indien, die USA, Indonesien, Pakistan, Brasilien, Nigeria – liegen schön im Mittelfeld der Rangliste.

☐ Sie sind Personalchef eines Konzerns mit hundert Tochtergesellschaften. Erstaunt stellen Sie fest, dass die kleinen Tochtergesellschaften die höchsten Fluktuationsraten bei den Mitarbeitern aufweisen. Seien Sie gnädig und warten Sie mit Ihrem Urteil, bis Sie auch die niedrigsten Fluktuationsraten eruiert haben: Sie werden sie ebenfalls bei den kleinsten Tochtergesellschaften finden. Die sind also weder besser noch schlechter als die größeren – ihr Schicksal ist rein statistischer Art.

☐ Ich rate Ihnen vom Glücksspiel ab, aber falls Sie sich doch einmal in ein Casino verirren sollten und gleich auf Anhieb gewinnen: Bilden Sie sich nichts darauf ein. Sacken Sie den Gewinn ein, und hören Sie sofort auf zu spielen. Sie verdanken Ihre hohe Trefferquote dem *Gesetz der kleinen Zahl*. Sie haben erst drei-, viermal gespielt – und dieses Glück wird Ihnen umso weniger hold sein, je länger sie weitermachen.

Kommen Ihnen weitere Beispiele für diesen Denkfehler in den Sinn?

Welche Beispiele für diesen Denkfehler sind Ihnen schon einmal unterlaufen? Kreuzen Sie sie an.

Wie häufig fallen Sie auf diesen Denkfehler herein? (von 1 = nie bis 10 = fast täglich)

Wie stark waren/wären die Konsequenzen? (von 1 = kaum Konsequenzen bis 10 = fatal)

Berechnen Sie den Denkfehlerindex (Häufigkeit x Konsequenzen x Konsequenzen) und tragen Sie die Zahl auf S. 389 ein.

Auf welche Weise könnten Sie diesen Denkfehler nutzen, um Menschen zu beeinflussen?

ERWARTUNGEN

Wir messen alles an unseren Erwartungen – Einkommen, Börsenkurse, Urlaube, Freundschaften, unsere Ehe, den Nutzen von Dingen, die wir kaufen, den Pay-off von Investitionen – ja, selbst unsere Gesundheit. Abweichungen von unseren Erwartungen erzeugen Emotionen. Positive Abweichungen – positive Emotionen. Negative Abweichungen – negative Emotionen. Solche Enttäuschungen wiederum können irrationale Reaktionen auslösen, und das ist gefährlich. Lektion: Trennen Sie ganz bewusst Hoffnungen von Erwartungen. Hoffnungen können aus dem Himmel gegriffen sein, das spielt keine Rolle. Sie erhoffen sich den Nobelpreis. Okay. Sie erhoffen sich den CEO-Job. Gut. Sie erhoffen sich einen Oscar für Ihr Urlaubsvideo. Cool. Hoffnungen sind Tagträume. Anything goes. Ihre *Erwartungen* hingegen sollten möglichst realistisch sein. Verwenden Sie dazu *Base-Rates* (siehe das entsprechende Kapitel in *Die Kunst des klaren Denkens*) und setzen Sie Ihre Erwartungen noch ein bisschen darunter an. Stapeln Sie also bewusst zu tief. So halten Sie Ihre Enttäuschungen klein und setzen sich nicht der Gefahr aus, irrational zu handeln. Und fallen Sie ja nicht dem Zeitgeist zum Opfer, alles von sich zu erwarten – »Du kannst alles sein, was du möchtest. Du brauchst es nur zu träumen. Du kannst die Welt verändern!«. Nein, das können Sie nicht. Das ist Humbug.

Beispiele für den *Erwartungsfehler*, die nicht im Haupttext erwähnt sind:

- [ ] Erwartungsmanagement ist wichtig, nicht nur gegenüber sich selbst, sondern auch gegenüber anderen. Wie oft ist es schon vorgekommen, dass Sie bei anderen lediglich Erwartungen geschürt haben, um sie dann enttäuschen zu müssen? Wie oft hätte sich konsequentes Erwartungsmanagement ausbezahlt?
- [ ] »Was ist das Geheimnis einer guten Ehe?«, fragt Warren Buffett. »Es ist weder Aussehen noch Intelligenz, noch Geld, sondern es sind tiefe Erwartungen.« Von beiden Seiten.
- [ ] Die Stoiker waren Meister im Erwartungsmanagement. Sie teilten die Welt in zwei Hälften. Es gibt einerseits Dinge, die unter Ihrer Kontrolle stehen (Ihre Ziele, Ihre Präferenzen, Ihr Denken, Ihr Handeln, Ihre Emotionen). Alles andere liegt außerhalb Ihrer Kontrolle. Der Tipp der Stoiker: Erwarten Sie alles von sich selbst, und erwarten Sie nichts von all dem, was außerhalb Ihrer Kontrolle liegt.
- [ ] Es gibt Leute, die fast manisch Wetterberichte studieren. Nicht nur kurzfristige – die stimmen in der Regel –, sondern auch langfristige, über Wochen hinweg. Je nachdem, was sie übernächstes Wochenende vorhaben, hoffen sie auf Sonne, Regen, Wind oder Schnee. Damit programmieren sie Enttäuschungen vor, denn unter all den möglichen Wetterentwicklungen ist die ersehnte immer nur genau eine. Die Wahrscheinlichkeit, dass es anders kommt, überwiegt bei Weitem. Seien Sie also nicht zu präzise mit Ihren Erwartungen. Nicht nur beim Wetter, auch sonst.

Kommen Ihnen weitere Beispiele für diesen Denkfehler in den Sinn?

_____
_____
_____

Welche Beispiele für diesen Denkfehler sind Ihnen schon einmal unterlaufen? Kreuzen Sie sie an.

Wie häufig fallen Sie auf diesen Denkfehler herein? (von 1 = nie bis 10 = fast täglich)

Wie stark waren/wären die Konsequenzen?
(von 1 = kaum Konsequenzen bis 10 = fatal)

Berechnen Sie den Denkfehlerindex (Häufigkeit x Konsequenzen x Konsequenzen) und tragen Sie die Zahl auf S. 389 ein.

Auf welche Weise könnten Sie diesen Denkfehler nutzen, um Menschen zu beeinflussen?

_____
_____
_____

EINFACHE LOGIK

Manchmal passieren uns Fehler bei den einfachsten Überlegungen. Wir nehmen dann die erste intuitive Antwort, die uns einfällt, und prüfen diese nicht nach. Klassisches Beispiel: »Im Kaufhaus kosten ein Tischtennisschläger und ein Tischtennisball zusammen 1,10 Euro. Der Tischtennisschläger ist um einen Euro teurer als der Tischtennisball. Wie viele Cent kostet der Tischtennisball?« Die intuitive Antwort lautet 10 Cent. Leider ist sie falsch. Die richtige Antwort lautet 5 Cent. Es wäre für alle von uns ein Leichtes, eine solche Antwort kurz zu überprüfen und nachzurechnen. Doch wer prüft schon nach? Genau hierin liegt die Falle: Intuitiv einleuchtende Antworten akzeptieren wir ungeprüft. Das Warnsignal in unserem Kopf bleibt aus. Doch vieles, was intuitiv richtig erscheint, ist faktisch falsch. Die Sonne kreist nicht um die Erde, obwohl es uns intuitiv so erscheint. Der Börsenkurs sagt nichts über den wahren Wert einer Aktie aus, obwohl es uns intuitiv so erscheint.

Beispiele *für die Einfache Logik,* die nicht im Haupttext erwähnt sind:

- »Alle Rosen sind Blumen. Einige Blumen verwelken schnell. Deswegen verwelken einige Rosen schnell.« Richtig oder falsch? Falsch, denn es ist durchaus möglich, dass es keine Rosen unter den Blumen gibt, die schnell verwelken. Die intuitive Antwort war somit falsch.
- »Emilias Vater hat drei Töchter. Die erste Tochter heißt

April. Die zweite Tochter heißt May. Wie heißt die dritte Tochter?« Intuitive Antwort: »June«. Korrekte und einzig wirklich logische Antwort: »Emilia«.

☐ »Sie nehmen an einem Rennen teil, und Sie überholen die Person, die an zweiter Stelle liegt. An welcher Stelle liegen Sie nun?« Intuitive Antwort: »an erster Stelle«. Korrekte Antwort: »an zweiter Stelle«.

Kommen Ihnen weitere Beispiele für diesen Denkfehler in den Sinn?

Welche Beispiele für diesen Denkfehler sind Ihnen schon einmal unterlaufen? Kreuzen Sie sie an.

Wie häufig fallen Sie auf diesen Denkfehler herein? (von 1 = nie bis 10 = fast täglich)

Wie stark waren/wären die Konsequenzen? (von 1 = kaum Konsequenzen bis 10 = fatal)

Berechnen Sie den Denkfehlerindex (Häufigkeit x Konsequenzen x Konsequenzen) und tragen Sie die Zahl auf S. 389 ein.

Auf welche Weise könnten Sie diesen Denkfehler nutzen, um Menschen zu beeinflussen?

FORER-EFFEKT

Wir haben die Tendenz, uns in sehr allgemeinen Charakterbeschreibungen wiederzusehen. Eine simple Charakterisierung wie, »Sie sind zwar eher introvertiert, treffen aber durchaus auch gerne Menschen«, ist ein nichtssagender Satz, mit dem sich fast jeder identifizieren kann. Erstaunlicherweise haben Menschen, die ihn lesen, das Gefühl, er sei genau im Hinblick auf sie persönlich formuliert worden. Das ist der *Forer-Effekt* oder auch *Barnum-Effekt* – benannt nach dem Psychologen Bertram Forer bzw. dem Zirkusdirektor Phineas Barnum. Personalverantwortliche, Headhunter und Psychologen spielen gerne damit, aber auch weniger respektierte Gutachter wie Astrologen, Grafologen und Teesatzleser. Indem sie suggerieren, sie hätten spezielles Wissen über ihre Klienten, ziehen sie diesen ihr Geld aus der Tasche. Übrigens: Je positiver die allgemeinen Beschreibungen formuliert sind, desto eher glauben wir, sie seien auf uns persönlich gemünzt (ein Nebeneffekt des sogenannten *Self-Serving Bias*). Der *Forer-Effekt* funktioniert auch in der Wirtschaft, zum Beispiel an der Börse: »Das kommende Jahr wird einige Turbulenzen bringen, die die Glaubwürdigkeit des Finanzsystems testen. Doch getragen von tiefen Zinsen werden sich die Bewertungen im Allgemeinen halten, auch wenn mit einigen Überraschungen zu rechnen ist.« Klingt plausibel, oder? Natürlich, denn die Aussage ist so schwammig, so allgemein, so nichtssagend, dass ihr Wert gleich null ist. Übrigens: Mehr und mehr wird solcher Mist von Künstlicher Intelligenz, also Maschinen produziert. Immerhin brauchen die Journalisten ihre Zeit nicht mehr damit zu verschwenden. Und Sie sollten es natürlich auch nicht tun.

Beispiele für den *Forer-Effekt,* die nicht im Haupttext erwähnt sind:

- »Sie arbeiten mit Elan und erreichen viel, wobei der Erfolg nicht immer in Ihrer Hand liegt. Manchmal erleben Sie Enttäuschungen, doch im Allgemeinen überwiegen die positiven Faktoren des Lebens.« Eine klassische nichtssagende Personenbeschreibung. Gelingt es Ihnen, solche Beschreibungen zu verfassen? Es ist leichter, als Sie denken. Mischen Sie positive und negative Faktoren, halten Sie alles etwas vage. Versuchen Sie's mal!
- Identifizieren Sie die Quellen nichtssagender Personen- oder Börsenbeschreibungen, und schließen Sie sie aus Ihrem Leben aus. Personalberater, die sich so allgemein äußern, dass ihre Aussagen nicht falsifiziert werden können, gehören nicht in Ihre Firma.
- Kennen Sie auch Leute, die regelmäßig Horoskope lesen, obwohl sie zweifelsfrei intelligent genug sind, um sie als Hokuspokus zu entlarven? »Na ja, an das Sternezeug glaube ich zwar nicht«, sagen sie dann, »aber aus den Lebensratschlägen kann ich ja trotzdem was lernen.« Schön wär's. Denn natürlich sind diese Lebensratschläge nur Hokuspokus raffinierterer Art und ganz nach den Regeln des *Forer-Effekts* gestrickt.

Kommen Ihnen weitere Beispiele für diesen Denkfehler in den Sinn?
_____
_____
_____

Welche Beispiele für diesen Denkfehler sind Ihnen schon einmal unterlaufen? Kreuzen Sie sie an.

Wie häufig fallen Sie auf diesen Denkfehler herein? (von 1 = nie bis 10 = fast täglich)

Wie stark waren/wären die Konsequenzen? (von 1 = kaum Konsequenzen bis 10 = fatal)

Berechnen Sie den Denkfehlerindex (Häufigkeit x Konsequenzen x Konsequenzen) und tragen Sie die Zahl auf S. 389 ein.

Auf welche Weise könnten Sie diesen Denkfehler nutzen, um Menschen zu beeinflussen?
_____
_____
_____

VOLUNTEER'S FOLLY

Es gibt viel Leid auf der Welt, und wir haben den Drang zu helfen. Die Liste an Weltverbesserungsprojekten ist unendlich lang – vom Bau von Schulen in Afrika über die Integration von Kriegsflüchtlingen, die Eindämmung der häuslichen Gewalt, den Kampf gegen diktatorische Regimes, die Hilfe für Opfer von Naturkatastrophen, den Kampf gegen die Überfischung der Meere, die Rettung von Eisbären vor der globalen Erwärmung bis hin zur Sterbebegleitung. Die meisten Menschen möchten selbst tätig werden, etwas Konkretes tun. Das ist nobel, aber nicht zielführend: Wenn Ihr Salär zu Hause höher ist als das Salär möglicher Hilfskräfte vor Ort, tun Sie viel mehr Gutes, wenn Sie Geld spenden, statt Ihre Zeit zur Verfügung zu stellen. Statt einen Wasserbrunnen pro Tag in Afrika zu bauen, spenden Sie besser das Geld, das Sie an einem Tag in Ihrem Job verdienen. Damit können lokale Handwerker bezahlt werden, die hundert Wasserbrunnen an einem Tag bauen. Das mag kalt klingen, ist es aber nicht. Wenn Sie selbst Hand anlegen, agieren Sie absurderweise egoistisch: Sie verschaffen sich das gute Gefühl, etwas Edles zu tun, und Sie polieren damit Ihr Image auf – während Ihr Beitrag für jene, die Ihre Hilfe nötig haben, viel kleiner ist, als er sein könnte. Der effizienteste und ehrlichste Weg, Gutes zu tun, ist es, Geld zu spenden, und zwar an die etablierten Hilfsorganisationen. Das sind die Spezialisten. Es gibt Ausnahmen zur *Volunteer's Folly:* 1) Wenn Sie ein Superstar sind und direkt Hand anlegen, leisten Sie kostenlose PR-Arbeit für das Anliegen. 2) Wenn Sie ein Spezialist sind, und es geht nicht ohne Ihr Wissen, dann tun Sie mehr Gutes, als wenn Sie Geld spenden. 3) Der direkte Kontakt mit den Ärmsten mag Ihnen die Augen öffnen – und damit Ihren Geldbeutel.

Beispiele für die *Volunteer's Folly*, die nicht im Haupttext erwähnt sind:

☐ Viele Firmen veranstalten »Tue-Gutes-Projekte«. Zum Beispiel helfen Mitarbeiter und Management einen Nachmittag lang in der lokalen Kleidersammelstelle aus. So gut gemeint solche Aktionen auch sind, bringen sie doch herzlich wenig. Bis jeder Mitarbeiter die Kleidersortiererei begriffen hat, ist der halbe Nachmittag auch schon vergangen. Im Grunde handelt es sich um reine Teambuilding-Aktionen. Außerdem hat man dann gleich ein paar Bilder für den Geschäftsbericht und die Weihnachtskarte – was die PR-Abteilung erfreut. Viel intelligenter und effizienter wäre es allerdings, die Firma würde Geld oder Sachleistungen spenden.

☐ Es gibt eine kleine Schweizer Non-Profit-Organisation, deren rührige Leiterin an einsamen brasilianischen Stränden Plastikmüll einsammelt. Das ist wirklich gut gemeint, aber es wäre besser, sie würde ihr Geld einer lokalen Organisation spenden, die etwas Ähnliches tut. Damit – und mit dem Verzicht auf die vielen Transatlantikflüge – würde sie viel mehr für den Planeten tun.

☐ Noch ein Schweizer Beispiel: Hierzulande werden unglaublich viele Kleider gesammelt. Dummerweise viel mehr, als die Ärmsten der Welt wirklich brauchen können (frierende Menschen mögen ein guter emotionaler

Trigger sein, aber so viele davon gibt es gar nicht; im Zuge der Klimaerwärmung erst recht nicht mehr). Hundertmal sinnvoller wäre es, wir würden auf den neusten Pulli verzichten und das Geld einer Hilfsorganisation spenden.

Kommen Ihnen weitere Beispiele für diesen Denkfehler in den Sinn?

_____

_____

_____

Welche Beispiele für diesen Denkfehler sind Ihnen schon einmal unterlaufen? Kreuzen Sie sie an.

Wie häufig fallen Sie auf diesen Denkfehler herein? (von 1 = nie bis 10 = fast täglich)

Wie stark waren/wären die Konsequenzen? (von 1 = kaum Konsequenzen bis 10 = fatal)

Berechnen Sie den Denkfehlerindex (Häufigkeit x Konsequenzen x Konsequenzen) und tragen Sie die Zahl auf S. 389 ein.

Auf welche Weise könnten Sie diesen Denkfehler nutzen, um Menschen zu beeinflussen?

_____

_____

_____

AFFEKTHEURISTIK

Statt Dinge zu durchdenken, konsultieren wir oft unser Gefühl. Wir substituieren die Frage, »Was soll ich darüber denken?«, mit »Wie fühle ich mich dabei?«. Etwas zu durchdenken ist anstrengend, etwas zu empfinden überhaupt nicht. Deshalb die Substitution; deshalb unsere häufigen mentalen Kurzschlüsse. Und es ist nicht etwa ein komplexes Gefühl, auf das wir uns berufen, sondern das erste, simpelste, eindimensionale, das gerade unser Hirn durchflutet. »Gefällt mir« oder »gefällt mir nicht«. Diese Kurzform der Emotion nennt man *Affekt* – ein ganz spontanes Ja- oder Nein-Gefühl. Paradoxerweise konsultieren wir unseren *Affekt* umso eher, je komplexer die Frage ist. Ein Beispiel: »Was halten Sie von genetisch modifiziertem Weizen?« Noch bevor Sie die Frage zu Ende gelesen haben, hat sich in Ihnen schon ein Affekt gebildet. Entweder »mag ich« oder »mag ich nicht«. Egal, was Ihr Affekt dazu sein mag, Sie werden nun alle Argumente darauf verwenden, diesen Affekt zu bestätigen. Ja, oft ist es leider so: Das Gefühl ist der wahre Entscheider, das Denken hingegen bloß der Anwalt, der noch die passenden Argumente liefert. Im Nachhinein, wenn es nichts mehr zu entscheiden gibt.

Beispiele für die *Affektheuristik,* die nicht im Haupttext erwähnt sind:
☐ Menschen mit rationalen Begründungen zu überzeugen funktioniert kaum. Deshalb sollten Sie im Verkauf und in der Werbung zuerst einen positiven *Affekt* für

Ihr Produkt/Ihren Brand/Ihre Firma/für Sie als Person erzeugen. Erst anschließend können Sie Ihr Gegenüber mit Argumenten eindecken. Auch wichtig: Provozieren Sie ungeschickterweise einen negativen Affekt, können Sie sich die Argumente sparen. Es wird Ihnen nicht gelingen, ihn durch rationale Argumente umzupolen. Dies gelingt Ihnen nur durch eine Handlung, die die persönliche Beziehung in den Vordergrund rückt (z. B. ein gemeinsames Abendessen) oder den Fokus auf die blanken persönlichen Interessen des Käufers richtet (z. B.: »Dieses Produkt wird Ihre Karriere vorantreiben«). Fragen Sie sich, ob Sie in Ihren Verkaufs- und Marketingaktivitäten genügend *Affektmanagement* betreiben.

- [ ] Freundschaften sind klassische *Affektentscheidungen*. Ob man sich mag, ist meistens schon in der ersten Sekunde entschieden. Nur Psychopathen suchen sich Freunde aufgrund eines Nutzenkalküls aus. Und wer möchte schon mit einem Psychopathen befreundet sein? Akzeptieren Sie also Ihren Hang zum Affekt, wenn es um Freundschaften geht. Verwechseln Sie diese aber nicht mit professionellen Beziehungen. Dort lohnt es sich, etwas nachzudenken.

- [ ] Wie *affektfrei* sind die Entscheidungen in Ihrer Firma? Es gibt zwar keine komplett emotionslosen Entscheidungen, aber es gibt Entscheidungsprozesse, bei denen *Affekte* dominieren, und solche, bei denen die *Affekte* anerkannt und dann zur Seite gewischt werden. Sprechen Sie affektierte Entscheidungen an – und bestehen Sie darauf, dass Sie in einem professionellen Umfeld nichts verloren haben.

Kommen Ihnen weitere Beispiele für diesen Denkfehler in den Sinn?

_____
_____
_____

Welche Beispiele für diesen Denkfehler sind Ihnen schon einmal unterlaufen? Kreuzen Sie sie an.

Wie häufig fallen Sie auf diesen Denkfehler herein? (von 1 = nie bis 10 = fast täglich)

Wie stark waren/wären die Konsequenzen? (von 1 = kaum Konsequenzen bis 10 = fatal)

Berechnen Sie den Denkfehlerindex (Häufigkeit x Konsequenzen x Konsequenzen) und tragen Sie die Zahl auf S. 389 ein.

Auf welche Weise könnten Sie diesen Denkfehler nutzen, um Menschen zu beeinflussen?

_____
_____
_____

INTROSPECTION ILLUSION

Nichts ist überzeugender als unsere eigenen Ansichten. Während wir hinter den Äußerungen von anderen Menschen oft ein Motiv vermuten, so glauben wir, unserer eigenen Stimme hundertprozentig vertrauen zu können. Andere Menschen, so glauben wir, äußern sich strategisch oder taktisch, unserer eigenen Stimme hingegen können wir blind vertrauen. Dieser Glaube, dass man bei Selbstbefragung auf so etwas wie Wahrheit stößt, dass man also »tief im Innersten« weiß, was richtig ist, nennt man *Introspection Illusion*. Ein Irrglaube, denn oft sind unsere Überzeugungen nichts anderes als zufällig angenommene Sichtweisen, die wir dann nachträglich mit allerlei Begründungen garnieren. Oft wissen wir nicht mal, weshalb wir gewisse Ansichten haben. Woher kommen unsere Prinzipien? Woher unsere Überzeugungen? Wenn wir in uns hineinhorchen, hören wir eine Kakofonie von inneren Stimmen, die alles andere als zusammenpassen. Zudem ändern sie sich von Woche zu Woche, von Tageszeit zu Tageszeit. Nein, unser Inneres ist kein verlässlicher Kompass. So opak uns andere Menschen erscheinen, so opak sind wir in Wahrheit selbst.

Beispiele für die *Introspection Illusion*, die nicht im Haupttext erwähnt sind:
☐ Einstellungsgespräche sind erwiesenermaßen unzuverlässig. Wenn Sie einen Kandidaten befragen, hören Sie im Grunde nicht ihm zu, sondern Ihrer inneren Stimme, die ihre mehr oder weniger unbedarfte Meinung zu

ihm kundtut. Viel ergiebiger und zuverlässiger ist es, den Track-Record, also die Leistungen des Kandidaten, anzuschauen und basierend auf diesen zu entscheiden. Der Track-Record muss nicht perfekt sein. Gerade die Brüche im Lebenslauf zeugen oft von tiefen Erfahrungen. Versuchen Sie herauszufinden, wie der Kandidat aus schwierigen Situationen herausgefunden hat. Das sagt mehr über ihn als die Frage nach seinen Hobbys.

☐ Angenommen, einer Ihrer Arbeitskollegen bezahlt ab und zu private Dinge über die Firmenkreditkarte. Sie tun dies gelegentlich auch. Das Verhalten des Kollegen erachten Sie als falsch, während Sie für sich selbst immer gute Gründe finden, warum Sie dies oder jenes über die Firma laufen lassen. Warum? Schuld ist die *Introspection Illusion*. Unsauberes oder gar kriminelles Verhalten erscheint dem Täter selbst als vertretbar.

Kommen Ihnen weitere Beispiele für diesen Denkfehler in den Sinn?

_____

_____

Welche Beispiele für diesen Denkfehler sind Ihnen schon einmal unterlaufen? Kreuzen Sie sie an.

Wie häufig fallen Sie auf diesen Denkfehler herein? (von 1 = nie bis 10 = fast täglich)

Wie stark waren/wären die Konsequenzen?
(von 1 = kaum Konsequenzen bis 10 = fatal)

Berechnen Sie den Denkfehlerindex (Häufigkeit x Konsequenzen x Konsequenzen) und tragen Sie die Zahl auf S. 390 ein.

Auf welche Weise könnten Sie diesen Denkfehler nutzen, um Menschen zu beeinflussen?

_____

_____

_____

DIE UNFÄHIGKEIT, TÜREN ZU SCHLIESSEN

Optionen zu haben ist meistens vorteilhaft. Deshalb haben beispielsweise Optionspapiere an der Börse einen bestimmten Wert. Je mehr Optionen, desto höher der Wert. Im realen Leben hingegen gibt es einen Punkt, an dem die Anzahl der Optionen die Lebensqualität negativ beeinflusst. Die Wahl wird zur Qual. Bei Dingen oder Dienstleistungen spricht man vom *Paradox of Choice,* dargestellt in *Die Kunst des klaren Denkens*. Je mehr Joghurtmarken im Laden zur Auswahl stehen, desto mehr Entscheidungsstress lädt sich der Konsument auf. Es gibt allerdings noch eine andere Sphäre, in der sich zusätzliche Optionen als negativ erweisen – zumindest ab einem gewissen Punkt. Und das sind Lebensmöglichkeiten und Beziehungen. Statt vom *Paradox of Choice* spricht man dann von der *Unfähigkeit, Türen zu schließen*. Es macht wenig Sinn, vier oder fünf Studiengänge anzufangen. Irgendwann kommt der Punkt, an dem man sich für eine Richtung entscheiden muss. Warum? Weil man sich sonst nie einen *Kompetenzkreis* aufbauen kann. Ebenso sinnlos ist es, drei oder vier Liebschaften parallel zu unterhalten – weil man dann nämlich keine richtig pflegt. Im sozialen Bereich spricht man in diesem Zusammenhang oft von FOMO. FOMO ist die Abkürzung für *The Fear of Missing Out* – die Angst, etwas zu verpassen (siehe auch Kapitel 33, *Angst vor Reue)*. Man geht auf jede Party, selbst wenn's einen im Grunde anödet, einfach aus der Angst heraus, dass einem etwas entgehen könnte. Man unterhält Beziehungen (oftmals online), die nichts bringen – nicht einmal Freude –, die also nur Zeit kosten und nerven. Deshalb: Lernen Sie, Türen zu schließen. Eine geschlossene Tür empfindet man im ersten Moment als Optionsverlust. Doch Türen zu schließen tut gut. Geschlossene Türen bringen Seelenruhe, Zeit und Klarheit im Kopf. Und ja: Manchmal macht es auch durchaus Spaß, eine Tür richtig zuzuknallen.

Beispiele für die *Unfähigkeit, Türen zu schließen,* die nicht im Haupttext erwähnt sind:

☐ Stellen Sie keine Menschen ein, die 20 Jahre lang verschiedene Studien oder Karrieren angefangen haben und noch immer im Modus des Sich-Suchens sind. Die Wahrscheinlichkeit ist hoch, dass diese Menschen den Job in Ihrer Firma als ein weiteres Exemplar in ihrer Sammlung von offenen Türen betrachten.

☐ Gibt es Hobbys und Freizeitinteressen, die Sie halbherzig betreiben? Vielleicht sind es offene Türen, die Sie besser schließen sollten. Damit gewinnen Sie Zeit und lenken Ihre Aufmerksamkeit auf Dinge, die Sie dann richtig anpacken können. Wie viel schöner ist es, wenige Dinge richtig zu beherrschen statt viele Dinge banausenhaft!

☐ »Wir können doch Freunde bleiben.« Wie oft haben Sie diesen Satz schon gehört, sei es bei einer eigenen zu Ende gehenden Partnerschaft oder von Freunden, die sich getrennt haben? Es mag seltene Beispiele geben, wo zwei Menschen nach dem Trennungsschmerz tatsächlich wieder zusammenfinden, in einer platonischen Freundschaft. In aller Regel ist es aber empfehlenswert, solche Türen zu schließen. Sie erleichtern sich dadurch um viel Ballast, und Ihre nächste Beziehung wird es Ihnen danken.

Kommen Ihnen weitere Beispiele für diesen Denkfehler in den Sinn?
___
___
___

Welche Beispiele für diesen Denkfehler sind Ihnen schon einmal unterlaufen? Kreuzen Sie sie an.

Wie häufig fallen Sie auf diesen Denkfehler herein? (von 1 = nie bis 10 = fast täglich)

Wie stark waren/wären die Konsequenzen? (von 1 = kaum Konsequenzen bis 10 = fatal)

Berechnen Sie den Denkfehlerindex (Häufigkeit x Konsequenzen x Konsequenzen) und tragen Sie die Zahl auf S. 390 ein.

Auf welche Weise könnten Sie diesen Denkfehler nutzen, um Menschen zu beeinflussen?
___
___
___

NEOMANIE

Wir verwechseln oft »neu« mit »relevant«. Das Extrembeispiel sind natürlich wertlose News. Besonders anfällig für *Neomanie* sind wir aber auch, wenn es um Gadgets und neue Technologien geht. Wir springen auf jeden neuen Zug bzw. jeden neuen Elektroroller auf, als würde er uns direkt ins nächste Jahrtausend beamen. Dabei werden die Auswirkungen neuer Technologien systematisch überschätzt. Erst Jahre später stellt sich heraus, ob sich eine Neuerung als relevant erwiesen hat oder nicht. Daher lohnt es sich, erst mal abzuwarten, bevor man sein ganzes Leben oder seine ganze Firma umkrempelt. Bei all der Faszination für das Neue vergessen wir, dass wir umgeben sind von alter Technologie, die sich über Jahrzehnte und Jahrhunderte bewährt hat. Wir können getrost davon ausgehen: Was schon lange Bestand hat, wird noch lange Bestand haben. Das ist die innere Logik der Welt. Beispiel: Buchstaben sind ein 4.000 Jahre altes Werkzeug. Das Alphabet wird nicht so schnell verschwinden, es hat sich als robust erwiesen. Holz als Baumaterial gibt es seit Menschengedenken. Noch heute erfreuen Sie sich an Ihrem Designertisch aus Holz. Sie dürfen also guten Mutes in die Forstwirtschaft investieren – das ist vielleicht vielversprechender als der neuste Kryptowährungstrend. Hinzu kommt der Effekt der *Antiproduktivität* (siehe *Die Kunst des guten Lebens*): In der Vollkostenrechnung entpuppen sich neue, zeitsparende Technologien oft als Kostenmonster. Beispiel PowerPoint: Statt Argumente auf ein Blatt Papier zu schreiben, verschwenden Manager Hunderte von Stunden pro Jahr mit dem Polieren schöner Grafiken – ohne die Entscheidungsqualität zu erhöhen. Auch wenn es unsexy klingt: Seien Sie lieber ein Late Adopter statt ein Early Adopter.

Beispiele für die *Neomanie*, die nicht im Haupttext erwähnt sind:

☐ Wenn Sie von einer neuen Technologie erfahren (Blockchain, Künstliche Intelligenz, Virtual Reality, Quantum Computing, Mind Uploading), springen Sie nicht gleich darauf – egal wie stark ein neunmalkluger Berater Sie dazu drängen mag. Berater und Trendforscher leben von neuen Themen. Prüfen Sie in aller Ruhe, ob der neue Segen in Ihrem Geschäft überhaupt von Relevanz ist. Falls ja, gönnen Sie sich eine zweite Denkpause, und prüfen Sie, ob die Technologie überhaupt ausgereift ist. Oft bedarf es einiger Jahre Distanz, um aus einem Hype den möglicherweise tatsächlich wertvollen Kern herauszuschälen. Künstliche Intelligenz beispielsweise wurde in den 70er-Jahren konzipiert. Erst heute ist sie einsetzbar – und auch nur auf wenigen Gebieten.

☐ Rechnen Sie bei neuen Technologien immer mit den Vollkosten. Selbst wenn Ihnen z. B. eine neue Software verspricht, 50 % Zeit zu sparen, sollten Sie nicht vergessen: Die neue Software muss installiert und laufend upgedatet werden, die Mitarbeiter müssen geschult, Back-ups müssen erstellt werden, und das neue System ist vielleicht sogar anfälliger für Hackerangriffe.

☐ Es geht bei der *Neomanie* nicht nur um Gadgets und Technologien. Es gibt auch CEOs, die stets auf die neuesten Managementmoden aufspringen. Es gibt Marketingleiter, die auf den letzten Social-Media-Schrei abfahren. Oft vergehen diese Moden schnell wieder. Warten Sie ab und profitieren Sie vom »second mover advantage«.

☐ Und apropos letzter Schrei: Verzichten Sie auf Mode, kleiden Sie sich klassisch. Das ist nicht nur ökologischer und günstiger, es lässt Sie auch souveräner wirken, wenn Sie nicht geckenhaft jedem Fashionhype hinterherhecheln.

Kommen Ihnen weitere Beispiele für diesen Denkfehler in den Sinn?

Welche Beispiele für diesen Denkfehler sind Ihnen schon einmal unterlaufen? Kreuzen Sie sie an.

Wie häufig fallen Sie auf diesen Denkfehler herein? (von 1 = nie bis 10 = fast täglich)

Wie stark waren/wären die Konsequenzen? (von 1 = kaum Konsequenzen bis 10 = fatal)

Berechnen Sie den Denkfehlerindex (Häufigkeit x Konsequenzen x Konsequenzen) und tragen Sie die Zahl auf S. 390 ein.

Auf welche Weise könnten Sie diesen Denkfehler nutzen, um Menschen zu beeinflussen?

SCHLÄFEREFFEKT

Propaganda, Werbebotschaften und PR sind meistens sofort als solche erkennbar. Wer einigermaßen intelligent ist, wird die billige Anmache unbeachtet lassen. Mit anderen Worten: Wir diskontieren den Wert dieser Botschaften an die Nulllinie hinunter, weil wir wissen, woher sie stammen – aus Quellen, die uns beeinflussen wollen. Nun geschieht aber etwas Seltsames in unseren Köpfen: Wir behalten den Inhalt einer Botschaft länger im Gedächtnis als die Quelle, von der wir sie aufgeschnappt haben. Plötzlich wissen wir zum Beispiel nicht mehr, ob wir einen Fakt zu einer politischen Diskussion in einer seriösen Zeitung gelesen haben – oder auf einem tendenziösen Flugblatt. Plötzlich kann eine solche Propagandabotschaft, die wir ursprünglich sofort durchschaut hatten, plötzlich wieder an Glaubwürdigkeit gewinnen. Der diskontierende Faktor ist weggefallen. Deshalb funktionieren Propaganda, Werbung und PR – mittel- und langfristig – selbst dann, wenn sie ganz plump als solche daherkommen.

Beispiele für den *Schlägereffekt*, die nicht im Haupttext erwähnt sind:

☐ Wenn Sie von einem Verkäufer hören, dass das Produkt X das mit Abstand beste sei, werden Sie vernünftigerweise skeptisch reagieren. Doch nach einer Weile werden Sie vergessen haben, von wem Sie diese Information hatten. Sie erinnern sich nur noch an die Botschaft an sich. Das bedeutet: Sie sind beeinflussbar, egal wie skeptisch Sie sind. Nun können Sie sich zwar entscheiden, keine Verkäufer mehr zu empfangen und Ihren Browser mit einem Adblocker aufzurüsten. Trotzdem werden Sie immer noch Hunderte von Werbebotschaften jeden Tag konsumieren. Ganz unbeeinflusst davon zu bleiben ist also gar nicht möglich. Das bedeutet andererseits: Wenn Sie Verkäufer sind und Ihren Kunden im Moment nicht überzeugen können, sollten Sie nicht frustriert sein. Das Gespräch wird beim potenziellen Kunden etwas hinterlassen – und vielleicht sogar einen Kauf bewirken.

☐ Angenommen, jemand verletzt Sie mit Worten. Im ersten Moment können Sie es wegstecken, weil Sie wissen, dass der Typ, der Ihnen diesen Spruch an den Kopf geworfen hat, ein erbärmlicher Idiot ist. Wegen des *Schläfereffekts* bleibt aber langfristig trotzdem etwas von der verletzenden Äußerung haften. Plötzlich sind Sie davon überzeugt, dass dieser Idiot auch noch ein bisschen recht hatte – weil Sie sich gar nicht mehr an ihn erinnern, wohl aber an die Beleidigung. Dieses verhältnismäßig kleine Problem (wir werden zum Glück selten direkt beleidigt) hat sich mit Aufkommen des Internets und der sozialen Medien massiv verschärft – Stichwort Cyberbullying.

☐ Der *Schläfereffekt* tritt auch bei harmlosen, gut gemeinten Informationen auf. Vielleicht haben Sie es schon mal erlebt, dass ein Kollege oder gar Ihr Chef in einem Meeting mit einer brillanten Idee auftrumpfte – worauf Sie dachten: »Moment, das war *meine* Idee!« Seien Sie ihm nicht böse. Er wollte Sie womöglich nicht beklauen, sondern hat sich Ihre Idee angeeignet, ohne sich an die Quelle zu erinnern.

☐ Schmeicheleien, selbst von professionellen Schmeichlern ausgesprochen, werden Sie mit der Zeit als unumstößliche Wahrheit akzeptieren. Hier überlagern sich zwei Effekte: Der *Schläfereffekt* und der *Self-Serving Bias* (siehe *Die Kunst des klaren Denkens*).

Kommen Ihnen weitere Beispiele für diesen Denkfehler in den Sinn?

___
___
___

Welche Beispiele für diesen Denkfehler sind Ihnen schon einmal unterlaufen? Kreuzen Sie sie an.

Wie häufig fallen Sie auf diesen Denkfehler herein? (von 1 = nie bis 10 = fast täglich)

Wie stark waren/wären die Konsequenzen?
(von 1 = kaum Konsequenzen bis 10 = fatal)

Berechnen Sie den Denkfehlerindex (Häufigkeit x Konsequenzen x Konsequenzen) und tragen Sie die Zahl auf S. 390 ein.

Auf welche Weise könnten Sie diesen Denkfehler nutzen, um Menschen zu beeinflussen?

___
___
___

ALTERNATIVENBLINDHEIT

Wir tendieren dazu, eine neue Idee mit dem Status quo zu vergleichen – aber nicht mit anderen guten Ideen. Beispiel: Die Stadt, in der Sie leben, plant, eine Wiese mit Billigwohnungen zu bebauen, um die grassierende Wohnungsknappheit zu entschärfen. Die ganze politische Diskussion dreht sich in der Folge um diese Frage: Wohnungen bauen oder nicht. Manche sind dafür, manche dagegen. Aber kaum jemand denkt darüber hinaus. In Wahrheit lautet die Entscheidung aber nicht: Billigwohnungen versus Wiese. Sondern sie lautet: Billigwohnungen versus alle anderen Dinge, die man mit einer Wiese anstellen könnte – vielleicht wäre es auch sinnvoll, ein Krankenhaus zu bauen, ein Freibad oder ein Parkhaus mit Bahnanbindung. Oft sind wir blind für Alternativen, die nicht zur Debatte stehen. Die *Alternativenblindheit* ist einerseits ein Resultat mangelnder Vorstellungskraft, andererseits ist sie dem *Availability Bias* geschuldet (siehe *Die Kunst des klaren Denkens*).

Beispiele für die *Alternativenblindheit*, die nicht im Haupttext erwähnt sind:
☐ Ihr Lebenspartner schlägt Ihnen zwei Feriendestinationen für den Sommerurlaub vor: ein Hotel in der Karibik und ein Resort auf den Malediven. Und schon stecken Sie mittendrin im Vergleich der Vor- und Nachteile dieser beiden Destinationen. Das ist ein Fehler, denn wer sagt eigentlich, dass es Strandferien sein müssen? Oder, eine noch radikalere Alternative: Wie wäre es,

wenn Sie dieses Jahr keinen Urlaub machen und das Geld für eine Weltreise im folgenden Jahr sparen? All diese Überlegungen drohen vor lauter Alternativenblindheit unter den Tisch zu fallen.

☐ Ihr Banker schlägt Ihnen drei Aktien vor. Die Gefahr ist groß, dass sich Ihre Gedanken auf diese drei Titel verengen. Vielleicht gäbe es aber ganz andere – noch bessere – Anlagen. Es müssen ja nicht einmal Aktien sein. Vielleicht ist es sogar sinnvoll, im Moment gar nicht zu investieren, das heißt in Cash zu bleiben, wenn die Assets durchweg überbewertet sind.

☐ Viele junge Menschen denken, sie müssten irgendein Studium absolvieren, die Frage sei nur, welches. Doch das ist *Alternativenblindheit*. Es gibt viele smarte Wege neben einem Studium – die Gründung eines Unternehmens oder eines Charity-Projekts, ein Sprachaufenthalt oder eine Lehre bei einem Meister.

Kommen Ihnen weitere Beispiele für diesen Denkfehler in den Sinn?

Welche Beispiele für diesen Denkfehler sind Ihnen schon einmal unterlaufen? Kreuzen Sie sie an.

Wie häufig fallen Sie auf diesen Denkfehler herein? (von 1 = nie bis 10 = fast täglich)

Wie stark waren/wären die Konsequenzen?
(von 1 = kaum Konsequenzen bis 10 = fatal)

Berechnen Sie den Denkfehlerindex (Häufigkeit x Konsequenzen x Konsequenzen) und tragen Sie die Zahl auf S. 390 ein.

Auf welche Weise könnten Sie diesen Denkfehler nutzen, um Menschen zu beeinflussen?

_____
_____
_____

SOCIAL COMPARISON BIAS

Menschen sind Vergleichstiere. Statt uns absolut zu beurteilen (nach unseren eigenen Maßstäben), beurteilen wir uns relativ (im Vergleich zu anderen). Das ist idiotisch. Statt uns zu freuen, dass wir ein komfortables Leben führen, vergleichen wir uns mit jemandem, der offenbar ein noch tolleres Leben hat. Dieser Vergleich reduziert unsere Happiness. In schlimmen Fällen führt der *Social Comparison Bias* sogar zu Schlaflosigkeit und Depression. Und er bringt uns, in Form von Neid, dazu, dass wir Aufsteigern Steine in den Weg legen – wir verweigern ihnen öffentliches Lob, Beziehungen, Wissenstransfer. Wir machen ihnen das Leben schwer in der Hoffnung, dadurch unseren relativen Status zu halten. Das ist kurzfristig gedacht. Erstens wird der andere, wenn er gut ist, seinen Weg so oder so machen. Zweitens lassen wir mit unserer kleinlichen Missgunst das Prinzip der *Reziprozität* (siehe *Die Kunst des klaren Denkens*) außer Acht. Andere auf ihrem Weg zu unterstützen führt irgendwann unweigerlich dazu, dass man selbst auf dem eigenen Weg unterstützt wird. Wert für andere zu schaffen bedeutet, Wert für sich selbst zu schaffen. Wie sagt man so schön: »As long as you create value for other people, it's very hard to fail in life.«

Beispiele für den *Social Comparison Bias*, die nicht im Haupttext erwähnt sind:

☐ Früher störte es mich, wenn Freunde mehr verdienten als ich. Ein klassischer *Social Comparison Bias*. Heute freue ich mich darüber, wenn es anderen besser geht als mir, denn mir geht es ja objektiv betrachtet gut. Ist es nicht vorteilhaft, einen Freundeskreis zu haben, dem es finanziell hervorragend geht?

☐ In der Vergangenheit waren Topmanagement-Gehälter eine verschwiegene Angelegenheit. Vor 20 Jahren entstand Druck vonseiten der Aktionäre und der Öffentlichkeit, die Entlohnung der Spitzenleute offenzulegen. Man hoffte, dass sich Scham in der Teppichetage breitmachen würde und die überzogenen Gehälter im Scheinwerferlicht der Öffentlichkeit dahinschmelzen würden. Das Gegenteil passierte: Die Transparenz führte dazu, dass jeder CEO nun genau sehen konnte, wie viel seine Konkurrenz-CEOs verdienten – und wer wollte in seiner Branche schon in der »Loser«-Hälfte stehen? Die Transparenz in Kombination mit dem *Social Comparison Bias* führte zu einem rasanten Ansteigen der Topmanagement-Kompensation – also genau zum Gegenteil dessen, was die Öffentlichkeit beabsichtigte.

☐ Die Medien befeuern den *Social Comparison Bias*. Wir vergleichen uns nicht mehr nur mit Menschen in unserem Umfeld, sondern mit Menschen aus der ganzen Welt – Menschen, mit denen wir nicht das Geringste zu tun haben. Zum natürlichen *Social Comparison Bias* ist damit noch ein künstlicher getreten.

☐ Schlimmer noch als die klassischen Medien sind die sozialen Medien. Wir vergleichen uns mit Menschen, die wir vielleicht zwar von irgendwoher kennen, doch die hochgeladenen Bilder und Videos sind kuratiert. Aus den tausend Fotos ihres Urlaubs wählen sie die zehn besten aus und laden sie hoch. So spiegeln sie uns vor, sie hätten ein viel besseres Leben, als es tatsächlich der Fall ist – und wir betrügen sie umgekehrt genauso. Nettoeffekt auf unser aller Glücksgefühl: negativ.

Kommen Ihnen weitere Beispiele für diesen Denkfehler in den Sinn?

_____
_____

Welche Beispiele für diesen Denkfehler sind Ihnen schon einmal unterlaufen? Kreuzen Sie sie an.

Wie häufig fallen Sie auf diesen Denkfehler herein? (von 1 = nie bis 10 = fast täglich)

Wie stark waren/wären die Konsequenzen? (von 1 = kaum Konsequenzen bis 10 = fatal)

Berechnen Sie den Denkfehlerindex (Häufigkeit x Konsequenzen x Konsequenzen) und tragen Sie die Zahl auf S. 390 ein.

Auf welche Weise könnten Sie diesen Denkfehler nutzen, um Menschen zu beeinflussen?

_____
_____
_____

PRIMÄR- UND REZENZEFFEKT

Lassen Sie mich Ihnen zwei Kinder vorstellen. Alex ist laut, aggressiv, frech, intelligent, hilfsbereit und hübsch. Phil hingegen ist hübsch, hilfsbereit, intelligent, frech, aggressiv und laut. Welches Kind hätten Sie lieber? Die meisten Menschen geben Phil an – »hübsch, hilfsbereit ...«, obwohl beide Jungs dieselben Eigenschaften haben. Es ist der erste Eindruck, der zählt. Der erste Eindruck überstrahlt die restliche Information. Das ist der *Primäreffekt*. Er ist verwandt mit dem *Framing-Effekt* (siehe *Die Kunst des klaren Denkens)*. Der erste Eindruck – einer Person, eines Unternehmens, eines Hauses, einer Stadt, eines Buchs etc. – beeinflusst, wie wir alle anderen Aspekte sehen. Der *Primäreffekt* wirkt besonders stark, wenn wir uns entscheiden und handeln müssen. Das Gegenteil des *Primäreffekts* ist der *Rezenzeffekt*: Wir behalten das letzte Beispiel einer Aufzählung am besten im Gedächtnis – das letzte Gesicht, das letzte Wort, die Pointe. Der *Rezenzeffekt* ist besonders stark, wenn die Eindrücke eine Weile zurückliegen. So oder so, die Mitte wird oft vergessen.

Beispiele für den *Primär- und Rezenzeffekt*, die nicht im Haupttext erwähnt sind:

☐ »You never get a second chance to make a first impression«, sagen die Amerikaner. Der erste Eindruck zählt, gerade bei neuen Bekanntschaften – und man kann ihn nur einmal machen. Überlegen Sie sich, welche Personen auf Sie einen hervorragenden ersten Eindruck gemacht haben und warum. Schreiben Sie die Gründe auf ein Blatt Papier. Dito bei den Menschen, die bei Ihnen einen schlechten ersten Eindruck hinterlassen haben. Lernen Sie aus diesen Beispielen: Überlegen Sie sich konkret, wie *Sie* die Qualität Ihres ersten Eindrucks auf andere Menschen verbessern könnten (Ihre Art des Zuhörens, Kleidung, Gesichtsausdruck, ein Lob, etc.).

☐ Nehmen Sie sich beim Investieren vor dem *Primär-* und dem *Rezenzeffekt* in Acht. Bevor Sie eine Meinung von irgendwelchen Finanzkommentatoren im TV oder Meinungen in Internetforen übernehmen, lesen Sie die offiziellen Geschäftsberichte der Firmen, die in Ihrem *Kompetenzkreis* enthalten sind. Je trockener diese Geschäftsberichte daherkommen, desto besser. Und beginnen Sie zuerst mit der Cashflow-Rechnung. Das ist die ehrlichste Rechnung – an ihr kann das Management am wenigsten herumbasteln.

☐ Wenn Sie als Verkäufer Ihr Produkt den Produkten der Konkurrenz gegenüberstellen: Packen Sie die Vorteile Ihres Produkts an den Anfang und ans Ende Ihrer Präsentation. Aspekte, bei denen die Konkurrenz stärker ist, packen Sie in die Mitte – in der Hoffnung auf schnelles Vergessen.

Kommen Ihnen weitere Beispiele für diesen Denkfehler in den Sinn?

_____
_____
_____

Welche Beispiele für diesen Denkfehler sind Ihnen schon einmal unterlaufen? Kreuzen Sie sie an.

Wie häufig fallen Sie auf diesen Denkfehler herein? (von 1 = nie bis 10 = fast täglich)

Wie stark waren/wären die Konsequenzen?
(von 1 = kaum Konsequenzen bis 10 = fatal)

Berechnen Sie den Denkfehlerindex (Häufigkeit x Konsequenzen x Konsequenzen) und tragen Sie die Zahl auf S. 390 ein.

Auf welche Weise könnten Sie diesen Denkfehler nutzen, um Menschen zu beeinflussen?
___
___
___

ADERLASSEFFEKT

Keine Theorie zu haben macht uns wahnsinnig. Wir können es schlicht nicht akzeptieren, keinen blassen Schimmer zu haben. Deshalb lieber eine falsche Theorie als gar keine. Das klassische Beispiel dazu ist die »Viersäftelehre« in der Medizin, die zwar kompletter Humbug war und – in Form der Aderlass-Behandlung – das Leben von Millionen von Patienten verschlechterte (oder sogar kostete). 2.000 Jahre lang haben sich die Ärzte daran geklammert – einfach, weil keine bessere Theorie des menschlichen Körpers in Sicht war. Das ist der *Aderlasseffekt:* Wir sind nicht bereit, eine falsche Theorie aufzugeben, solange uns keine Alternative angeboten wird. Lieber halten wir an dem Blödsinn fest – Hauptsache, wir können uns an *irgendwas* klammern. Nicht nur in der Medizin, deren Objekt der menschliche Körper ist, haben wir es mit einem höchst komplexen System zu tun, sondern auch in der Ökonomie. Weil das Wirtschaftssystem sogar noch etwas komplexer ist und die Beschäftigung damit erst mit Adam Smith eingesetzt hat, hinken die Ökonomen den Medizinern um 200 Jahre hinterher. Seien wir also nicht überrascht, wenn die Zentralbanken Praktiken verfolgen, deren langfristige Effekte vielleicht höchst schädlich sind. Es sind halt noch keine besseren da.

Beispiele für den *Aderlasseffekt,* die nicht im Haupttext erwähnt sind:
☐ Gibt es politische Theorien, denen Sie anhängen, die sich als Humbug erwiesen haben – und denen Sie bloß

noch anhängen, weil Sie keine Alternative gefunden haben? Das ist gefährlich. Es ist besser, im leeren Raum des Nichtwissens zu leben, als Götzen zu huldigen. Noch schlimmer als falsche Theorien sind Ideologien. Ideologien sind immer und notgedrungen falsch, weil sie Antworten in »großen Paketen« liefern. Was können Sie tun, um nicht auf so ein fragwürdiges intellektuelles Alles-inklusive-Paket reinzufallen? Fragen Sie sich: Was in der Welt müsste passieren, damit ich meine Weltsicht revidiere? Falls Ihnen nichts Konkretes einfällt, seien Sie gewarnt: Sie hängen mit großer Wahrscheinlichkeit einer Ideologie an.

☐ Wie kann ein allmächtiger und gütiger Gott Katastrophen und Grässlichkeiten aller Art zulassen – von Eltern, die ihre Kinder vergewaltigen, bis hin zu Konzentrationslagern? Diese Frage wird in der Theologie unter dem Begriff »Theodizee« abgehandelt. Hunderttausende von Büchern wurden in den letzten 2.000 Jahren darüber geschrieben, die meisten von zweifellos hochintelligenten Theologen. Eine überzeugende Antwort aber blieben sie schuldig. Eigentlich müsste die Konsequenz daraus lauten: Geben wir die Idee von einem gleichzeitig allmächtigen und gütigen Gott auf. Dazu aber sind die Theologen nicht bereit. Ein typischer *Aderlasseffekt*.

☐ Haben Sie Ansichten dazu, wie eine gute Ehe zu funktionieren hat? Machen Sie den Praxistest: Überprüfen Sie, ob der Alltag bereit ist, sich an Ihre Gedankenkonstrukte zu halten. Falls nicht, geben Sie sie auf – bevor Ihre Ehe aufgrund des *Aderlasseffekts* ausblutet.

Kommen Ihnen weitere Beispiele für diesen Denkfehler in den Sinn?

_____
_____
_____

Welche Beispiele für diesen Denkfehler sind Ihnen schon einmal unterlaufen? Kreuzen Sie sie an.

Wie häufig fallen Sie auf diesen Denkfehler herein? (von 1 = nie bis 10 = fast täglich)

Wie stark waren/wären die Konsequenzen? (von 1 = kaum Konsequenzen bis 10 = fatal)

Berechnen Sie den Denkfehlerindex (Häufigkeit x Konsequenzen x Konsequenzen) und tragen Sie die Zahl auf S. 390 ein.

Auf welche Weise könnten Sie diesen Denkfehler nutzen, um Menschen zu beeinflussen?

_____
_____
_____

NOT-INVENTED-HERE-SYNDROM

Das *Not-Invented-Here-Syndrom* besagt: Man findet alles schlecht, was nicht hier erfunden wurde. Wir verlieben uns in die eigenen Ideen (siehe der *Confirmation Bias* in *Die Kunst des klaren Denkens*). Aber auch als Gruppe gefallen uns die eigenen Ideen besser als andere. Das hat Folgen, insbesondere im Arbeitsleben. Ob selbst entwickelte Software, selbst gefertigte Produkte, selbst getextete Werbebroschüren oder handverlesene Teemischungen in der Kantine – das können wir doch alles selbst, und noch besser als die Profis! Das *Not-Invented-Here-Syndrom* verhindert, externe Lösungen in Betracht zu ziehen, die vielleicht überlegen wären. Viele Mitarbeiter glauben, es sei eine Niederlage, wenn sich eine externe Lösung als überzeugender erweist. Ein Trugschluss. Solange es sich nicht um das Kerngeschäft handelt, ist das kein Problem. Warum soll beispielsweise eine Schokoladenfabrik eine eigene Buchhaltungssoftware basteln? Bei allen Nachteilen des *Not-Invented-Here-Syndroms* gibt es doch einen großen Vorteil, etwas selbst zu entwickeln: Man erarbeitet sich das Buy-in der Beteiligten. Eine Fußballmannschaft, die das Design ihres Trikots selbst entwickelt – egal wie hässlich –, wird dieses Trikot schöner finden als ein durch eine Designagentur entwickeltes. Wie kommt das *Not-Invented-Here-Syndrom* zustande? Es entsteht durch die *Aufwandsbegründung* (siehe Kapitel 10): Je mehr Aufwand wir in eine Sache stecken, desto besser erscheint uns diese.

Beispiele für das *Not-Invented-Here-Syndrom*, die nicht im Haupttext erwähnt sind:

☐ Unternehmenskulturen sind besonders stark vom *Not-Invented-Here-Syndrom* betroffen. Unausgesprochene Werte, Normen, die Art, wie man Entscheidungen trifft, wie man miteinander umgeht – das sind alles gefestigte Elemente der Unternehmenskultur. Kommt nun ein neuer, brillanter CEO von außen, kann es durchaus sein, dass er mit viel Erfolg neue Produkte entwickeln oder Märkte eröffnen wird. Woran er sich die Zähne ausbeißen wird, das ist die Unternehmenskultur.

☐ Die Schweiz ist seit hundert Jahren das Zentrum der Luxusuhrenindustrie. Als Apple die Apple Watch ankündigte, rümpfte man hierzulande die Nase. Niemals würde es einem Technologieunternehmen aus Kalifornien gelingen, eine Uhr zu erfinden, die es mit den Schweizer Luxusuhren aufnehmen kann! Das klassische *Not-Invented-Here-Syndrom*. Was passierte? Kaum war die Apple Watch auf dem Markt, überholte sie (mit Ausnahme von Rolex) alle etablierten Uhrenmarken der Welt in puncto Anzahl verkaufter Stücke.

☐ Andermatt war über Jahrzehnte ein verschlafenes Schweizer Bergdorf, dessen Haupteinnahmequelle die dort ansässige Armeekaserne war. Als das Militär seine Zelte abbrach, fiel das Dorf von einem Dornröschenschlaf in eine Art Wachkoma. Erst ein ägyptischer Großinvestor brachte das Geld, um es daraus zu wecken. Die Einheimischen – in klassischer *Not-Invented-Here*-Tradition – rümpften erst mal die Nase. Restaurants? Skianlagen? Können wir doch selbst! Das braucht uns doch kein Ägypter zu zeigen! Als die lokalen Geschäfte und Restaurants im Zuge der riesigen Investitionen dann aber tatsächlich zu florieren begannen, waren sie plötzlich sehr gern an Bord. (Und natürlich schreiben sie den Erfolg bis heute gerne sich selbst zu.)

Kommen Ihnen weitere Beispiele für diesen Denkfehler in den Sinn?

Welche Beispiele für diesen Denkfehler sind Ihnen schon einmal unterlaufen? Kreuzen Sie sie an.

Wie häufig fallen Sie auf diesen Denkfehler herein? (von 1 = nie bis 10 = fast täglich)

Wie stark waren/wären die Konsequenzen? (von 1 = kaum Konsequenzen bis 10 = fatal)

Berechnen Sie den Denkfehlerindex (Häufigkeit x Konsequenzen x Konsequenzen) und tragen Sie die Zahl auf S. 390 ein.

Auf welche Weise könnten Sie diesen Denkfehler nutzen, um Menschen zu beeinflussen?

DER SCHWARZE SCHWAN

Schwarze Schwäne (Black Swans) sind komplett unerwartete, seltene Ereignisse, die aber eine extrem starke Wirkung entfalten. Das Konzept des *Schwarzen Schwans* stammt von Nassim Taleb, der es in seinem gleichnamigen Buch ausführlich beschrieben hat. Jahrhundertelang hatte in Europa niemand einen schwarzen Schwan gesehen, also zog man dessen Existenz nicht in Betracht – bis man im Zuge der Entdeckung Australiens im 17. Jahrhundert eines Besseren belehrt wurde. Die Welt ist demnach nicht auf das beschränkt, was man im Moment sehen kann oder in der Vergangenheit erlebt hat. *Schwarze Schwäne* können positiv oder negativ sein. Angenommen, Sie haben ein Buch geschrieben, das zum Weltbestseller wird – dann ist das ein positiver *Black Swan*. Wenn hingegen der Blitz in Ihr Haus einschlägt und es niederbrennt, ist das ein negativer *Black Swan*. Das Problem ist: Weil solche Ereignisse extrem selten auftreten, haben wir sie gar nicht auf dem Radar. Wir denken an das, was wir sehen, was wir erlebt haben, vom Hörensagen kennen – nicht an Dinge, die noch nie vorgekommen sind oder gar unsere Vorstellungskraft sprengen. Doch alle Dinge, die nicht im Widerspruch zu den Naturgesetzen stehen, haben eine Wahrscheinlichkeit von größer als null. Das heißt, sie können durchaus irgendwann passieren. Die Lehre daraus: Positionieren Sie sich im Leben so, dass Sie von positiven *Black Swans* profitieren könnten, von den negativen hingegen so weit wie möglich unbehelligt bleiben.

Beispiele für den *Schwarzen Schwan*, die nicht im Haupttext erwähnt sind:

- [ ] Beispiele von negativen *Schwarzen Schwänen* im Privatleben: Krebsdiagnose. Ihr Lebenspartner stirbt. Ihr Kind wird entführt. Politischer Umsturz, und die Familie muss fliehen. Arbeitslosigkeit in Verbindung mit Verschuldung. Beispiele von positiven *Schwarzen Schwänen* im Privatleben: ein unerwartetes Millionenerbe. Eine Ihrer Erfindungen entwickelt sich zur Geldmaschine. Ein Regisseur entdeckt Sie auf der Straße und macht Sie zum Filmstar. Bevor Sie sich jetzt allerdings zu sehr der Hoffnung hingeben, ein philosophischer Hinweis: Für das gute Leben braucht es keine positiven *Black Swans*. Wichtig ist die Absenz von negativen *Black Swans*. Anders gesagt: Es braucht keine Millionen, um glücklich zu sein. Seelenruhe ist schon das Maximum, und Seelenruhe kann sich jeder antrainieren. Folglich sollten Sie sich auf das Vermeiden negativer *Schwarzer Schwäne* konzentrieren.

- [ ] Wie vermeidet man einen *Schwarzen Schwan?* Beispiel Job: Natürlich können auch Sie Ihre Arbeit von einem Tag auf den anderen verlieren, selbst wenn Sie sie durchaus gut machen. Hören Sie deshalb nie damit auf, sich Alternativen zurechtzulegen. Haben Sie Freunde, die in derselben Branche, aber bei anderen Firmen arbeiten? Bleiben Sie in Kontakt mit ihnen. Haben Sie ein Hobby, das Sie zum Beruf machen könnten? Experimentieren Sie in Ihrer Freizeit damit. Könnten Sie sich selbstständig machen? Wie würde das gehen? Sie brauchen die Pläne nicht umzusetzen – eine Schublade dafür aber sollten Sie haben.

☐ Disruptive Technologien sind gute Beispiele für negative *Black Swans* im Geschäftsleben: Die Erfindung des Automobils war ein *Black Swan* für die Pferdezüchter. Die Digitalfotografie war ein *Black Swan* für Kodak. Napster war ein *Black Swan* für die Musikindustrie. Angenommen, Sie besitzen einen Lebensmittelladen in einer mittelgroßen Stadt, und plötzlich eröffnet in unmittelbarer Nähe ein »Walmart Supercenter« – das ist ein negativer *Black Swan* (und das Schlauste, was Sie tun können, ist, Ihren Laden so schnell wie möglich zu verkaufen).

Kommen Ihnen weitere Beispiele für diesen Denkfehler in den Sinn?

Welche Beispiele für diesen Denkfehler sind Ihnen schon einmal unterlaufen? Kreuzen Sie sie an.

Wie häufig fallen Sie auf diesen Denkfehler herein? (von 1 = nie bis 10 = fast täglich)

Wie stark waren/wären die Konsequenzen?
(von 1 = kaum Konsequenzen bis 10 = fatal)

Berechnen Sie den Denkfehlerindex (Häufigkeit x Konsequenzen x Konsequenzen) und tragen Sie die Zahl auf S. 390 ein.

DOMAIN DEPENDENCE

Was man auf einem Gebiet meisterhaft beherrscht, lässt sich nur schwer auf ein anderes übertragen. Schachgroßmeister sind nicht automatisch gute Unternehmensstrategen. CEOs von Banken sind nicht automatisch gute CEOs von Krankenhäusern. Schriftsteller sind nicht automatisch gute Werbetexter. Wenn wir von »Fähigkeiten« sprechen, nehmen wir automatisch an, diese »Fähigkeiten« seien universell einsetzbar. Doch die Idee von »Fähigkeiten« ist falsch. Richtigerweise sollten wir von »Fähigkeiten auf bestimmten Gebieten« sprechen. Wenn jemand von sich behauptet, er habe »Verkaufstalent«, ist das ziemlich nichtssagend. Besser wäre es, von »Verkaufstalent im Firmenkundengeschäft« zu sprechen. Oder, noch spezifischer: »Verkaufstalent im Firmenkundengeschäft für Software«. Eigentlich logisch, denn der Einkäufer von Firmensoftware unterscheidet sich natürlich ziemlich deutlich von der typischen Federboakäuferin.

Beispiele für die *Domain Dependence*, die nicht im Haupttext erwähnt sind:

☐ Es gibt nur ganz wenige klassische Trompeter, die auch erstklassige Jazztrompeter sind. Im ersten Moment erscheint das seltsam, denn es handelt sich ja um das gleiche Instrument. Doch während man in der klassischen Musik möglichst präzise an der Partitur dranbleiben muss (wobei einem eigene Kreativität im Weg steht), wird im Jazz Improvisation verlangt (also ein hohes Maß an Spontaneität und Kreativität).

- ☐ Chirurgen sind nicht unbedingt vergleichbar und nicht immer die besten Retter bei einem Unfall. Angenommen, Sie sind mit Ihrem befreundeten Hirnchirurgen unterwegs, und Sie werden von einem Lkw überfahren. Da hilft Ihnen der Hirnchirurg weniger als ein Polizist, der einen Erste-Hilfe-Kurs absolviert hat.
- ☐ Ein guter Finanzjournalist ist nicht automatisch ein guter Politjournalist. Mag sein, dass sich beide sehr gewandt ausdrücken. Aber das reicht nicht. Schöne Worte allein zählen nur in der Lyrik. Als erfolgreicher Journalist muss man in seinem Fachgebiet Meisterschaft erlangt haben und die nötigen Kontakte besitzen, um an Insiderinformationen zu gelangen.
- ☐ Aus irgendeinem mir unerfindlichen Grund versuchen sich Rockmusiker gerne als Maler und Supermodels gerne als Schauspielerinnen. Aber haben Sie die Filme von Kate Moss gesehen oder die Bilder von Paul McCartney? Hoffentlich nicht.

Kommen Ihnen weitere Beispiele für diesen Denkfehler in den Sinn?

Welche Beispiele für diesen Denkfehler sind Ihnen schon einmal unterlaufen? Kreuzen Sie sie an.

Wie häufig fallen Sie auf diesen Denkfehler herein? (von 1 = nie bis 10 = fast täglich)

Wie stark waren/wären die Konsequenzen?
(von 1 = kaum Konsequenzen bis 10 = fatal)

Berechnen Sie den Denkfehlerindex (Häufigkeit x Konsequenzen x Konsequenzen) und tragen Sie die Zahl auf S. 390 ein.

Auf welche Weise könnten Sie diesen Denkfehler nutzen, um Menschen zu beeinflussen?
_____
_____
_____

FALSCHER-KONSENS-EFFEKT

Wir überschätzen systematisch den Grad unserer Übereinstimmung mit anderen Menschen. Wir glauben, die anderen würden ebenso denken und empfinden wie wir. Beispiel Klimaerwärmung: Egal, wie Sie darüber denken, Sie denken, die Mehrheit der (intelligenten) Menschen würde ebenso darüber denken wie Sie. Aber nicht nur in Sachfragen überschätzen wir die Kongruenz der Meinungen. Wir überschätzen auch den Grad der Übereinstimmung in Bezug auf Werte, Präferenzen und Glauben. Der *Falscher-Konsens-Effekt* hat nichts mit Peergroups zu tun. Ja, es stimmt, wir bewegen uns in Kreisen von Menschen, die ähnlich ticken und handeln wie wir; das schafft schon mal eine natürliche Nähe. Aber darüber hinaus glauben wir (fälschlicherweise) an eine Übereinstimmung, die weit über diese hinausgeht. Um den eigenen *Falscher-Konsens-Effekt* zu bekämpfen, lohnt es sich, Menschen aus möglichst vielen anderen Schichten und Backgrounds kennenzulernen. Stempeln Sie jene, die anderer Meinung sind, nicht einfach als Extremisten ab. Vielleicht sind die anderen ja in der Mehrheit und Sie der Extremist.

Beispiele für den *Falscher-Konsens-Effekt*, die nicht im Haupttext erwähnt sind:

☐ Schließen Sie nicht automatisch von sich auf andere – besonders wenn Sie ein Produkt entwickeln. Natürlich müssen Sie von Ihrer Erfindung überzeugt sein, aber das heißt nicht automatisch, dass die potenziellen Käufer auch überzeugt sind. Zum einen überschätzen Sie den

Wert Ihrer Erfindung systematisch, besonders wenn Sie viel Schweiß, Zeit und Geld in Ihre Erfindung gesteckt haben (siehe Kapitel 10, *Aufwandsbegründung*). Zum anderen gibt Ihnen der *Falscher-Konsens-Effekt* die Illusion, die anderen würden Ihre Erfindung ebenso lieben wie Sie. Frage: Gab es in Ihrem Leben Situationen, in denen Ihre Erfindungen, Kreationen, Vorschläge nicht auf die breite Zustimmung gestoßen sind, mit der Sie gerechnet haben? Diese sollten Ihnen zu denken geben. Indem Sie darüber nachdenken, entdecken Sie, wo Sie besonders anfällig für den Effekt sind.

☐ In einer Demokratie schaffen es die meisten politischen Vorstöße nicht in die Gesetzbücher. Zum einen liegt das an der Illusion der Initianten und ihrer Wähler, die anderen würden ebenso denken wie sie. Zum anderen geht es bei vielen politischen Vorstößen auch darum, eine Diskussion zu entfachen – wohl wissend, dass man damit nicht durchkommt.

☐ Ein klassischer Fall des *Falscher-Konsens-Effekts* war der amerikanische Präsidentschaftswahlkampf 2016. Das Establishment und die Medien waren bis zum Schluss überzeugt, dass es einem »Typen« wie Donald Trump niemals gelingen würde, den Wahlkampf für sich zu entscheiden. Ebenso hat sich das politische Establishment beim Brexit 2016 verrechnet.

☐ Zum Schluss noch eine Einschränkung: Wo es nicht (wie in der Politik) um Mehrheiten geht, muss der Konsens der breiten Masse nicht immer das Ziel sein. Manchmal ist es besser, ein paar wenige, aber glühende Verfechter hinter seine Idee zu scharen, als verzweifelt zu versuchen, sie einer riesigen Allgemeinheit schmackhaft zu machen. Was alle ganz annehmbar finden, findet meistens niemand richtig toll. Es droht in der Masse der ganz annehmbaren Dinge unterzugehen. Lassen Sie sich also nicht sofort beirren, wenn Ihre Idee oder Ihr Produkt bei ein paar Leuten auf heftige Ablehnung stößt – möglich, dass es anderswo heftige Begeisterung auslöst. Erst wenn diese ausbleibt, müssen Sie davon ausgehen, mit einem *Falschen Konsens* gerechnet zu haben.

Kommen Ihnen weitere Beispiele für diesen Denkfehler in den Sinn?

Welche Beispiele für diesen Denkfehler sind Ihnen schon einmal unterlaufen? Kreuzen Sie sie an.

Wie häufig fallen Sie auf diesen Denkfehler herein? (von 1 = nie bis 10 = fast täglich)

Wie stark waren/wären die Konsequenzen? (von 1 = kaum Konsequenzen bis 10 = fatal)

Berechnen Sie den Denkfehlerindex (Häufigkeit x Konsequenzen x Konsequenzen) und tragen Sie die Zahl auf S. 390 ein.

Auf welche Weise könnten Sie diesen Denkfehler nutzen, um Menschen zu beeinflussen?

GESCHICHTSFÄLSCHUNG

Organisationen aller Couleur betreiben Geschichtsfälschung – manche mehr, manche weniger. Alle tun es jedoch – weil Geschichtsschreibung notgedrungen immer eine Verkürzung der Wahrheit bedeutet. Natürlich ist der Anreiz groß, die Geschichte einer Organisation (eines Staates, eines Unternehmens, einer Religionsgemeinschaft, eines Fußballklubs etc.) in möglichst positivem, konsistentem Licht erscheinen zu lassen. Die mythisch-romantischen Geschichten von Unternehmensgründungen gehören zu diesen Fälschungen. Aber auch wir selbst betreiben Geschichtsfälschung bezüglich unseres eigenen Lebens. Bewusst, aber auch unbewusst. Das liegt daran, dass unser Gehirn ein schlechter Informationsspeicher ist. Erstens speichert es Informationen nicht »roh« ab, sondern als verknüpfte Assoziationen, also in Form von Geschichten. Der Vorteil fürs Gehirn: Geschichten brauchen weniger Speicherplatz als Einzelfakten. Die Storys werden verkürzt und konsistent gemacht. Löcher werden mit Erfindungen gestopft. Zweitens: Die abgespeicherten Informationen sind nicht stabil wie auf einem Memorychip. Sie verändern sich mit der Zeit. Neue Assoziationen bilden sich, und Erfindungen treten an die Stelle von vergessenen Erinnerungen. Weil dies langsam passiert, fällt uns die Fälscherei nicht auf. Nicht nur das auf Hochglanz polierte Image von Firmen oder Staaten, sondern auch unser Selbstbild ist zu einem schönen Teil Fiktion.

Beispiele für die *Geschichtsfälschung*, die nicht im Haupttext erwähnt sind:

- ☐ Wenn Sie ein zu positives, zu konsistentes, zu erfolgreiches Bild von sich selbst haben, laufen Sie Gefahr, zu hohe Risiken einzugehen. Klassisches Beispiel: Investoren, die ihre zufälligen Erfolge am Aktienmarkt ihren Fähigkeiten zuschreiben – die sie im Gegensatz zu den Erfolgen vielleicht nie besessen haben.
- ☐ Organisationen und Unternehmen, die die schäbigeren Phasen ihrer Vergangenheit unter den Teppich kehren, betreiben über gedruckte Biografien aktiv *Geschichtsfälschung*. Das geschönte Bild hilft dem Brand und trägt zur Mitarbeiteridentifikation bei. Ein klassisches Beispiel ist die Deutsche Lufthansa AG, die ihre nationalsozialistische Vergangenheit meisterhaft wegretuschiert hat.
- ☐ Fast jeder Staat revidiert – aktiv oder passiv – die weniger schönen Seiten seiner Geschichte. In China findet sich keine offizielle Abhandlung zum Tiananmen-Massaker. In den USA kaum ein Schulbuch zur Vertreibung der Urbevölkerung. Stalin hat regelmäßig unpassende Personen aus Fotos herausretuschieren lassen.
- ☐ Es gibt auch Geschichtsklitterung der harmloseren – aber dennoch irreführenden – Art: Wir Schweizer berufen uns gerne auf Wilhelm Tell und andere aufmüpfige Eidgenossen, die im Mittelalter angeblich zum Sturm auf die Festen der Habsburger geblasen hätten. Dass diese Revolution als solche gar nie stattfand und Wilhelm Tell nie gelebt hat – who cares? Und so verhält es sich mit den Nationalmythen der meisten anderen Staaten.

Kommen Ihnen weitere Beispiele für diesen Denkfehler in den Sinn?

_____
_____
_____

Welche Beispiele für diesen Denkfehler sind Ihnen schon einmal unterlaufen? Kreuzen Sie sie an.

Wie häufig fallen Sie auf diesen Denkfehler herein? (von 1 = nie bis 10 = fast täglich)

Wie stark waren/wären die Konsequenzen?
(von 1 = kaum Konsequenzen bis 10 = fatal)

Berechnen Sie den Denkfehlerindex (Häufigkeit x Konsequenzen x Konsequenzen) und tragen Sie die Zahl auf S. 390 ein.

Auf welche Weise könnten Sie diesen Denkfehler nutzen, um Menschen zu beeinflussen?

_____
_____
_____

IN-GROUP/OUT-GROUP BIAS

Menschen organisieren und identifizieren sich in Gruppen. Beispiel: Eltern und Kinder verstehen sich als Familie. Hier hat die Gruppenbildung eine genetische Basis, aber natürlich noch viel mehr: gleiche Sprache, ähnliche Werte, ähnliche Präferenzen, kurzum eine Familienkultur. So starke reale Gemeinsamkeiten sind aber nicht einmal nötig, damit wir uns mit einer Gruppe identifizieren. Oft genügen kleinste, zufällige Marker. Nach dem Abschluss meines Studiums im Jahr 1991 hatte ich zwei tolle Jobangebote. Das eine von den damaligen Basler Versicherungen, das andere von der Swissair. Ich entschied mich für die Swissair und lief vom ersten Tag an mit geschwellter Brust und der Visitenkarte mit dem hübschen Kreuz in der Welt herum. Wo immer ich andere Swissair-Kollegen traf – auch wenn ich sie nicht persönlich kannte –, fühlte ich mich mit ihnen in einer Familie. Hätte ich mich für die Basler entschieden, wäre natürlich genau dasselbe passiert. Sobald wir uns mit einer Gruppe identifizieren, entsteht ein Gefälle: Die Mitglieder der eigenen Gruppe erscheinen uns als »besser«, die Menschen außerhalb der Gruppe als »weniger gut«. Zweiter Effekt: Menschen außerhalb der eigenen Gruppe sehen wir homogener, als sie in Wirklichkeit sind. Man nennt das den *Out-Group Homogeneity Bias*. Fast alle Stereotype und Vorurteile lassen sich darauf zurückführen. Beispiel: Als Schweizer erscheinen mir die 1,4 Milliarden Chinesen als homogene Gruppe, aber innerhalb der Schweiz erkenne ich sofort, ob jemand aus dem Kanton Bern oder dem Nachbarkanton Luzern kommt. Das Problem mit dem *In-Group/Out-Group Bias:* Die Identifikation mit einer Gruppe verzerrt die Sicht auf die Tatsachen, und sie macht uns blind für die Qualitäten der Außenstehenden.

Beispiele für den *In-Group/Out-Group Bias,* die nicht im Haupttext erwähnt sind:

☐ Die starke Identifikation mit dem eigenen Unternehmen macht uns blind für die Stärken der Konkurrenz. Schauen Sie regelmäßig über den Gartenzaun und fragen Sie sich: Was machen die besser? Wenn Sie nichts sehen, fragen Sie Ihre Kunden – bevor sie Ihnen davonlaufen.

☐ *In-Group/Out-Group Bias* bei Staaten: In der Antike betrachteten die Bürger des Römischen Reiches alle anderen Völker als rückständige »Barbaren«. Dasselbe in China, in Persien, im nationalsozialistischen Deutschland. Solche Überschätzungen sind gefährlich, weil sie blind machen für die Macht dieser »Barbaren«. In Rom zum Beispiel übernahmen diese im 5. Jahrhundert das Zepter.

☐ Der *In-Group/Out-Group Bias* ist seit jeher ein großes Problem in Europa. Die Identifikation mit dem eigenen Nationalstaat ist so stark, dass es nicht gelingt, eine europäische Identifikation zu schaffen. Wenn man Menschen fragt, woher sie stammen, antworten sie: »aus Frankreich«, »aus Deutschland«, »aus Spanien«. Niemals hört man »aus Europa«. Der *In-Group/Out-Group Bias* ist der Grund, weshalb es überhaupt Geopolitik gibt und im Extremfall Kriege.

Kommen Ihnen weitere Beispiele für diesen Denkfehler in den Sinn?

___

Welche Beispiele für diesen Denkfehler sind Ihnen schon einmal unterlaufen? Kreuzen Sie sie an.

Wie häufig fallen Sie auf diesen Denkfehler herein? (von 1 = nie bis 10 = fast täglich)

Wie stark waren/wären die Konsequenzen?
(von 1 = kaum Konsequenzen bis 10 = fatal)

Berechnen Sie den Denkfehlerindex (Häufigkeit x Konsequenzen x Konsequenzen) und tragen Sie die Zahl auf S. 390 ein.

Auf welche Weise könnten Sie diesen Denkfehler nutzen, um Menschen zu beeinflussen?

___

AMBIGUITÄTSINTOLERANZ

Der Unterschied zwischen Risiko und Ambiguität: Beim Risiko sind die Wahrscheinlichkeiten bekannt oder zumindest abschätzbar. Beispiel Würfeln: Die Wahrscheinlichkeit, einen Sechser zu würfeln ist genau 1/6. Bei Ambiguität hingegen liegen die Wahrscheinlichkeiten im Dunkeln. Die *Ambiguitätsintoleranz* besagt: Bekannte Wahrscheinlichkeiten sind uns lieber als unbekannte. Angenommen, in einem Casino steht ein Roulettetisch mit einem konventionellen Rouletterad. Daneben stehen zehn Roulettetische mit verschiedenen Rouletterädern, die aber verdeckt sind. Beim konventionellen Rouletterad wissen Sie, dass die Chance auf einen roten oder schwarzen Treffer gleich hoch ist. Von den Tischen mit den verdeckten Rädern wissen Sie bloß, dass sie andere Mischverhältnisse zwischen Schwarz und Rot aufweisen; ja, es gibt sogar Räder, die nur schwarze Zahlen aufweisen, und andere nur mit roten Zahlen. An welchem Tisch spielen Sie? Die meisten Menschen werden am konventionellen Tisch spielen, weil hier die Wahrscheinlichkeiten bekannt sind. Die anderen Tische sind voller Ambiguität. Und klar: Mit rationalem Denken hat das nichts zu tun.

Beispiele für die *Ambiguitätsintoleranz*, die nicht im Haupttext erwähnt sind:

☐ Der Unterschied zwischen Risiko und Ambiguität beim Investieren: Der Value-Investor ist im Bereich Risiko tätig, der Venture-Capitalist (VC) hingegen im Bereich der Ambiguität. Der Value-Investor versucht, eine möglichst realistische Schätzung der zukünftigen Cashflows zu erreichen. Das sind zwar nicht so klare Wahrscheinlichkeiten wie beim Würfeln, aber mit hinreichenden Vergangenheitsdaten und einem guten Verständnis für die Mechanik der Branche sind vernünftige Schätzungen möglich. Konkret: Ein guter Value-Investor wird sich an Unternehmen halten, deren Geschäfte er versteht, die sich also in seinem *Kompetenzkreis* befinden. Beim klassischen Value-Investing ist die *Ambiguitätsintoleranz* also von Vorteil. Ganz anders beim VC. Hier sind die Wahrscheinlichkeiten komplett offen. Von zehn Investments gehen sieben bankrott, zwei entwickeln sich so lala, und eines spielt alles wieder ein. Welches Investment das sein könnte, ist vorab nicht klar. Aber es spielt auch keine Rolle. Der VC lebt bewusst mit der Ambiguität.

☐ Makroökonomische Vorhersagen sind dem Reich der Ambiguität zuzuordnen. Deshalb sind Sätze wie, »Mit einer Wahrscheinlichkeit von 40 % werden wir in den nächsten zwei Jahren in eine Rezession schlittern«, Quatsch. Das wissen die Prognostiker natürlich auch, aber mit solchen Prozent-Aussagen signalisiert man Expertentum. Fakt ist: Die Wirtschaft ist viel zu komplex, als dass man derlei Entwicklungen abschätzen könnte. Selbst aus der Vergangenheit sind keine Wahrscheinlichkeiten abzuleiten, weil wir erst seit etwa hundert Jahren einigermaßen vernünftige ökonomische Daten haben und sich die heutige Wirtschaft überhaupt radikal von der damaligen unterscheidet. Machen Sie einen weiten Bogen um Experten, die Ihnen Ambiguitäten als Prognosen verkaufen wollen.

☐ Dito mit politischen Prognosen. Die Aussage »Trump wird die Präsidentschaftswahl mit 60 % Wahrscheinlichkeit gewinnen« ist sinnlos. Wenn er hundert Mal angetreten wäre, okay, dann hätten wir eine Basis für eine gute Schätzung. Aber wenn er bislang ein Mal angetreten ist, müssen wir uns mit der Ambiguität abfinden.

Kommen Ihnen weitere Beispiele für diesen Denkfehler in den Sinn?

Welche Beispiele für diesen Denkfehler sind Ihnen schon einmal unterlaufen? Kreuzen Sie sie an.

Wie häufig fallen Sie auf diesen Denkfehler herein? (von 1 = nie bis 10 = fast täglich)

Wie stark waren/wären die Konsequenzen? (von 1 = kaum Konsequenzen bis 10 = fatal)

Berechnen Sie den Denkfehlerindex (Häufigkeit x Konsequenzen x Konsequenzen) und tragen Sie die Zahl auf S. 390 ein.

Auf welche Weise könnten Sie diesen Denkfehler nutzen, um Menschen zu beeinflussen?

DEFAULT-EFFEKT

Standardeinstellungen *(Default Settings)* haben einen großen Einfluss auf unsere Entscheidungen. Man kann Stunden damit verbraten, sein Smartphone auf die eigenen Bedürfnisse einzustellen – Helligkeit, Hintergrundbild, Nicht-Stören-Zeiten, das Bündeln von Apps etc. Die meisten Menschen jedoch übernehmen aus Bequemlichkeit die Werkseinstellung. Dieses Wissen kann man sich in weit wichtigeren Bereichen zunutze machen, zum Beispiel in der Politik. Dort laufen sie unter dem Label *Nudging* (deutsch: Schubsen). Beispiel: Sollen Ihre Organe nach Ihrem Tod gespendet werden? Die meisten Menschen zerbrechen sich nicht den Kopf darüber, sie übernehmen automatisch die gesetzliche Standardeinstellung. Ist der gesetzliche *Default,* dass Ihre Organe nur dann gespendet werden, wenn Sie sich (vorher) damit einverstanden erklären (»opt-in«), bleibt die Spenderate tief. Schreibt das Gesetz hingegen vor, dass die Organe automatisch gespendet werden, außer man nimmt sich explizit davon aus (»opt-out«), schnellt die Spenderate hoch. Kritiker werfen ein, dass *Nudging* eine Art Manipulation sei. Das stimmt natürlich. Doch jedes Gesetz ist eine Art Manipulation. Das Zunutzemachen jedes der in diesem Buch dargestellten Denk- bzw. Handlungsfehlers ist Manipulation. Ja: Sie können überhaupt nichts sagen oder tun, ohne andere zu manipulieren!

Beispiele für den *Default-Effekt,* die nicht im Haupttext erwähnt sind:

- [ ] Als Verkäufer lohnt es sich, mit dem *Default-Effekt* zu argumentieren. Sie sagen Ihrem potenziellen Kunden: »Das hier ist das Standardpaket.« Mit großer Wahrscheinlichkeit wird Ihr Kunde diese Variante wählen. Hier spielt auch noch der *Social-Proof-Effekt* hinein, der Herdeneffekt (siehe *Die Kunst des klaren Denkens*).
- [ ] Wenn mir mal ein Hotel in einer Stadt gefallen hat, werde ich immer wieder dieses Hotel buchen. Es wird zu meinem *Default*. Das hat nur Vorteile: Man kennt sich im Hotel aus, kennt den Frühstücksraum, man kennt die Umgebung, die Straßen, die Cafés in der Nähe, die U-Bahn-Stationen etc. Warum neue Hotels ausprobieren mit dem Risiko, dass sie einem nicht gefallen? Und selbst wenn sie einem passen könnten: Der mentale Aufwand, sich immer wieder neu zu orientieren, ist hoch.
- [ ] Das (den Männern) bekannteste Beispiel von *Nudging:* In den Urinalen sind Bilder von Fliegen aufgeklebt. Mann nimmt die Herausforderung an, zielt genauer – und hinterlässt die Toilette sauberer.
- [ ] Das offizielle Rentenalter ist ein Default und *Nudging* vonseiten des Staates. Warum gerade mit 67 in die Rente? Der Zeitpunkt ist beliebig gewählt. Sie können natürlich auch länger oder weniger lang arbeiten – müssen dann aber die Vor- und Nachteile abwägen.

Kommen Ihnen weitere Beispiele für diesen Denkfehler in den Sinn?

___

___

___

Welche Beispiele für diesen Denkfehler sind Ihnen schon einmal unterlaufen? Kreuzen Sie sie an.

Wie häufig fallen Sie auf diesen Denkfehler herein? (von 1 = nie bis 10 = fast täglich)

Wie stark waren/wären die Konsequenzen? (von 1 = kaum Konsequenzen bis 10 = fatal)

Berechnen Sie den Denkfehlerindex (Häufigkeit x Konsequenzen x Konsequenzen) und tragen Sie die Zahl auf S. 390 ein.

Auf welche Weise könnten Sie diesen Denkfehler nutzen, um Menschen zu beeinflussen?

___

___

___

DIE ANGST VOR REUE

Die *Angst vor Reue* (auf Englisch *The Fear of Missing Out*, kurz FOMO, also wörtlich: die Angst, etwas zu verpassen) ist einerseits ein Motivator, andererseits ein Fluch. Beispiel Motivator: Jeff Bezos kam auf die Idee, einen Onlinebuchladen zu eröffnen. Gute Idee? Sollte er wirklich einen prima Job als Angestellter in einer Wall-Street-Firma aufgeben, um ein Start-up zu gründen, dessen Erfolg in den Sternen stand? Er gab sich 48 Stunden Bedenkzeit und nutzte sie für die »Minimierung der Reue-Berechnung« (in seinen Worten: »regret minimization framework«). Konkret stellte sich Bezos die Frage: »Wenn ich 80 werde, würde ich es bereuen, Amazon nicht gestartet zu haben?« Er projizierte sich gedanklich ins hohe Alter und schaute von dort zurück auf die aktuelle Entscheidung. Er gründete Amazon und schrieb eine der größten wirtschaftlichen Erfolgsgeschichten aller Zeiten. Andererseits ist die *Angst vor Reue* auch ein Fluch, denn sie treibt uns an, alles Mögliche auszuprobieren, zu erfahren, zu erleben – und uns zu verzetteln. Motivator oder Fluch? Wann ist die *Angst vor Reue* eine gute Entscheidungshilfe, wann eine schlechte? Nutzen Sie sie nur, wenn es um die ganz großen Entscheidungen des Lebens geht – Ausbildung, Karriere, Wohnort, Lebenspartner, Kinder. Verwenden Sie sie nur bei den wenigen außerordentlichen Chancen (den sogenannten Megachancen), die sich im Leben ergeben – und es gibt nur drei oder vier Megachancen in einem langen Leben. Bei allen anderen, den kleinen und mittelgroßen Entscheidungen, sollten Sie die *Angst vor Reue* ignorieren.

Die beste Art, der Reue zu entgehen, ist ein Entscheidungstagebuch. Kommt z. B. der Wunsch auf, eine Aktie zu kaufen, und Sie entscheiden sich dagegen, dann schreiben Sie Ihren Entscheidungsprozess auf: Was waren Ihre Annahmen? Was ging Ihnen durch den Kopf? Warum haben Sie sich so und nicht anders entschieden? Falls Sie fünf Jahre später Reue verspüren, konsultieren Sie das Entscheidungstagebuch. Sie werden feststellen, dass Sie damals Ihre guten Gründe hatten. Das eliminiert schon mal 90 % der Reue. Niemand entscheidet immer perfekt. Aus *Angst vor Reue* einen frenetischen *Action Bias* (siehe *Die Kunst des klaren Denkens)* zu entwickeln bringt garantiert nichts.

Beispiele für die *Angst vor Reue,* die nicht im Haupttext erwähnt sind:

☐ Die *Angst vor Reue* ist weit verbreitet, wenn es um Freizeitaktivitäten geht. Sie treibt uns dazu, alles zu tun, alles auszuprobieren, alle möglichen Ferienziele anzusteuern. Das ist ein von Anfang an verlorenes Rennen. Dazu ein Gedankenexperiment: Angenommen, die Erde hätte den doppelten Durchmesser, damit die vierfache Oberfläche (vergessen wir die Gravitation für einen Moment). Dann gäbe es viermal so viele Feriendestinationen, Sehenswürdigkeiten, Ausflugsorte. Müssten wir dann alle ausprobieren, nur um der *Angst vor Reue* zu entgehen? Das würde nicht funktionieren. Der Tag hat nun mal nur 24 Stunden, das Jahr nur 365 Tage, und wir haben ja auch noch ein »normales« Leben zu leben. Kurzum, es gibt viele Dinge, die wir nicht tun würden. Also kann man schon heute auf sie verzichten.

☐ Jedes Jahr gibt es ein Weihnachtsgeschenk für Kinder, das »superin« ist. Treiben Sie die Eltern an, es zu kaufen, mit der Werbebotschaft: »Stellen Sie sich vor, wie traurig Ihre Kinder an Weihnachten sein werden ohne das Spielzeug X. Möchten Sie wirklich die Weihnachtsstimmung in den Sand setzen?«

Kommen Ihnen weitere Beispiele für diesen Denkfehler in den Sinn?

___

___

___

Welche Beispiele für diesen Denkfehler sind Ihnen schon einmal unterlaufen? Kreuzen Sie sie an.

Wie häufig fallen Sie auf diesen Denkfehler herein? (von 1 = nie bis 10 = fast täglich)

Wie stark waren/wären die Konsequenzen? (von 1 = kaum Konsequenzen bis 10 = fatal)

Berechnen Sie den Denkfehlerindex (Häufigkeit x Konsequenzen x Konsequenzen) und tragen Sie die Zahl auf S. 390 ein.

Auf welche Weise könnten Sie diesen Denkfehler nutzen, um Menschen zu beeinflussen?

___

___

___

SALIENZ-EFFEKT

Salienz bezeichnet ein auffälliges Merkmal, ein herausstechendes Attribut, eine Besonderheit, etwas, das »ins Auge springt«. Der *Salienz-Effekt* sorgt dafür, dass dieses herausstechende Merkmal zu viel Aufmerksamkeit bekommt und damit andere Aspekte verdrängt. Beispiel: Die Börse fällt um ein Prozent. Gleichzeitig haben Terroristen irgendwo auf der anderen Seite der Erde eine Ölpipeline in die Luft gejagt. Der durchschnittliche Wirtschaftsjournalist wird nun die Explosion für den Abschwung der Börse verantwortlich machen. Das ist natürlich Unsinn. Erstens entspricht ein Prozent der normalen täglichen Börsenschwankung – auch ohne *saliente* News. Zweitens sind Börsenschwankungen das Resultat von Millionen von Nachrichten, Wirtschaftszahlen und individuellen Investitionsentscheidungen. Nur weil die Explosion besonders *salient* ist, bedeutet es noch lange nicht, dass sie für das Wirtschaftsgeschehen relevant ist. *Saliente* Informationen haben einen überproportionalen Einfluss auf unser Denken und Handeln. Daher: Genießen Sie alles *Saliente* mit äußerster Vorsicht. Lassen Sie sich nicht von hektischem Gehüpfe und Gespringe ablenken. Der Gang der Welt ist langsam.

Beispiele für den *Salienz-Effekt*, die nicht im Haupttext erwähnt sind:

☐ Der *Salienz-Effekt* ist ein wichtiger Grund, warum ich News so problematisch finde. Die Zeitungen und Nachrichtensendungen präsentieren uns *saliente* Events, um unsere Aufmerksamkeit zu gewinnen. Doch diese Events sind meistens nur die oberflächlichen Phänomene (Epiphänomene) tiefer liegender, oft unsichtbarer Ursachen. Beim Krieg in Syrien sehen wir blutende Opfer und feuernde Maschinengewehre. Doch um diesen Krieg wirklich zu verstehen, müssen wir die *nicht saliente* Geschichte Syriens kennen und die *nicht salienten* Strategien der USA, Russlands, Saudi-Arabiens und des Iran. Verwechseln Sie nicht *Salienz* mit Relevanz.

☐ *Salienz* in der Werbung: Als das neue MacBook Pro im Jahr 2018 auf den Markt kam, machte Apple mit der *salienten* »Touch Bar« Werbung – ein ziemlich nebensächliches, ja unbrauchbares Feature, das aber eben neu und auffällig war.

☐ Neid entsteht, indem wir uns mit anderen vergleichen. Wir vergleichen uns aber nicht in jeder Hinsicht mit ihnen (das wäre unmöglich), sondern wir fokussieren uns auf den auffälligsten *(salienten)* Unterschied. Beispiel: Ihr Nachbar fährt einen Porsche, Sie einen zerbeulten VW Golf. Ihr Hirn vernachlässigt nun alle anderen Dinge, die Ihr Leben und das Ihres Nachbarn bestimmen, und fokussiert sich auf den Autovergleich. Das ist idiotisch, denn der Porsche spielt im Leben Ihres Nachbarn eine nebensächliche Rolle. Auch er schlägt sich mit all den anderen Themen herum, mit denen auch Sie sich herumschlagen – Angst vor dem Alter, Ehekonflikte, schwierige Kinder, Stress bei der Arbeit etc. Die sind zwar weniger *salient* als der Porsche, aber wichtiger.

☐ Wenn es um Ihr Selbstmarketing geht, können Sie sich

den *Salienz-Effekt* zunutze machen, indem Sie sich ein »Markenzeichen« zulegen: einen bunten Schal, eine steile Frisur, ein Hündchen, das Sie immer bei sich haben. Sie gewinnen damit die Aufmerksamkeit der Leute. In einem zweiten Schritt können Sie ihnen Ihre Erfahrung, Ihre Intelligenz, Ihre Fähigkeiten anbieten – Dinge, die nicht ins Auge springen.

Kommen Ihnen weitere Beispiele für diesen Denkfehler in den Sinn?

Welche Beispiele für diesen Denkfehler sind Ihnen schon einmal unterlaufen? Kreuzen Sie sie an.

Wie häufig fallen Sie auf diesen Denkfehler herein? (von 1 = nie bis 10 = fast täglich)

Wie stark waren/wären die Konsequenzen? (von 1 = kaum Konsequenzen bis 10 = fatal)

Berechnen Sie den Denkfehlerindex (Häufigkeit x Konsequenzen x Konsequenzen) und tragen Sie die Zahl auf S. 390 ein.

Auf welche Weise könnten Sie diesen Denkfehler nutzen, um Menschen zu beeinflussen?

DIE ANDERE SEITE DES WISSENS

Wir überschätzen schriftlich fixiertes Wissen und unterschätzen praktisches. 90 % der Dinge, die in der Wirtschaft Wert generieren, basieren auf Wissen, das man kaum niederschreiben kann. Die Entwicklung von Technologien, das Gründen von Firmen, das Finden von Businessmodellen, Management und Leadership sind zum größten Teil Ergebnisse einer langen Reihe von Versuchen und Irrtümern, von eigener und fremder Erfahrung (die nichts anderes als konservierter Versuch und Irrtum ist). Möchten Sie von einem Arzt operiert werden, der tausend Medizinbücher gelesen, aber noch keine Operation durchgeführt hat? Oder doch lieber von einem, der kein einziges Buch gelesen, dafür aber tausend Mal erfolgreich operiert hat? Natürlich vermitteln viele Bücher einen nützlichen Grundstock an Wissen. Bücher sind vor allem effizient im Vermitteln von negativem Wissen: Sie lehren uns, was nicht funktioniert. Doch wenn es um spezifische Menschen, Märkte, Kulturen oder Technologien geht, schrumpft ihr Wert auf praktisch null. Deshalb bleibt eine uralte Tradition der Wissensvermittlung aktuell: das Meister-Schüler-Verhältnis. Es mag antiquiert klingen, ist aber weiterhin höchst erfolgsträchtig – in der Wissenschaft, in der Musik, in der Medizin, im Management. Ein guter Meister ist hundertmal so viel Wert wie hundert gute Bücher. Etwas vom Wichtigsten, was Sie als junger Mensch tun können: Arbeiten Sie mit einem erstklassigen Chef/Lehrmeister. Der Lohn in diesen Jahren ist nebensächlich. Halten Sie so früh wie möglich Ausschau danach.

Beispiele für die *andere Seite des Wissens,* die nicht im Haupttext erwähnt sind:

- [ ] 99 % unseres Privatlebens werden von Versuch und Irrtum bestimmt. Es gibt kein Buch, das Ihnen sagt, wie Sie am besten mit Ihrem Lebenspartner umgehen. Das müssen Sie selbst herausfinden, oft über Jahre. Und weil Menschen sich verändern, bleibt es ein ständiges Experiment. Dito bei der Kindererziehung. Jedes Kind kommt mit einem Charakter auf die Welt, den es in dieser exakten Ausprägung nirgendwo sonst gibt.
- [ ] Warren Buffett gibt selbst zu, in seiner Jugend so ziemlich jedes Investmentbuch gelesen zu haben. Doch wirklich gelernt hat er sein Handwerk bei Benjamin Graham, seinem Professor an der Columbia Business School und späteren Boss einer Investmentfirma. Buffett wusste um den Wert eines erstklassigen Meisters. Er war gewillt, gratis für ihn zu arbeiten.
- [ ] Wer waren Ihre Lehrmeister, von denen Sie am meisten gelernt haben? Meistens hatten diese Lehrmeister ihrerseits erstklassige Lehrmeister. Wer waren sie? Es lohnt sich, solche Persönlichkeiten zu studieren – um sie zu erkennen, wenn man das Glück hat, einem zu begegnen. Geborene Lehrmeister gibt es wenige – nicht jeder, der etwas besonders gut kann, kann es auch besonders gut weitervermitteln.
- [ ] Bevor Sie sich einen Meister suchen, entscheiden Sie, was Sie lernen wollen – und nicht umgekehrt. Schätzen Sie Ihr Potenzial realistisch ein. Sie können eine Pianistin noch so sehr anhimmeln – es hat wenig Sinn, anzustreben, in ihre Fußstapfen zu treten, wenn Sie zwei linke Hände haben.

☐ Sind Sie selbst jemandes Lehrmeister? Wenn Sie das Glück einer herausragenden Begabung haben, geben Sie Ihre Fähigkeit weiter. Das ist womöglich sogar erfüllender, als selbst noch mal etwas lernen zu wollen.

Kommen Ihnen weitere Beispiele für diesen Denkfehler in den Sinn?

_____
_____
_____

Welche Beispiele für diesen Denkfehler sind Ihnen schon einmal unterlaufen? Kreuzen Sie sie an.

Wie häufig fallen Sie auf diesen Denkfehler herein? (von 1 = nie bis 10 = fast täglich)

Wie stark waren/wären die Konsequenzen?
(von 1 = kaum Konsequenzen bis 10 = fatal)

Berechnen Sie den Denkfehlerindex (Häufigkeit x Konsequenzen x Konsequenzen) und tragen Sie die Zahl auf S. 391 ein.

Auf welche Weise könnten Sie diesen Denkfehler nutzen, um Menschen zu beeinflussen?

_____
_____
_____

HOUSE MONEY EFFECT

Je nachdem, woher Geld kommt, behandeln wir es anders. Einen Hunderter, den Sie auf der Straße finden, werden Sie mit weniger Bedenken ausgeben als einen, den Sie sich hart erarbeitet haben. Eigentlich sollte das keine Rolle spielen, denn Geld ist Geld. Trotzdem spüren wir alle den *House Money Effect* (benannt nach dem Geld, das man im Casino quasi geschenkt bekommt): Geld ist nicht nackt, es ist in emotionale Kleider gehüllt. Geld, das wir finden, gewinnen, erben oder geschenkt bekommen, geben wir spekulativer aus. Wir gehen mit diesem Geld mehr Risiken ein – bis hin zum erneuten Verspielen in Las Vegas. Den *House Money Effect* nennt man auch *mentale Buchhaltung (Mental Accounting)*. Marketingstrategen machen sich diesen Effekt zunutze: Kreditkartenfirmen »schenken« Ihnen einen Bonus von hundert Euro, wenn Sie das Formular ausfüllen. Frequent-Flyer-Unternehmen »schenken« Ihnen tausend Meilen, wenn Sie ihrem Klub beitreten. Telekommunikationsunternehmen »schenken« Ihnen 100 Gratisminuten, wenn Sie zu ihnen wechseln. Sie werden diese »Guthaben« alle ziemlich bedenkenlos ausgeben – und, so der Plan, hoffentlich noch viel mehr. Seien Sie deshalb vorsichtig, wenn Sie unverhofft zu Geld kommen. Falls Sie Abschreckungsbeispiele brauchen, googeln Sie ein paar tragische Lebensgeschichten von Lottomillionären.

Beispiele zum *House Money Effect*, die nicht im Haupttext erwähnt sind:

- [ ] Geschenkkarten boomen – von Apple, Google, Amazon und vielen anderen Anbietern. Diese Karten lohnen sich gleich doppelt für die Anbieter. Erstens vergisst ein Großteil der Beschenkten, sie vor dem Ablaufdatum zu »verbrauchen«. Oder sie werden verlegt. Oder verloren. Der Anbieter jedoch hat 100 % des Umsatzes schon gemacht. Zweitens tendiert der Kunde, einmal eingeloggt, dazu, deutlich mehr auszugeben als den Gutscheinwert.
- [ ] Dito mit Restaurantgutscheinen. Meist geben wir viel mehr aus als den eigentlichen Gutscheinwert. Und Hand aufs Herz: Wie viele Restaurants hätten Sie ohne Gutschein gar nicht erst besucht? Hier verbindet sich der *House Money Effect* mit der *Sunk Cost Fallacy* (siehe *Die Kunst des klaren Denkens*).
- [ ] Bei einigen Konsumenten wirken Kreditrahmen wie Gutscheine. Auch hier, etwa bei Konsumkrediten oder Autoleasing, spielt der *House Money Effect* mit: Wir haben das Gefühl, der Kredit sei geschenktes Geld – also kann man es leichtfertiger ausgeben und sich ein imposanteres Auto gönnen. Bis eines Tages die Vollbremsung nötig wird.
- [ ] Ich setze *mentale Buchführung* täglich bei kleinen Beträgen ein. Während es mich früher geärgert hat, für einen Espresso sechs Euro zu bezahlen, rege ich mich heute nicht mehr auf. Ich habe mir eine arbiträre Grenze von zehn Euro gesetzt. Alles unter zehn Euro ist für mich »weißes Rauschen«. Ich trinke seither nicht mehr oder weniger Espresso. Ich gebe auch nicht mehr oder weniger Geld aus als ohne diesen mentalen Trick. Aber

ich spare mir die negativen Emotionen. In jeder Sekunde schwankt das Portfolio, das meine Pensionskasse für mich verwaltet, um zehn Euro, und ich rege mich ja auch nicht auf, wenn es von einer auf die andere Sekunde sinkt.

Kommen Ihnen weitere Beispiele für diesen Denkfehler in den Sinn?

___

___

___

Welche Beispiele für diesen Denkfehler sind Ihnen schon einmal unterlaufen? Kreuzen Sie sie an.

Wie häufig fallen Sie auf diesen Denkfehler herein? (von 1 = nie bis 10 = fast täglich)

Wie stark waren/wären die Konsequenzen?
(von 1 = kaum Konsequenzen bis 10 = fatal)

Berechnen Sie den Denkfehlerindex (Häufigkeit x Konsequenzen x Konsequenzen) und tragen Sie die Zahl auf S. 391 ein.

Auf welche Weise könnten Sie diesen Denkfehler nutzen, um Menschen zu beeinflussen?

___

___

___

PROKRASTINATION

Prokrastination oder *Handlungsaufschub* ist die Tendenz, unangenehme, aber wichtige Handlungen zu verschleppen: den mühseligen Gang ins Fitnesscenter, das Ausfüllen der Steuererklärung, das Schreiben der Abiturarbeit, das Versenden von Dankeskarten. Daran ändern auch die Neujahrsvorsätze nichts. *Prokrastination* ist irrational, denn das Vorhaben erledigt sich ja nicht von selbst. Es ist auch nicht so, dass wir nicht wüssten, was wir uns mit dem ständigen Aufschieben einbrocken. Warum tun wir es trotzdem? Weil zwischen Aufwand und Ertrag eine zeitliche Kluft liegt. Wir werden für unsere Anstrengung nicht unmittelbar belohnt. Diese Kluft zu überbrücken erfordert ein hohes Maß an mentaler Kraft, an sogenannter *Selbstkontrolle*. Diese Kraft können wir nicht rund um die Uhr aufbieten, genauso wenig, wie wir einen Muskel dauernd anspannen können. Man braucht Phasen, in denen man sich entspannt und die Batterie wieder auflädt. Das ist das eine. Die zweite notwendige Bedingung, um der *Prokrastination* zu entgehen, sind Tricks, die uns daran hindern, dass wir uns rund um die Uhr hin- und hertreiben lassen, statt zu tun, was wir uns vorgenommen haben. Dazu gehört das Eliminieren von Ablenkungen, das Unterteilen von Arbeiten in klare Teilschritte und Deadlines (am besten extern aufgezwungene).

Beispiele für *Prokrastination*, die nicht im Haupttext erwähnt sind:

☐ Selbst gesetzte Deadlines funktionieren selten. Erstens

empfinden wir sie nicht als harte Wände, sondern als luftige Vorhänge. Wir denken: »Ich habe die Deadline ja selbst gesetzt, also kann ich sie auch verschieben.« Frage: Von all den Deadlines die Sie sich selbst setzen, welchen Anteil verschieben Sie jeweils? Und wie groß ist der Anteil von externen Deadlines, bei denen Sie um Aufschub bitten müssen? Sicherlich markant kleiner. Wenn Sie können, setzen Sie sich nicht nur selbst eine Deadline, sondern versprechen Sie jemandem etwas: ihrem Arbeitskollegen, ihrer Partnerin etc. Sagen Sie: »Heute Nachmittag um vier zeig ich dir das; bis dahin will ich damit durch sein.«

☐ Zweitens: Deadlines, die zeitlich in der Ferne liegen, empfinden wir nicht als Deadlines, sondern als schwammige Möglichkeiten. Selbst wenn es externe Deadlines sind wie die Steuererklärung oder der TÜV-Termin. Wir tendieren dazu, externe Deadlines erst wahrzunehmen, wenn wir die Messerklinge am Hals spüren. Frage: Welche wichtigen externen Deadlines könnten Sie ins Hier und Jetzt verfrachten und abarbeiten, damit Sie sie von der Backe haben? Welche können Sie in Teilschritte aufteilen, die in möglichst naher Zukunft liegen?

☐ Drittens: Wir nehmen uns zu viel vor (siehe das Kapitel zur *Selbstüberschätzung* in *Die Kunst des klaren Denkens*). Selbst wenn wir 50 % effizienter wären, würden wir nicht alles hinkriegen. Hier hilft nur: Prioritäten ausmisten! Tun Sie ausschließlich, was Sie in Ihrem *Kompetenzkreis* weiterbringt. Alles andere lassen Sie liegen.

☐ Und noch ein vierter Tipp: Machen Sie »Meetings mit

sich selbst« aus. Legen Sie für etwas, das Sie erledigen müssen, einen vernünftigen Zeitraum fest, und tragen Sie ihn im Kalender ein – als ob Sie ein Meeting mit Kollegen hätten. Wenn Sie dann für einen anderen Termin in diesem Zeitraum angefragt werden, sagen Sie ab: »Tut mir leid, da habe ich schon einen Termin.« Dass er nur Sie selbst betrifft, brauchen nur Sie selbst wissen.

Kommen Ihnen weitere Beispiele für diesen Denkfehler in den Sinn?

___
___
___

Welche Beispiele für diesen Denkfehler sind Ihnen schon einmal unterlaufen? Kreuzen Sie sie an.

Wie häufig fallen Sie auf diesen Denkfehler herein? (von 1 = nie bis 10 = fast täglich)

Wie stark waren/wären die Konsequenzen?
(von 1 = kaum Konsequenzen bis 10 = fatal)

Berechnen Sie den Denkfehlerindex (Häufigkeit x Konsequenzen x Konsequenzen) und tragen Sie die Zahl auf S. 391 ein.

Auf welche Weise könnten Sie diesen Denkfehler nutzen, um Menschen zu beeinflussen?

___
___
___

NEID

Von allen Emotionen ist *Neid* die idiotischste. Je früher Sie den *Neid* aus Ihrem Repertoire streichen, desto besser wird Ihr Leben sein. Dazu müssen Sie verstehen, wie *Neid* funktioniert. Wir beneiden vor allem jene, die uns in puncto Alter, Beruf und Lebensart ähnlich sind. Wir beneiden keinen Unternehmer aus dem vorletzten Jahrhundert. Wir beneiden keine Pflanzen oder Tiere. Wir beneiden keinen Millionär auf der anderen Seite der Welt – wohl aber einen in der unmittelbaren Nachbarschaft. Als Schriftsteller beneide ich keine Musiker, Manager oder Zahnärzte um ihren Erfolg, wohl aber andere Schriftsteller. Das wusste schon Aristoteles: »Töpfer beneiden Töpfer.« Soziale Medien sind wahre *Neid*-Treiber. Weil die Fotos, die Ihre »Freunde« hochladen, streng ausgewählt sind, haben Sie das Gefühl, die anderen hätten ein viel besseres Leben als Sie. Alles Trug. Am besten, Sie steigen aus den sozialen Medien aus und hören auf, sich mit anderen zu vergleichen. Es gibt nur einen Menschen, den Sie sich zum Maßstab setzen sollten: der Mensch, der zu sein Sie sich vorgenommen haben.

Beispiele für *Neid*, die nicht im Haupttext erwähnt sind:
- ☐ Wenn Sie auf jemanden neidisch sind, vergleichen Sie sich meistens in genau einer Dimension – und zwar fokussieren Sie sich auf den auffälligsten *(salienten)* Unterschied – siehe Kapitel 34 zum *Salienz-Effekt*. Beispiel: Ihr Nachbar besitzt einen Privatjet, Sie hingegen

können sich gerade mal Flüge mit Billig-Airlines leisten. Ihr Gehirn vernachlässigt nun alle anderen Dimensionen zwischen Ihnen und Ihrem Nachbarn. Das ist blödsinnig, denn der Privatjet spielt im Leben Ihres Nachbarn eine nebensächliche Rolle. Stellen Sie sich das Leben von der Geburt bis zum Tod wie eine lange Wurst vor, die aus vielen Wurstscheibchen besteht. Eine Wurstscheibe entspricht drei Sekunden – das ist die Dauer eines gefühlten Moments. Und nun fragen Sie sich: In wie vielen Zeitscheiben meines Nachbarn kommt dieser Privatjet vor? Sie werden feststellen, dass dies ganz wenige Scheibchen sind. Die meisten sind mit anderen Dingen angefüllt: mit sozialem Stress, Reizüberflutung, mit E-Mails, mit Langeweile, mit der Angst vor dem Tod – alles Dinge, mit denen auch Ihr Nachbar zu kämpfen hat und bei denen ihm der Jet herzlich wenig hilft.

☐ Die Bibel illustriert die zerstörerische Kraft des *Neids* mit einem Dutzend Geschichten, allen voran in der Parabel von Kain und Abel. Und Schneewittchen, dieses kriminalistische Märchen, ist eine erstklassige *Neid*-Geschichte. Kennen Sie andere Geschichten, in denen *Neid* Beziehungen, Karrieren oder sogar Leben zerstört hat?

☐ Welches war Ihre bisher schlimmste oder idiotischste Reaktion auf *Neid* – und was waren die Kosten für Sie? Sie werden feststellen, *Neid* lohnt sich nie.

☐ Übrigens: Statt Mitgliedern Ihrer Peergroup den Erfolg zu missgönnen, sollte Sie sie vielmehr in ihrem Erfolg bestätigen. Das zahlt sich im Gegensatz zum *Neid* tatsächlich aus: Wenn Sie sich mit jemand Erfolgreichem assoziieren, steigen die Chancen, dass der Erfolg auf Sie abfärbt und dass sich die erfolgreiche Person vielleicht sogar mal bei Ihnen revanchiert. Wenn Sie also zum Beispiel eine aufstrebende Fotografin sind, hat es keinen Sinn, der erfolgreichsten Fotografin der Szene jedes Like zu missgönnen und sie vor anderen schlechtzumachen. Besser ist es, den Kontakt zu suchen, ihr auf ihrem Erfolgsweg zu helfen – und damit Teil dieses Erfolgswegs zu werden.

Kommen Ihnen weitere Beispiele für diesen Denkfehler in den Sinn?

___
___
___

Welche Beispiele für diesen Denkfehler sind Ihnen schon einmal unterlaufen? Kreuzen Sie sie an.

Wie häufig fallen Sie auf diesen Denkfehler herein? (von 1 = nie bis 10 = fast täglich)

Wie stark waren/wären die Konsequenzen? (von 1 = kaum Konsequenzen bis 10 = fatal)

Berechnen Sie den Denkfehlerindex (Häufigkeit x Konsequenzen x Konsequenzen) und tragen Sie die Zahl auf S. 391 ein.

Auf welche Weise könnten Sie diesen Denkfehler nutzen, um Menschen zu beeinflussen?

___
___
___

PERSONIFIKATION

Auf Statistiken reagieren wir abgeklärt. Auf Menschen hingegen höchst emotional. Das Bild eines einzelnen Opfers (eines Verkehrsunfalls, einer Naturkatastrophe, eines Kriegs) treibt Spenden viel stärker in die Höhe als Zahlen, die das wahre Ausmaß des Unheils darlegen. Die Medien wissen schon lange, dass mit Tatsachenberichten und Balkendiagrammen keine Leser zu gewinnen sind. Also lautet die Devise: kein Artikel ohne Namen, keiner ohne Gesicht! Geht es um ein Unternehmen, wird der CEO ins Zentrum gerückt. Geht es um einen Staat, muss dessen Präsident ins Blatt. Dabei überschätzen wir die Rolle dieser Leaders heillos. CEOs, Staatsoberhäupter, Fußballtrainer, Generäle sind in Sachzwängen gefangen – selbst der Papst. Es ist wie beim Schach: Im ersten Moment scheinen viele Züge möglich. Doch schon bald erkennt man: Es gibt genau einen sinnvollen Zug; alle anderen führen ins Verderben. Genauso ist es mit Führungsverantwortung. Seien Sie skeptisch, wenn folgenreiche Entwicklungen an einer Person festgemacht werden. Meistens kann die weder viel dafür noch dagegen. Und die *Personifikation* trägt zu Ihrem Verständnis der Sache nichts bei.

Beispiele für die *Personifikation*, die nicht im Haupttext erwähnt sind:

☐ In der Konsumentenwerbung sehen Sie nicht zufällig meist Einzelpersonen (oder Familien), die das Produkt konsumiert haben und nun vor Glückseligkeit zu schweben scheinen. Frage: Gibt es in Ihrem Business

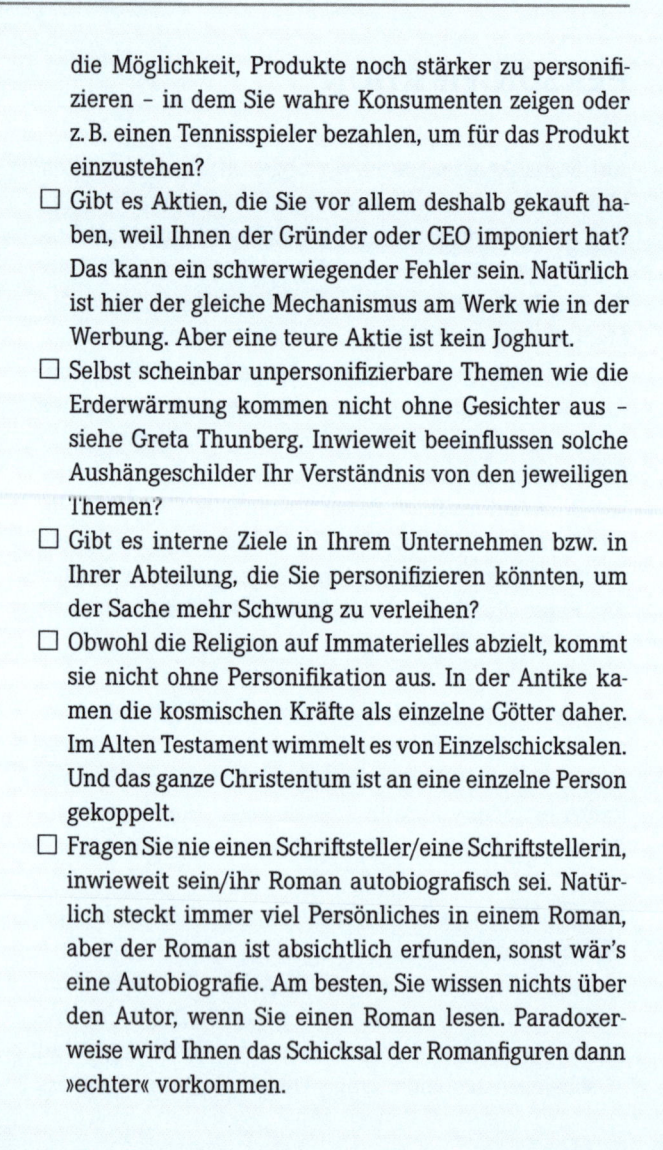

die Möglichkeit, Produkte noch stärker zu personifizieren – in dem Sie wahre Konsumenten zeigen oder z. B. einen Tennisspieler bezahlen, um für das Produkt einzustehen?
- [ ] Gibt es Aktien, die Sie vor allem deshalb gekauft haben, weil Ihnen der Gründer oder CEO imponiert hat? Das kann ein schwerwiegender Fehler sein. Natürlich ist hier der gleiche Mechanismus am Werk wie in der Werbung. Aber eine teure Aktie ist kein Joghurt.
- [ ] Selbst scheinbar unpersonifizierbare Themen wie die Erderwärmung kommen nicht ohne Gesichter aus – siehe Greta Thunberg. Inwieweit beeinflussen solche Aushängeschilder Ihr Verständnis von den jeweiligen Themen?
- [ ] Gibt es interne Ziele in Ihrem Unternehmen bzw. in Ihrer Abteilung, die Sie personifizieren könnten, um der Sache mehr Schwung zu verleihen?
- [ ] Obwohl die Religion auf Immaterielles abzielt, kommt sie nicht ohne Personifikation aus. In der Antike kamen die kosmischen Kräfte als einzelne Götter daher. Im Alten Testament wimmelt es von Einzelschicksalen. Und das ganze Christentum ist an eine einzelne Person gekoppelt.
- [ ] Fragen Sie nie einen Schriftsteller/eine Schriftstellerin, inwieweit sein/ihr Roman autobiografisch sei. Natürlich steckt immer viel Persönliches in einem Roman, aber der Roman ist absichtlich erfunden, sonst wär's eine Autobiografie. Am besten, Sie wissen nichts über den Autor, wenn Sie einen Roman lesen. Paradoxerweise wird Ihnen das Schicksal der Romanfiguren dann »echter« vorkommen.

Kommen Ihnen weitere Beispiele für diesen Denkfehler in den Sinn?

_____

_____

_____

Welche Beispiele für diesen Denkfehler sind Ihnen schon einmal unterlaufen? Kreuzen Sie sie an.

Wie häufig fallen Sie auf diesen Denkfehler herein? (von 1 = nie bis 10 = fast täglich)

Wie stark waren/wären die Konsequenzen?
(von 1 = kaum Konsequenzen bis 10 = fatal)

Berechnen Sie den Denkfehlerindex (Häufigkeit x Konsequenzen x Konsequenzen) und tragen Sie die Zahl auf S. 391 ein.

Auf welche Weise könnten Sie diesen Denkfehler nutzen, um Menschen zu beeinflussen?

_____

_____

_____

WAS-MICH-NICHT-UMBRINGT-TRUGSCHLUSS

»Was mich nicht umbringt, macht mich stärker.« Der Satz stammt von Nietzsche. Er ist falsch. Eine Firmenkrise stärkt nicht, sie schwächt: Die Kunden laufen davon. Die Medien kommentieren hämisch. Der Cash-Bestand sinkt. Die Kredite werden teurer. Die guten Mitarbeiter kriegen kalte Füße und verabschieden sich. Und doch wollen wir Positives darin sehen. Woher stammt diese Illusion? Ganz einfach: Es gibt immer wieder Fälle von Firmen, Personen, Familien, Städten, die gestärkt aus einer Krise hervorgegangen sind. Was wir jedoch nicht sehen, sind all jene, die durch die Krise verschwunden sind. Weil es sie nicht mehr gibt, schreibt niemand über sie. Fakt ist: Wer eine Krise überlebt, hat oft einfach Glück gehabt. Angenommen, man schickt 100 Bierbrauereien durch eine heftige Wirtschaftskrise und verfolgt ihr Schicksal. Wie würde die statistische Verteilung aussehen? Die meisten gingen bankrott, einige wenige stünden gleich gut da wie vorher und einige wenige sogar besser. Aus der Sicht dieser Überlebenden ist man gestärkt aus der Krise hervorgegangen. Selbst das ist eine Illusion: Logisch, dass es einem gut geht, wenn eine solche Menge an Konkurrenten weggefallen ist. Im Ganzen betrachtet ist die Krise eine Krise und kein Stärkungsprozess. Dass man in einer Krise auch untergehen kann (oder hätte untergehen können), vergisst man leicht, wenn man sie erfolgreich hinter sich gebracht hat.

Beispiele für den *Was-mich-nicht-umbringt-Trugschluss*, die nicht im Haupttext erwähnt sind:

- [ ] In den 1920er-Jahren war klar: Das Automobil ist nicht mehr wegzudenken, es wird die Welt radikal verändern. Es war auch klar, dass mit dieser technologischen Revolution viel Geld zu verdienen war. Das Problem war nur: Es gab damals allein in den USA 2.000 Automobilproduzenten. Drei davon haben überlebt. 1997 Autofirmen sind alles andere als »gestärkt« aus dem Verdrängungskampf hervorgegangen. Es war unmöglich zu sagen, welche der drei überleben würden. Eine wunderbare Technologie zu erkennen und Geldverdienen sind zwei unterschiedliche Dinge.

- [ ] Dito im Zeitungsmarkt. Google und Facebook haben den Zeitungen die Werbeerlöse weggeschnappt. Gleichzeitig haben sie die Leser so »erzogen«, dass sie Gratisinhalte erwarten. »Information wants to be free«, lautete der idiotischste Satz, der je aus dem Silicon Valley kam. Das Ergebnis: eine seit 20 Jahren andauernde Zeitungs- und Medienkrise. Die wenigen Überlebenden *(New York Times, Wall Street Journal, Economist)* sind gestärkt aus der Krise hervorgegangen. Bei 99 % der Marktteilnehmer hingegen ist das Gegenteil passiert.

- [ ] Ist jemand, der Krebs, einen Hauseinsturz, einen Terroranschlag oder den Tod seines Kindes überlebt hat, »gestärkt« aus dieser Krise hervorgegangen? Nein. Die meisten Menschen sind traumatisiert. Die Amygdala (das Angstzentrum im Gehirn) ist nun hypersensitiv, und die kleinsten Gefahren lassen die inneren Alarmglocken läuten. Kein gutes Leben.

☐ Haben Sie (im Privat- oder Geschäftsleben) auch schon Krisen erlebt, aus denen Sie »gestärkt« hervorgegangen sind? Wie viel schlauer wäre es gewesen, sich vor der Krise laufend auf die neuen Gegebenheiten einzustellen und sich zu stärken?

☐ Zuletzt eine Einschränkung der Regel: Kleine Schocks können einen Organismus, eine Person oder ein Unternehmen tatsächlich stärken. Kleine Schocks sind wie Impfungen gegen größere Schocks. Schon vor 2.000 Jahren betrachteten die Stoiker alle Schwierigkeiten im Leben als Chancen für persönliches Wachstum. Das stimmt. Aber nur bis zu einem bestimmten Krisenausmaß. Für Menschen wie Sie und mich sind große Krisen keine »Impfungen« für Megakrisen.

Kommen Ihnen weitere Beispiele für diesen Denkfehler in den Sinn?

Welche Beispiele für diesen Denkfehler sind Ihnen schon einmal unterlaufen? Kreuzen Sie sie an.

Wie häufig fallen Sie auf diesen Denkfehler herein? (von 1 = nie bis 10 = fast täglich)

Wie stark waren/wären die Konsequenzen? (von 1 = kaum Konsequenzen bis 10 = fatal)

Berechnen Sie den Denkfehlerindex (Häufigkeit x Konsequenzen x Konsequenzen) und tragen Sie die Zahl auf S. 391 ein.

AUFMERKSAMKEITSILLUSION

Wenn wir uns auf etwas fokussieren, fehlt uns die Aufmerksamkeit für andere Dinge. Das ist normal, denn wir können uns nicht auf alles in der Welt konzentrieren. Die Krux ist: Uns fallen nur diejenigen Dinge auf, die uns eben auffallen – und nicht jene, die wir übersehen. Wir haben keine Evidenz für unsere fehlende Aufmerksamkeit und wiegen uns in der gefährlichen Illusion, dass wir alles Wichtige wahrnehmen. Deshalb: Konzentrieren Sie sich voll auf Ihre tägliche Arbeit – sonst erreichen Sie nichts. Aber alle drei Monate rauben Sie sich selbst diese *Aufmerksamkeitsillusion*. Konfrontieren Sie sich mit allen möglichen und scheinbar unmöglichen Szenarien. Was könnte Unerwartetes eintreten? Was lauert neben, was lauert hinter den medialen Brennpunkten? Wovon spricht niemand? Wo ist es merkwürdig ruhig? Denken Sie das Undenkbare. Zukünftige Überraschungen können noch so groß und anders sein, sie können sich jetzt schon abzeichnen, doch wir sehen sie vielleicht trotzdem nicht. Es lohnt sich, gelegentlich den Fokus zurückzufahren und den Blick wieder in die Weite zu richten, denn Sie brauchen beides: Fokus und Non-Fokus – jedoch nicht parallel, sondern zeitlich versetzt.

Beispiele für die *Aufmerksamkeitsillusion*, die nicht im Haupttext erwähnt sind:
☐ Ist es Ihnen auch schon passiert, dass Sie etwas Großes, Wichtiges, Entscheidendes oder Verheerendes nicht haben kommen sehen? Falls ja, hätten Sie es kommen

sehen, wenn Sie alle drei Monate einen »Denk-Tag« eingelegt hätten, um mögliche und unmögliche Szenarien zu durchdenken?

☐ Das Gegenteil der *Aufmerksamkeitsillusion* ist *Priming*. *Priming* bedeutet gedankliches Vorbereiten. Der Klassiker (antworten Sie möglichst schnell): Welche Farbe hat Schnee? Weiß. Welche Farbe haben die Wolken? Weiß. Welche Farbe hat die Wand? Weiß. Was trinkt die Kuh? Milch. Falsch! *Priming* hat sie auf »Weiß« vorbereitet. Aber richtiges *Priming* kann Sie eben auch auf Finanzkrisen, disruptive Geschäftsmodelle oder Hackerangriffe vorbereiten, was sehr wertvoll ist. Womit Sie sich eingehend beschäftigt haben, das kann Sie nicht auf dem falschen Fuß erwischen.

☐ Mein bester Chef (Philippe Bruggisser) hat mal gesagt: »Wenn du die Bergwand (des Lebens, der Karriere, der Unternehmung) hochkletterst, siehst du immer nur die nächsten paar Meter. Geh ab und zu weg und betrachte deine Firma (bzw. dein Leben, deine Karriere) aus der Ferne. Erst dann siehst du, welche Form der Berg hat, den du besteigst.«

☐ Die Konzentration auf die Arbeit, die vor Ihnen liegt, raubt Ihnen oft den Blick auf die langfristigen Ziele. Passend dazu Charlie Mungers Zitat: »The majority of life's errors are caused by forgetting what one is really trying to do.«

Kommen Ihnen weitere Beispiele für diesen Denkfehler in den Sinn?

_____
_____
_____

Welche Beispiele für diesen Denkfehler sind Ihnen schon einmal unterlaufen? Kreuzen Sie sie an.

Wie häufig fallen Sie auf diesen Denkfehler herein? (von 1 = nie bis 10 = fast täglich)

Wie stark waren/wären die Konsequenzen? (von 1 = kaum Konsequenzen bis 10 = fatal)

Berechnen Sie den Denkfehlerindex (Häufigkeit x Konsequenzen x Konsequenzen) und tragen Sie die Zahl auf S. 391 ein.

Auf welche Weise könnten Sie diesen Denkfehler nutzen, um Menschen zu beeinflussen?

_____
_____
_____

STRATEGISCHE FALSCHANGABEN

Um für ein Projekt grünes Licht zu bekommen, machen die Initiatoren oft *strategische Falschangaben*. Sie untertreiben Kosten und Dauer, und sie übertreiben den potenziellen Nutzen. Warum kommt es fast immer zu Kosten- und Terminüberschreitungen? Weil nicht das beste Projekt finanziert wird, sondern jenes, das auf dem Papier am besten aussieht. Der dänische Wirtschaftsgeograf Bent Flyvbjerg nennt dies »umgekehrten Darwinismus«: Wer am meisten heiße Luft produziert, wird mit dem Auftrag belohnt. Am anfälligsten für *strategische Falschangaben* sind Megaprojekte, bei denen erstens niemand so richtig die Verantwortung trägt, zweitens viele Unternehmen eingebunden sind, die sich gegenseitig die Schuld in die Schuhe schieben können, und bei denen drittens die Fertigstellung frühestens in ein paar Jahren erwartet wird. Tipp: Wenn Sie es mit einer Person zu tun haben (z. B. einem Stellenkandidaten), dann beachten Sie nicht, was Ihr Gesprächspartner sagt, sondern was er in der Vergangenheit tatsächlich geleistet hat. Und wenn es sich um Projekte handelt: Betrachten Sie Laufzeit, Nutzen und Kosten vergleichbarer Projekte, und verlangen Sie eine Begründung, warum der vorliegende Plan so viel optimistischer ist. Geben Sie den Plan einem Finanzmann, der ihn gnadenlos zerpflückt. Und: Nehmen Sie eine Klausel in den Vertrag, der scharfe Geldstrafen für Kosten- und Terminüberschreitungen vorsieht.

Beispiele für *strategische Falschangaben*, die nicht im Haupttext erwähnt sind:

☐ Es gab in der Geschichte der Olympischen Spiele noch kein einziges Vorhaben, bei dem die Kosten eingehalten wurden. Drei Gründe: erstens *strategische Falschangaben*, um das Vorhaben bei den Steuerzahlern durchzubringen. Zweitens kann man (anders als etwa bei der Eröffnung von Tunnels oder Brücken) das Eröffnungsdatum der Spiele nicht verschieben. Also versucht man, die Sache mit Geld zu beschleunigen, wenn Schwierigkeiten auftreten. Drittens: Die Spiele finden immer an einem anderen Ort statt, mit einem anderen Organisationskomitee. Das ist etwa die dümmste Art, ein ohnehin kompliziertes Projekt zu managen. Bent Flyvbjerg nennt es das »Eternal Beginner Syndrome« (»das ewige Anfängersyndrom«). Jeder Veranstalter beginnt auf Feld 1.

☐ *Strategische Falschangaben* bei Headhuntern. Das Wichtigste für den Headhunter ist, sich erst mal den Auftrag zu sichern, oft durch vollmundige Versprechungen. Es ist meines Wissens noch nie vorgekommen, dass ein Headhunter dem Auftraggeber zurückgemeldet hat: »Sorry, wir haben leider keinen passenden Kandidaten gefunden.« Dabei wäre das etwas, das ja im normalen Leben ständig vorkommt – dass man z. B. kein passendes Haus findet, keinen passenden Lebenspartner, keine passende Software, keine passende Ausbildung etc.

☐ Kriege werden der Bevölkerung immer über *strategische Falschangaben* verkauft – mit dem Versprechen eines garantierten Siegs. Es geht ja nicht, dass der Präsident des Landes verkündet: »Die Wahrscheinlichkeit,

dass wir den Krieg gewinnen werden, liegt bei fifty-fifty.« Wenn beide Kriegsparteien »Wir werden siegen!« skandieren, wird mindestens eine ihr Volk enttäuschen.
☐ *Strategische Falschangaben* beim Onlinedating: Männer übertreiben bewusst bei der Angabe ihres Vermögens und der Ziele, was die Beziehung angeht. Frauen lügen strategisch bei der Angabe ihres Körpergewichts. Nur mit Ehrlichkeit wirbt keine(r).

Kommen Ihnen weitere Beispiele für diesen Denkfehler in den Sinn?

_____

_____

Welche Beispiele für diesen Denkfehler sind Ihnen schon einmal unterlaufen? Kreuzen Sie sie an.

Wie häufig fallen Sie auf diesen Denkfehler herein? (von 1 = nie bis 10 = fast täglich)

Wie stark waren/wären die Konsequenzen? (von 1 = kaum Konsequenzen bis 10 = fatal)

Berechnen Sie den Denkfehlerindex (Häufigkeit x Konsequenzen x Konsequenzen) und tragen Sie die Zahl auf S. 391 ein.

Auf welche Weise könnten Sie diesen Denkfehler nutzen, um Menschen zu beeinflussen?

_____

_____

_____

ZU VIEL DENKEN

In gewissen Situationen kann langes Nachdenken kontraproduktiv sein. Wenn man zu viel nachdenkt, schnürt man den Kopf von der Weisheit der Intuition ab. Das klingt esoterisch, ist es aber nicht, denn Intuition ergibt sich genauso wie glasklare rationale Gedanken. Intuition ist bloß eine andere Art der Informationsverarbeitung. Es fragt sich: Wann soll man nachdenken, wann auf den »Bauch« hören? Handelt es sich um eingeübte, vor allem motorische Fähigkeiten (z. B. Golf), oder geht es um Fragen, in denen wir Meisterschaft erlangt haben? Dann denkt man besser nicht lange nach. Dasselbe gilt für Entscheidungen, vor denen schon unsere steinzeitlichen Vorfahren standen, etwa die Frage, ob man jemandem vertrauen kann. Dafür haben wir Heuristiken (Denkabkürzungen), die dem rationalen Denken meistens überlegen sind. In komplexen Situationen hingegen, auf die uns die Evolution nicht vorbereitet hat (etwa bei Investitionsentscheidungen), tun Sie gut daran, nüchtern nachzudenken. Hier ist Logik besser als Intuition. Die Intuition kann sogar systematisch falsch sein, wie Sie anhand einer Reihe von Denkfehlern erfahren haben. Aber zurück zum *Zu-viel-Denken:* Man kommt relativ schnell an einen Punkt, an dem die zusätzliche Erkenntnis durch Denken auf null sinkt. Nennen wir ihn den »Punkt des maximalen Grübelns« (im Detail beschrieben in *Die Kunst des guten Lebens).* Nichts gegen das Nachdenken! Schon nach kurzer Zeit des Überlegens erzielt man enorme Erkenntnisfortschritte. Doch mit der Zeit werden diese Fortschritte kleiner und kleiner, und es ist erstaunlich, wie schnell man den »Punkt des maximalen Grübelns« erreicht. Dann muss man handeln, ausprobieren, experimentieren. Pablo Picasso sagte: »Um zu wissen, was man zeichnen will, muss man anfangen zu zeichnen.«

Beispiele für das *Zu-viel-Denken*, die nicht im Haupttext erwähnt sind:

☐ Das Schöne, wenn man sich einen *Kompetenzkreis* geschaffen hat: Man weiß sofort, dass etwas *nicht* funktionieren wird. Die Intuition ist stark im »negativen Wissen«. Aber sie genügt meistens nicht, um zu sehen, ob etwas funktionieren wird (»positives Wissen«). Der Grund: Man hat schon unzählige Dinge ausprobiert, und es gibt nun mal mehr Dinge, die nicht funktionieren, als Dinge, die funktionieren. Beispiel: In der Schriftstellerei sehe ich sofort, ob ein Kapitel aufgeht oder nicht – meist bevor ich den zweiten Satz geschrieben habe. Langes Grübeln wäre hier nur Zeitverschwendung.

☐ An der Börse trügt unsere Intuition sehr oft. Hier lohnt es sich, nachzudenken und die Geschäftsberichte der infrage stehenden Investments genau zu studieren. Wenn es Finanzmärkte seit 200.000 Jahren gäbe, hätten wir eine gute Intuition dafür entwickelt. Aber die Börse ist für unser Gehirn eine komplett neue Umwelt. Darum: Folgen Sie der Intuition nicht, wenn Sie »das Gefühl« haben, dass der Aktienkurs steigen oder fallen wird.

☐ Haben Sie Zweifel, ob Ihnen ein bestimmtes Paar Schuhe, ein bestimmter Pulli oder eine Hose stehen könnte? Kaufen Sie sie nicht. Sie haben in Ihrem Leben schon Hunderttausende von Hosen und Körperformen gesehen, inklusive Ihrer eigenen. Sie wissen intuitiv, worin Sie sich wohlfühlen und worin nicht. Ihr Zweifel könnte ein Zeichen sein, dass Sie diese eine Hose überhaupt nur deshalb begutachten, weil sie gerade als Fashion-Must-have gilt. Sie würden sie kaum mehr als ein- oder zweimal tragen.

☐ Gibt es Situationen in Ihrem Berufs- oder Privatleben, in denen Sie sich durch zu langes Nachdenken in einen Nachteil manövriert haben – in denen eine intuitive Entscheidung besser gewesen wäre?

Kommen Ihnen weitere Beispiele für diesen Denkfehler in den Sinn?

___
___
___

Welche Beispiele für diesen Denkfehler sind Ihnen schon einmal unterlaufen? Kreuzen Sie sie an.

Wie häufig fallen Sie auf diesen Denkfehler herein? (von 1 = nie bis 10 = fast täglich)

Wie stark waren/wären die Konsequenzen?
(von 1 = kaum Konsequenzen bis 10 = fatal)

Berechnen Sie den Denkfehlerindex (Häufigkeit x Konsequenzen x Konsequenzen) und tragen Sie die Zahl auf S. 391 ein.

PLANUNGSIRRTUM

Wie oft kommt es vor, dass Sie Ihre tägliche To-do-Liste abarbeiten können? Einmal die Woche? Einmal im Monat? Vermutlich lautet Ihre Antwort eher: nie. Warum lernen wir nicht daraus? Das hat mit unserer *Selbstüberschätzung* zu tun (siehe *Der Overconfidence-Effekt* in *Die Kunst des klaren Denkens*). Wir überschätzen systematisch unsere Fähigkeiten und unser Wissen. Wir überschätzen unsere Geschwindigkeit und unsere Konzentrationsfähigkeit. Und wir unterschätzen die unvorhergesehenen Störungen – obwohl sie ja jeden Tag auftauchen, bloß halt immer wieder andere. Das Ergebnis: Unsere Pläne gehen nicht auf. Das gilt sowohl für die eigenen Tagespläne als auch für Projekte im Business oder in der Politik. Alles erweist sich als schwieriger als geplant. Was tun? Konsultieren Sie die Vergangenheit. Richten Sie den Blick nicht nach innen – auf Ihr eigenes Projekt –, sondern knallhart nach außen, auf vergleichbare Vorhaben. Wenn ähnliche Projekte drei Jahre dauerten und fünf Millionen verschlangen, wird dies wahrscheinlich auch auf Ihr Projekt zutreffen – wie genau Sie auch immer planen. Zweitens: Führen Sie eine sogenannte Premortem-Sitzung durch, knapp bevor über das Projekt entschieden wird. Der amerikanische Psychologe Gary Klein empfiehlt diese kurze Rede vor versammeltem Team: »Stellen Sie sich vor, wir sitzen heute in einem Jahr wieder hier. Wir haben den Plan, wie er jetzt auf dem Papier steht, umgesetzt. Das Ergebnis ist ein Desaster. Nehmen Sie sich fünf bis zehn Minuten Zeit, um eine kurze Geschichte dieses Desasters zu schreiben.« Die fiktiven Storys werden Ihnen zeigen, wie die Dinge (falsch) laufen könnten.

Beispiele für den *Planungsirrtum,* die nicht im Haupttext erwähnt sind:
- [ ] Um die tägliche To-do-Liste doch abzuarbeiten, lohnt es sich, nicht einfach Tasks zu priorisieren, sondern sie in einen Zeitplan einzutragen. Das zwingt Sie dazu, die Zeiten realistisch zu schätzen. Idealerweise fügen Sie auch gleich noch zwei Stunden »unerwartete Störungen« hinzu. Sie werden erstaunt feststellen, wie wenig in einen Arbeitstag passt.
- [ ] Premortems funktionieren auch im Privatleben. Etwa, wenn es um die Urlaubsplanung geht. Vor dem Urlaub frage ich mich jeweils: »Wir sind am letzten Tag unseres Urlaubs angekommen. Die ganze Reise war ein voller Reinfall. Wie sieht die Geschichte dieses Reinfalls aus?«
- [ ] Listen Sie Ihre drei größten Planungsdesaster auf. Wie kam es dazu? Gibt es Ursachen, Elemente, Einflüsse, die Sie in zukünftigen Planungen ausschließen (oder einberechnen) könnten?

Kommen Ihnen weitere Beispiele für diesen Denkfehler in den Sinn?

_____

_____

_____

Welche Beispiele für diesen Denkfehler sind Ihnen schon einmal unterlaufen? Kreuzen Sie sie an.

Wie häufig fallen Sie auf diesen Denkfehler herein? (von 1 = nie bis 10 = fast täglich)

Wie stark waren/wären die Konsequenzen? (von 1 = kaum Konsequenzen bis 10 = fatal)

Berechnen Sie den Denkfehlerindex (Häufigkeit x Konsequenzen x Konsequenzen) und tragen Sie die Zahl auf S. 391 ein.

Auf welche Weise könnten Sie diesen Denkfehler nutzen, um Menschen zu beeinflussen?

_____
_____
_____

DÉFORMATION PROFESSIONELLE

Wir tendieren dazu, alles durch eine Linse zu sehen. Einen Flugzeugabsturz beispielsweise sehen wir je nach Blickwinkel als menschliche Tragödie, als mechanisches Versagen des Flugzeugs, als Fehler der Flugaufsichtsbehörde, als psychisches Problem des Piloten, als Softwareproblem, als gigantische News-Story, als Symptom einer ultramobilen Gesellschaft, als Fingerzeig Gottes wegen der Klimakatastrophe. Welches ist die »richtige« Perspektive? Keine. »Wenn dein einziges Werkzeug ein Hammer ist, wirst du jedes Problem als Nagel betrachten«, sagte Mark Twain – ein Zitat, das die *Déformation professionelle* perfekt zusammenfasst. Charlie Munger nennt den Effekt frei nach Twain *Man-With-a-Hammer Tendency (Mann-mit-dem-Hammer-Effekt):* »Menschen wurden zu Ökonomen, Ingenieuren, Marketing-, Investmentmanagern oder sonst was ausgebildet. Sie lernen die wenigen gedanklichen Modelle ihres Fachs, und nun rennen sie herum und versuchen, alle Probleme, die sie antreffen, mit diesen wenigen Modellen zu lösen.« Jedermann ist Gefangener seiner wenigen Gedankenmodelle. Versuchen Sie deshalb, zwei oder drei zusätzliche Werkzeuge in Ihren Kasten zu legen – Gedankenmodelle, die weitab Ihres Fachbereichs liegen. Bei komplexen Problemen laden Sie Fachleute aus verschiedenen Disziplinen ein. Arbeiten Sie interdisziplinär, ja antidisziplinär. Die Wirklichkeit folgt nicht der Aufteilung in universitäre Lehrfächer. Sie können suchen, solange Sie wollen: Sie werden in der Natur keine Trennwand zwischen Physik, Chemie, Biologie und Psychologie finden.

Beispiele für die *Déformation professionelle*, die nicht im Haupttext erwähnt sind:

- [ ] Als ich Knieschmerzen hatte, ging ich zu verschiedenen Fachleuten. Der Apotheker verschrieb mir Schmerztabletten. Mein Hausarzt sagte: »Schmieren Sie Ihr Knie mit Voltaren ein.« Ein Freund, Theologe, sagte: »Versuch's mal mit Beten.« Nach einem MRT meinte der Orthopäde: »Ein klarer Fall für eine Meniskusoperation.« Meine Physiotherapeutin befand hingegen: »Das müssen Sie doch nicht operieren lassen. Mit Physio kriegen wir das wieder hin.« Jeder blickte mit anderen gedanklichen Modellen auf das Problem. Ich hab's dann mit Physio einigermaßen hingekriegt.

- [ ] Gibt es Probleme in Ihrem Privat- oder Geschäftsleben, bei denen Sie mit Ihrer eigenen Perspektive nicht weiterkommen?

- [ ] Wenn Sie mit einem Kind zu einem Schulpsychologen gehen, wird er bestimmt irgendetwas finden, das man therapieren könnte. Dito, wenn Sie mit einem Unternehmensproblem zu einem Unternehmensberater gehen. Hier paart sich die *Déformation professionelle* mit der *Incentive-Superresponse-Tendenz* (siehe *Die Kunst des klaren Denkens*). Der Schulpsychologe bzw. Unternehmensberater äugt nach Aufträgen. Dazu ein schönes Sprichwort, das Sie sich merken sollten: »Never ask a barber if you need a hair cut.«

- [ ] In kompetitiven Umgebungen – zum Beispiel im Business oder im Hochleistungssport – werden die erfolgreichsten Geschichten ab und zu von Außenseitern, Eigenbrötlern und Quereinsteigern geschrieben. Ein Paradebeispiel ist der Skifahrer Bode Miller. Miller wurde von Hippies im Wald von New Hampshire aufgezogen, und als er sich beim örtlichen Skiclub meldete, beschied man ihm, mit dieser Technik könne man doch nicht fahren. Konnte man natürlich schon: Miller wurde zum erfolgreichsten amerikanischen Skifahrer aller Zeiten – obwohl oder gerade weil er nicht an frühzeitiger *Déformation professionelle* litt.

Kommen Ihnen weitere Beispiele für diesen Denkfehler in den Sinn?

___

___

___

Welche Beispiele für diesen Denkfehler sind Ihnen schon einmal unterlaufen? Kreuzen Sie sie an.

Wie häufig fallen Sie auf diesen Denkfehler herein? (von 1 = nie bis 10 = fast täglich)

Wie stark waren/wären die Konsequenzen? (von 1 = kaum Konsequenzen bis 10 = fatal)

Berechnen Sie den Denkfehlerindex (Häufigkeit x Konsequenzen x Konsequenzen) und tragen Sie die Zahl auf S. 391 ein.

Auf welche Weise könnten Sie diesen Denkfehler nutzen, um Menschen zu beeinflussen?

___

___

___

ZEIGARNIK-EFFEKT

Wäre es nicht schön, »aufgeräumte« Gedanken zu haben – einen Kopf so klar wie Wasser? Das Problem sind die »offenen Aufgaben«, die großen Punkte auf unserer To-do-Liste, die wie hyperaktive Affen in unserem Kopf herumturnen und mal an diesem, mal an jenem Hirnstrang zerren. »Offene Aufgaben« rauben uns den Schlaf. Sie binden Energie, weil wir ständig an sie denken müssen. Das ist der *Zeigarnik-Effekt,* benannt nach der russischen Psychologin Bljuma Zeigarnik. Was können Sie dagegen tun? »Offene Aufgaben« nagen nur so lange an uns, bis wir eine klare Vorstellung haben, wie wir mit ihnen umgehen wollen. Konkret bedeutet das: Machen Sie detaillierte Pläne, wie Sie Ihre angestauten To-dos und ungelösten Probleme angehen wollen. Schritt für Schritt. Am besten schriftlich. Erst wenn alles aufgeschrieben und in detaillierte Aufgaben gefasst ist, geben die inneren Stimmen Ruhe. Das Adjektiv »detailliert« ist wichtig. »Geburtstagsparty meiner Frau organisieren« oder »Neuen Job suchen« sind unbrauchbar. Brechen Sie solche Aufgaben in mindestens zehn Einzelschritte herunter. Wenn Sie das nächste Mal nicht einschlafen können, wissen Sie, warum. Legen Sie einen Notizblock auf Ihren Nachttisch. Der simple Akt des Niederschreibens lässt die Kakofonie Ihrer inneren Stimmen verstummen.

Beispiele für den *Zeigarnik-Effekt*, die nicht im Haupttext erwähnt sind:

☐ Der *Zeigarnik-Effekt* ist mit dem Sorgenmanagement verwandt. Wir alle machen uns Sorgen über die verschiedensten Dinge. Doch sobald Sie Ihre Sorgen aufschreiben, werden Ihre inneren Stimmen ruhiger. Tun Sie dies regelmäßig, werden Sie feststellen: Es sind immer dieselben Sorgen, die Sie plagen. Die Liste der Sorgen ist viel kürzer, als Sie denken. Wenn Sie nun in einem zweiten Schritt aufschreiben, wie Sie konkret mit Ihren Sorgen umgehen, wird sich das Stimmengekreisch in Ihrem Kopf legen. Nebenbei: Nach einer Weile schwellen die Stimmen wieder an. Also beginnen Sie wieder mit dem Aufschreiben. Machen Sie es sich zur Gewohnheit.

☐ Welche sind die drei großen anstehenden Aufgaben, an die Sie ständig denken müssen? Nehmen Sie sich eine Stunde Zeit und zerlegen Sie sie in Teilschritte. Beschreiben und terminieren Sie diese Teilschritte. Sie werden feststellen: Nach dieser Stunde ist der Lärmpegel der inneren Stimmen auf die Hälfte gesunken.

☐ Sind Sie ein Mann? Dann kennen Sie bestimmt die Frage: »Beschäftigt dich irgendetwas?« Wir Männer sind besonders gut darin, persönliche Probleme mit uns herumzuwälzen, ohne sie anzusprechen. Und wir tun es oft nicht einmal, wenn uns zum Beispiel unsere Partnerin danach fragt. Tipp: Wenn Sie diese Frage nächstes Mal hören – natürlich auch als Frau –, geben Sie freimütig Auskunft. Wenn es Ihnen schwerfällt, zwingen Sie sich dazu. Die Ruhe, die Sie dadurch gewinnen, ist es wert.

Kommen Ihnen weitere Beispiele für diesen Denkfehler in den Sinn?

_____
_____
_____

Welche Beispiele für diesen Denkfehler sind Ihnen schon einmal unterlaufen? Kreuzen Sie sie an.

Wie häufig fallen Sie auf diesen Denkfehler herein? (von 1 = nie bis 10 = fast täglich)

Wie stark waren/wären die Konsequenzen? (von 1 = kaum Konsequenzen bis 10 = fatal)

Berechnen Sie den Denkfehlerindex (Häufigkeit x Konsequenzen x Konsequenzen) und tragen Sie die Zahl auf S. 391 ein.

Auf welche Weise könnten Sie diesen Denkfehler nutzen, um Menschen zu beeinflussen?

_____
_____
_____

FÄHIGKEITSILLUSION

Erfolg ist immer eine Mischung aus Fähigkeiten und Glück. Bei einigen Berufen beträgt das Mischverhältnis 90 % Fähigkeiten und 10 % Zufall – etwa bei Piloten, Klempnern, Pianisten, Köchen und Zahnärzten. Bei anderen Berufen ist es genau umgekehrt: 10 % Fähigkeiten und 90 % Glück – etwa bei CEOs. Es gibt Berufe, in denen es fifty-fifty ist – etwa bei Marketingfachleuten. Und dann gibt es Berufe, wo die Zufallskomponente 100 % beträgt, wie der Nobelpreisträger Daniel Kahneman für die Vermögensverwalter nachgewiesen hat.

Fakt ist: Wir überschätzen systematisch die Rolle von Fähigkeiten und unterschätzen systematisch die Rolle des Zufalls, also des Glücks. Das ist die *Fähigkeitsillusion*. Natürlich hören das weder Vermögensverwalter noch CEOs gern. Und tatsächlich geht es nicht ohne Talent, und schon gar nicht ohne harte Arbeit. Nur sind leider weder Fähigkeiten noch harte Arbeit die entscheidenden Kriterien für den Erfolg. Sie sind notwendig, aber nicht entscheidend. Brutal gesagt: Als CEO müssen Sie harte Arbeit leisten, wenn Sie Erfolg haben wollen – aber Sie haben auch mit dieser harten Arbeit nicht die geringste Garantie für Erfolg. Viel wichtiger sind die Konjunktur, die Wichtigkeit Ihrer Branche im globalen Kontext, die Konkurrenzverhältnisse, die bestehenden Eintrittsbarrieren (z. B. die Stärke der Marke). Auch Warren Buffett hält nichts von der CEO-Vergötterung: »Deine Leistung als CEO ist viel stärker abhängig von dem Business-Boot, in dem du sitzt, als von deinen Ruderkünsten.«

Beispiele für die *Fähigkeitsillusion*, die nicht im Haupttext erwähnt sind:

☐ Aktienoptionen fürs Management sind aus zwei Gründen wenig sinnvoll. Zum einen schwankt der Aktienkurs einer Firma immer mit dem Gesamtmarkt. Wenn der Aktienmarkt steigt (etwa weil die Zinsen sinken), geht tendenziell auch der Aktienkurs der einzelnen Firma hoch. Man belohnt das Management aufgrund der Bewegung des Gesamtmarkts (von der auch die Konkurrenten profitieren). Wenig sinnvoll sind Aktienoptionen auch wegen der *Fähigkeitsillusion:* Viele Faktoren des Erfolgs einer Firma liegen außerhalb des Einflussbereichs des Managements. Hier belohnt man den Zufall. Bleibt noch ein kleiner Teil des Wortes der Aktien, der tatsächlich die Fähigkeiten des Managements widerspiegelt. Doch dafür bekommen diese Leute ja auch einen sehr schönen fixen Lohn.

☐ Börsen-Newsletter liefern Vorhersagen über den kurz- und mittelfristigen Aktienmarkt. Eine Untersuchung von 108 Newslettern ergab, dass deren Trefferquoten zu 100 % Glücksache sind. Macht nichts. Die Newsletter-Schreiber verdienen ihr Geld schließlich nicht mit korrekten Vorhersagen, sondern mit den Newsletter-Abos.

☐ Philosophisch gesprochen basiert Ihr gesamter Erfolg im Leben auf Zufall. Ihre Gene (und damit Ihre Intelligenz) haben nicht Sie ausgesucht. Auch nicht die Qualität Ihres Elternhauses. Sie sind nicht verantwortlich für das Geburtsland oder das Jahrhundert, in dem Sie leben. Die Tatsache, dass Sie in Deutschland (und nicht etwa in Nordkorea) zur Welt gekommen sind, trägt maßgeblich zu Ihrem Erfolg und Ihrer Lebensqualität bei. Alles ohne Ihr Zutun. Deshalb: Bleiben Sie bescheiden, wenn Sie erfolgreich sind.

☐ Die *Fähigkeitsillusion* zeigt uns, dass wir uns öfter damit beschäftigen sollten, wie und wofür wir unsere Fähigkeiten einsetzen – statt einfach wie wild draufloszuarbeiten. Nehmen Sie zum Beispiel Aufträge nicht einfach gedankenlos an – selbst wenn sie in Ihrem *Kompetenzkreis* liegen –, sondern eruieren Sie, welche davon Sie wirklich weiterbringen in dem, was Sie langfristig anstreben. Es reicht nicht, fähig zu sein. Sie müssen sich entscheiden, wozu genau Sie fähig sein wollen.

Kommen Ihnen weitere Beispiele für diesen Denkfehler in den Sinn?

___

___

___

Welche Beispiele für diesen Denkfehler sind Ihnen schon einmal unterlaufen? Kreuzen Sie sie an.

Wie häufig fallen Sie auf diesen Denkfehler herein? (von 1 = nie bis 10 = fast täglich)

Wie stark waren/wären die Konsequenzen?
(von 1 = kaum Konsequenzen bis 10 = fatal)

Berechnen Sie den Denkfehlerindex (Häufigkeit x Konsequenzen x Konsequenzen) und tragen Sie die Zahl auf S. 391 ein.

FEATURE-POSITIVE EFFECT

Absenz ist viel schwieriger zu erkennen als Präsenz. Logisch. Und wichtig, denn es bedeutet: Was wir sehen, dem messen wir auch mehr Gewicht bei als dem, was wir nicht sehen. Nehmen Sie die Zahlenreihe 349, 851, 274, 905, 772, 032, 854, 113. Was ist diesen Zahlen gemeinsam? Antwort: Überall fehlt die Zahl 6. Das ist schwierig zu erkennen. Im Wissenschaftsbetrieb stoßen wir ständig auf diesen *Feature-Positive Effect*. Die Bestätigung von Hypothesen führt zu Publikationen, und die werden in herausragenden Fällen mit Nobelpreisen gefeiert. Die Falsifikation einer Hypothese hingegen wird kaum in einer wissenschaftlichen Zeitschrift publiziert, und meines Wissens gab es noch nie einen Nobelpreis dafür. Dabei ist die Falsifikation einer Hypothese ein wissenschaftlich genauso wertvolles Resultat wie eine Bestätigung. Wir haben Schwierigkeiten, uns Nichtgeschehnisse (»nonoccurrences«) vorzustellen. Wir sind blind für das, was nicht ist. Wir realisieren, wenn Krieg herrscht – denken aber nicht an die Absenz von Krieg, wenn Frieden herrscht. Wenn wir gesund sind, ist uns selten bewusst, dass wir auch krank sein könnten. Oder wir steigen aus dem Flieger und sind keinesfalls verblüfft, dass wir nicht abgestürzt sind.

Beispiele für den *Feature-Positive Effect*, die nicht im Haupttext erwähnt sind:
- ☐ Haben Sie Tolstois *Anna Karenina* gelesen? Toll, oder? Der Welt würde etwas fehlen, wenn es diesen Jahrhundertroman nicht gäbe! Falsch. Natürlich fänden wir –

die wir das Buch schon kennen – es schade, wenn es jetzt plötzlich aus allen Buchregalen verschwände. Was aber, wenn das Buch gar nie existiert hätte? Wir würden – ja, könnten – es gar nicht vermissen.

☐ Im Geschäftsleben fokussieren wir uns oft auf die Nachfrage: Wer sind die bestehenden und potenziellen Kunden? Dabei vernachlässigen wir die Frage nach der Absenz der Nachfrage: Warum gibt es Leute, die mein Produkt überhaupt nicht nachfragen? Harvard Business School Professor Clayton Christensen: »Nichtkonsum ist Ihr größter Konkurrent.« Die Nonconsumption ist wegen des *Feature-Positive Effect* schwierig zu erkennen. Frage: Gibt es Nonconsumptions in Ihrem Geschäft, an die Sie bisher nicht gedacht haben? Wie ließen sie sich in Consumption verwandeln?

☐ In der Kurzgeschichte *Silver Blaze* von Arthur Conan Doyle gibt es die Szene, wo Sherlock Holmes, der Detektiv, auf einen wichtigen Hinweis stößt: die Tatsache, dass der Hund *nicht* bellte. Wir sind immer verführt, zu denken, dass Hinweise ein »positives Feature« sein müssten. In diesem Fall ist es ein Signal der Absenz. Und Holmes ist natürlich schlau genug, um es zu erkennen.

Kommen Ihnen weitere Beispiele für diesen Denkfehler in den Sinn?

_____
_____
_____

Welche Beispiele für diesen Denkfehler sind Ihnen schon einmal unterlaufen? Kreuzen Sie sie an.

Wie häufig fallen Sie auf diesen Denkfehler herein? (von 1 = nie bis 10 = fast täglich)

Wie stark waren/wären die Konsequenzen? (von 1 = kaum Konsequenzen bis 10 = fatal)

Berechnen Sie den Denkfehlerindex (Häufigkeit x Konsequenzen x Konsequenzen) und tragen Sie die Zahl auf S. 391 ein.

Auf welche Weise könnten Sie diesen Denkfehler nutzen, um Menschen zu beeinflussen?

_____
_____
_____

ROSINENPICKEN

Rosinenpicken (Cherry Picking) findet nicht nur bei Tisch statt, sondern im übertragenen Sinn immer dann, wenn wir einigen wenigen Dingen viel mehr Wert beimessen als den übrigen. Das Ziel solchen *Rosinenpickens* ist oft Heuchelei, Manipulation, Schönfärberei. Beispiel: Der Tourismusprospekt jeder Stadt zeigt die Sehenswürdigkeiten. Aber jede noch so schöne Stadt – Paris, Venedig, Luzern – hat ihre Schattenseiten (meist gleich in der Nähe der Sehenswürdigkeiten), die natürlich nicht beworben werden. Dito bei den Webseiten von Hotels. Ein besonders heikler Fall von *Rosinenpicken* sind Anekdoten, ein häufig eingesetztes Mittel in der Kommunikation, besonders im Geschäftsleben: »Als X, der legendäre CEO von Y, damals mit Z konfrontiert wurde ...« Anekdoten sind höchst einprägsam, besitzen aber fast keine Aussagekraft, denn es handelt sich um einen einzigen Datenpunkt in einem Meer von möglichen Datenpunkten. Eine Anekdote zu übergehen ist schwierig, denn sie ist eine Minigeschichte – und wir wissen, wie anfällig unser Gehirn auf Geschichten reagiert.

Beispiele für das *Rosinenpicken*, die nicht im Haupttext erwähnt sind:

☐ Bei allen wichtigen Dingen des Lebens muss man aufs *Rosinenpicken* verzichten. Wer z. B. in einer Ehe versucht, sich nur die besten Momente zu gönnen, kann sich die Ehe abschminken. Dito mit der Kindererziehung. Und dito im Teenageralter: Junge Menschen geben sich gern der Illusion hin, sie könnten die leckersten Rosinen aus der Früchteschale picken, die ihnen das Leben hinstellt, und die Zitronen liegen lassen. Das war bei mir auch so. Doch mit der Zeit versteht man: *Rosinenpicken* schädigt ein gesundes Realitätsempfinden, und es kann insbesondere Beziehungen zerstören. Mehr noch: Nur indem man aufs *Rosinenpicken* verzichtet, können tiefe Beziehungen überhaupt entstehen.

☐ Wenn Sie eine Zeit lang einen guten Job gemacht haben, können Sie sich das *Rosinenpicken* möglicherweise erlauben – indem Sie Dinge delegieren, die Ihnen keinen Spaß machen. Das setzt zwei Dinge voraus: erstens, dass Ihre Organisation eine gewisse Größe hat; zweitens, dass Sie die Dinge, die Sie delogieren, auch wirklich verstehen. Darum lohnt es sich, am Anfang der Karriere keine Rosinen zu picken, sondern auch in saure Äpfel zu beißen.

☐ In Ihrem Job: Wie oft kommt es vor, dass anekdotisch argumentiert wird? Wie oft argumentieren Sie mit Anekdoten?

☐ Die Jahresberichte fast aller Unternehmen führen auf den ersten Seiten sogenannte Highlights und Kennzahlen auf. Manchmal handelt es sich um wichtige Angaben (z. B. Umsatzentwicklung), manchmal aber sind es komplett unwichtige Dinge (z. B. die Anzahl der Ländervertretungen, die Anzahl der Studienabgänger in der Belegschaft, die Anzahl der Likes auf Facebook) – schönstes *Rosinenpicken*.

☐ *Rosinenpicken* beim ersten Date: Man stellt seine besten Eigenschaften zur Schau. Niemand präsentiert seine Schattenseiten, seine Komplexe, seine Abgründe. Die kommen erst später zum Vorschein. Max Frisch: »Lynn wird sein Laster nicht kennenlernen. Dazu fehlt die Zeit. Es braucht eine Ehe, eine lange, damit es zum Vorschein kommt ...«

Kommen Ihnen weitere Beispiele für diesen Denkfehler in den Sinn?

___

___

___

Welche Beispiele für diesen Denkfehler sind Ihnen schon einmal unterlaufen? Kreuzen Sie sie an.

Wie häufig fallen Sie auf diesen Denkfehler herein? (von 1 = nie bis 10 = fast täglich)

Wie stark waren/wären die Konsequenzen?
(von 1 = kaum Konsequenzen bis 10 = fatal)

Berechnen Sie den Denkfehlerindex (Häufigkeit x Konsequenzen x Konsequenzen) und tragen Sie die Zahl auf S. 391 ein.

Auf welche Weise könnten Sie diesen Denkfehler nutzen, um Menschen zu beeinflussen?

___

___

___

DIE FALLE DES EINEN GRUNDES

Die meisten Entwicklungen haben viele Ursachen – und diese Ursachen haben ihrerseits wieder Ursachen. So ist die Welt nun mal. Diese Komplexität gefällt uns jedoch nicht. Wir möchten Dinge einfach und eindeutig haben. Nichts liebt unser Gehirn mehr, als zu sagen: »Der Fall ist klar.« Nichts hasst es mehr als Unklarheit. Wenn etwas Schlimmes passiert – in der Politik, in der Natur, in der Wirtschaft, in unserem Privatleben –, sind wir deshalb darauf versessen, die *eine* Ursache, den *einen* Grund zu finden. Beispiel: 2008 herrschte Panik auf den Finanzmärkten. Banken brachen zusammen und mussten mit Steuergeldern aufgepäppelt werden. Anleger, Politiker und Journalisten fragten aufgebracht nach der Ursache der Finanzkrise: Greenspans lockere Geldpolitik? Die Dummheit der Investoren? Die zwielichtigen Ratingagenturen? Gekaufte Wirtschaftsprüfer? Falsche Risikomodelle? Pure Gier? Nichts davon war die Ursache – sondern alles zusammen. Tipp: Nehmen Sie ein großes Blatt Papier (oder ein Whiteboard) und zeichnen Sie alle möglichen Ursachen und Ursachen von Ursachen auf. Verbinden Sie diese Punkte mit Einfluss-Pfeilen. Je dicker der Pfeil, desto stärker der (geschätzte) Einfluss. Vergessen Sie nicht die Rückkopplungen. Nur so kommen Sie der Realität ein Stück näher. Jeder klar denkende Mensch weiß: Es gibt nicht die eine Ursache, sondern Hunderte, Tausende, Millionen. Und wir werden sie nie komplett verstehen.

Beispiele für die *Falle des einen Grundes*, die nicht im Haupttext erwähnt sind:

☐ Sündenböcke sind eine Sonderform der *Personifikation* (siehe Kapitel 39). Weil die wahren, komplexen Ursachen im Dunkeln liegen, schleppen wir stattdessen eine Person oder Personengruppe ans Licht und stellen sie an den Pranger. Beispiel: die missliche Wirtschaftslage Anfang der 30er-Jahre in Deutschland und die mannigfaltigen Gründe, die dazu geführt hatten. Schwierig zu verstehen, also schob die NSDAP kurzerhand den Juden die Schuld in die Schuhe. Endlich hatte man *den einen Grund* – auch wenn es sich um eine Lüge handelte. Fakt ist: Die missliche Wirtschaftslage hatte tausend andere Ursachen, nicht zuletzt den Börsenkrach 1929 und die ausbleibende monetäre Spritze der amerikanischen Zentralbank. In Deutschland kamen die horrenden Reparationszahlungen hinzu. Und, und, und.

☐ Manchmal ist die Ursache gar nicht mehr wichtig. Beispiel: Der Coronavirus-Ausbruch (SARS-CoV-2) im Jahr 2020 in China. Ob das Virus von einem Huhn oder einer Fledermaus auf Menschen übergesprungen ist, spielt keine Rolle (außer, es wäre einem Tierversuchslabor entwichen). Wichtig ist angesichts der weltweiten Ausbreitung des Virus, wie der Mechanismus der Übertragung funktioniert und wie man die Transmission unterbrechen kann. Trotzdem drehte sich ein Großteil der Medienberichterstattung in den ersten Wochen der Epidemie um ihren Ursprung. Schuld zuzuweisen ist halt einfacher, als Lösungen zu erarbeiten.

☐ Unfälle werden in zwei Kategorien eingeteilt: »technisches Versagen« und »menschliches Versagen«. Diese

Unterscheidung ist Nonsens. Man muss die Kausalkette nur weit genug zurückverfolgen, und alles wird sich als »menschliches Versagen« entpuppen. Selbst so etwas Banales wie Materialermüdung: Warum hat man dieses Material und nicht ein anderes gewählt? Warum hat man keine Verstärkungen eingebaut? Alles Entscheidungen von Menschen.

Kommen Ihnen weitere Beispiele für diesen Denkfehler in den Sinn?

___

___

___

Welche Beispiele für diesen Denkfehler sind Ihnen schon einmal unterlaufen? Kreuzen Sie sie an.

Wie häufig fallen Sie auf diesen Denkfehler herein? (von 1 = nie bis 10 = fast täglich)

Wie stark waren/wären die Konsequenzen?
(von 1 = kaum Konsequenzen bis 10 = fatal)

Berechnen Sie den Denkfehlerindex (Häufigkeit x Konsequenzen x Konsequenzen) und tragen Sie die Zahl auf S. 391 ein.

Auf welche Weise könnten Sie diesen Denkfehler nutzen, um Menschen zu beeinflussen?

___

___

___

INTENTION-TO-TREAT-FEHLER

Der *Intention-To-Treat-Fehler* ist sehr schwer zu erkennen. In »wissenschaftlichen« Studien ist er aber omnipräsent. Beispiel: Eine klinische Studie weist nach, dass ein neues Krebsmedikament die Sterberate halbiert. Klingt im ersten Moment hervorragend. Doch Sie müssen sich fragen, wer in dieser Studie eingerechnet ist – alle Probanden oder nur jene, die das Medikament auch tatsächlich eingenommen haben? Um die Wirksamkeit eines Medikaments zu messen, sollte man alle Probanden mitzählen (also all jene mit der *Absicht,* es einzunehmen = *intention)*. Nur so ein Test entspricht der Praxis, wo Medikamente oft verschrieben, aber längst nicht immer korrekt eingenommen werden. Bei seriösen Studien werden daher die Daten aller Patienten, die man ursprünglich zu behandeln beabsichtigte *(intention to treat)*, auch tatsächlich ausgewertet – egal, ob sie den Versuch ganz, halb oder gar nicht mitgemacht haben. Leider gibt es viele Studien, die sich um diese Regel nicht scheren – ob absichtlich oder versehentlich sei dahingestellt. Ihr Medikament sieht dann im Vergleich mit den bereits in der Praxis eingesetzten automatisch besser aus, als es wirklich ist. Diesen aus der Medizin bekannten Fehler finden Sie in vielen Bereichen. Seien Sie deshalb auf der Hut und prüfen Sie jeweils, ob Studienobjekte – Unfallfahrer, bankrotte Firmen, schwer kranke Patienten – aus irgendwelchen Gründen die Stichprobe stillschweigend verlassen haben. Falls dem so ist, sollten Sie die Studie dem Mülleimer anvertrauen.

Beispiele für den *Intention-To-Treat-Fehler,* die nicht im Haupttext erwähnt sind:

- ☐ Ein Land lobt sein Schulsystem, weil die Abschlussrate 90 % beträgt. Auf den ersten Blick ein super Ergebnis. Um jedoch ein Schulsystem zu beurteilen, sollte man alle Kinder miteinrechnen, auch jene, die von Anfang an der Schule fernblieben. Ein Schulsystem, das z. B. nur ein Prozent der Kinder erreicht (selbst wenn die Abschlussrate dieser kleinen Schülergruppe hoch ist), hat versagt.
- ☐ Ab und zu flattern Werbeprospekte von Fitnessgeräten ins Haus. Darin wird z. B. damit geprahlt, dass bisherige Kunden im Schnitt »nachweislich« nach drei Monaten 15 kg abgespeckt hätten. Das mag ja auch stimmen – aber nur für jene, die sich der täglichen Tortur dieser Maschinen unterworfen haben. Die meisten Käufer probieren's ein paarmal aus, und dann bleibt das Gerät in der Ecke stehen und sammelt Staub. Anders ausgedrückt: Sie können fast jedes beliebige Fitnessgerät wählen – wenn Sie stundenlang damit trainieren, werden Sie Gewicht verlieren, anders geht es gar nicht. Wenn man *alle* Käufer einrechnet, ist der Nutzen dieser Fitnessgeräte verschwindend klein. Das Gleiche gilt übrigens für Fitness-Apps.
- ☐ ... und generell für jedes Produkt (z. B. eine Software), das kompliziert zu bedienen ist: Viele Nutzer steigen schnell wieder aus. Um die Qualität des Produkts zu beurteilen, darf man nicht nur die Power-User berücksichtigen, sondern auch jene, die die Absicht hatten, es zu verwenden, aber leider daran gescheitert sind.
- ☐ Dieses Buch, das Sie, liebe Leserin, lieber Leser, in den

Händen halten, ist vom *Intention-To-Treat-Fehler* betroffen. Wenn Sie sich die Mühe machen, die Beispiele durchzuarbeiten, werden Sie einen Nutzen daraus ziehen. Doch vielen Lesern wird das zu anstrengend oder zeitaufwendig sein. Betrachtet man also alle Menschen, die dieses Buch gekauft haben, wird sein Nutzen nur knapp über der Nulllinie liegen. Ich hoffe, Sie gehören zur kleinen Gruppe der Nutznießer!

Kommen Ihnen weitere Beispiele für diesen Denkfehler in den Sinn?

_____

_____

_____

Welche Beispiele für diesen Denkfehler sind Ihnen schon einmal unterlaufen? Kreuzen Sie sie an.

Wie häufig fallen Sie auf diesen Denkfehler herein? (von 1 = nie bis 10 = fast täglich)

Wie stark waren/wären die Konsequenzen?
(von 1 = kaum Konsequenzen bis 10 = fatal)

Berechnen Sie den Denkfehlerindex (Häufigkeit x Konsequenzen x Konsequenzen) und tragen Sie die Zahl auf S. 391 ein.

Auf welche Weise könnten Sie diesen Denkfehler nutzen, um Menschen zu beeinflussen?

_____

_____

_____

NEWS-ILLUSION

News sind für den Geist, was Zucker für den Körper ist – verlockend, aber langfristig schädlich. Manchmal nennen die Medien ihre Kurznachrichten aus aller Welt großspurig »Breaking News« oder »Top World Headlines«. Klingt ganz nach etwas, das wir auf keinen Fall verpassen sollten. Das Gegenteil ist richtig: Indem wir News konsumieren, trainieren wir unser Gehirn, möglichst schnell möglichst viele kurze Geschichten zu überfliegen. Damit verlieren wir die Fähigkeit, zehn Seiten am Stück zu lesen, ohne zu ermüden. Doch um etwas wirklich zu verstehen, braucht es die langen Formate – lange Zeitungs- und Zeitschriftenartikel, Essays, Features, Reportagen, Dokumentarsendungen und Bücher. Nur lange Formate können die Zusammenhänge, die Hintergründe und die versteckten »Generatoren der Welt« ausleuchten. Darum: Verbannen Sie die News aus Ihrem Leben. Klinken Sie sich aus. Radikal. Erschweren Sie sich den Zugang zu all den Nachrichtenportalen, so gut es geht. Melden Sie sich von allen Nachrichten-Newslettern ab. Löschen Sie – am besten jetzt gleich – die News-Apps auf Ihrem Smartphone und Ihrem Tablet. Löschen Sie alle News-Seiten aus der Favoriten- und Lesezeichenliste Ihres Browsers. Wählen Sie als Startseite Ihres Browsers kein News-Portal. Nur mit diesen Maßnahmen haben Sie eine Chance, nicht schon bei der nächsten süßen Versuchung schwach zu werden.

Beispiele für die *News-Illusion*, die nicht im Haupttext erwähnt sind:

☐ Kein Newshäppchen ist so wichtig, dass Sie nicht ohne es leben könnten. Ein einziges gutes Buch ist für Ihr Leben und Wohlbefinden tausendmal wertvoller als unzählige Nachrichtenmeldungen. Überlegen Sie, welche drei Nachrichtenmeldungen der letzten drei Jahre Ihnen zu einem besseren, tieferen Verständnis der Welt verholfen haben. (Klammerbemerkung: Sie dürfen nach fünf Minuten aufgeben, wenn Ihnen keine in den Sinn kommt.) News vermitteln Ihnen nur die »Illusion von Wissen« – die Illusion, die Welt sei einfacher und erklärbarer, als sie es tatsächlich ist.

☐ Jede aufwühlende News-Story fördert die Ausschüttung des Stresshormons Cortisol. Cortisol fließt in die Blutbahn, schwächt das Immunsystem und hemmt die Produktion von Wachstumshormonen. Wenn Sie News konsumieren, setzen Sie Ihren Körper unter Stress. Chronischer Stress wiederum führt zu Verdauungs- und Wachstumsstörungen, zu Nervosität und Anfälligkeit für Infektionen und Entzündungskrankheiten. Andere potenzielle Nebenwirkungen des News-Konsums sind Angstzustände, Aggressivität und Tunnelblick.

☐ Denken erfordert Konzentration. News sind so konstruiert, dass sie maximal ablenken und zum Konsum weiterer Häppchen animieren; so funktioniert nun mal das Geschäftsmodell. Der Besuch jeder News-Webseite ist deshalb ein Kampf zwischen Verlockung und Willenskraft – wobei Ihre Willenskraft in den meisten Fällen den Kürzeren ziehen wird. Deshalb sollten Sie sich auf diesen Kampf gar nicht erst einlassen.

☐ Durch den News-Konsum hat sich das Universum Ihrer möglichen Konkurrenten auf die ganze Welt ausgeweitet. Wir vergleichen uns mit Menschen, die nichts, aber auch gar nichts mit uns zu tun haben. Als Folge kommen wir uns kleiner vor, als wir sind. Und lassen und davon stressen.

Kommen Ihnen weitere Beispiele für diesen Denkfehler in den Sinn?

_____
_____

Wolche Beispiele für diesen Denkfehler sind Ihnen schon einmal unterlaufen? Kreuzen Sie sie an.

Wie häufig fallen Sie auf diesen Denkfehler herein? (von 1 = nie bis 10 = fast täglich)

Wie stark waren/wären die Konsequenzen?
(von 1 = kaum Konsequenzen bis 10 = fatal)

Berechnen Sie den Denkfehlerindex (Häufigkeit x Konsequenzen x Konsequenzen) und tragen Sie die Zahl auf S. 391 ein.

Auf welche Weise könnten Sie diesen Denkfehler nutzen, um Menschen zu beeinflussen?

_____
_____
_____

AUSWERTUNG

DENKFEHLER	IHR DENKFEHLERINDEX
Begründungsrechtfertigung	
Entscheidungsermüdung	
Berührungsdenkfehler	
Das Problem mit dem Durchschnitt	
Motivationsverdrängung	
Plappertendenz	
Will-Rogers-Phänomen	
Information Bias	
Clustering Illusion	
Aufwandsbegründung	
Das Gesetz der kleinen Zahl	
Erwartungen	
Einfache Logik	
Forer-Effekt	
Volunteer's Folly	
Affektheuristik	

- Introspection Illusion _____
- Die Unfähigkeit, Türen zu schließen _____
- Neomanie _____
- Schläfereffekt _____
- Alternativenblindheit _____
- Social Comparison Bias _____
- Primär- und Rezenzeffekt _____
- Aderlasseffekt _____
- Not-Invented-Here-Syndrom _____
- Der Schwarze Schwan _____
- Domain Dependence _____
- Falscher-Konsens-Effekt _____
- Geschichtsfälschung _____
- In-Group/Out-Group Bias _____
- Ambiguitätsintoleranz _____
- Default-Effekt _____
- Die Angst vor Reue _____
- Salienz-Effekt _____

AUSWERTUNG

Die andere Seite des Wissens _____

House Money Effect _____

Prokrastination _____

Neid _____

Personifikation _____

Was-mich-nicht-umbringt-Trugschluss _____

Aufmerksamkeitsillusion _____

Strategische Falschangaben _____

Zu viel denken _____

Planungsirrtum _____

Déformation professionelle _____

Zeigarnik-Effekt _____

Fähigkeitsillusion _____

Feature-Positive Effect _____

Rosinenpicken _____

Die Falle des einen Grundes _____

Intention-To-Treat-Fehler _____

News Illusion _____

IHRE
TOP-FIVE-DENKFEHLER

Listen Sie die fünf Denkfehler mit dem höchsten Denkfehlerindex auf.

1 _____

2 _____

3 _____

4 _____

5 _____

Zählen Sie die Denkfehlerindizes der Top-Five-Denkfehler zusammen, und schreiben Sie die Zahl in dieses Feld.

Ihre Top-Five-Zahl: _____

Drucken Sie die Top-Five-Denkfehler in großer Schrift aus, und hängen Sie das Blatt in Blickrichtung nahe bei Ihrem Schreibtisch auf.

Lesen Sie die entsprechenden fünf Kapitel erneut, beschäftigen Sie sich während der nächsten Wochen regelmäßig mit diesen fünf Themen und den dazugehörigen Beispielen. Mit der Zeit entschärfen Sie Ihre fünf »Killer«. Vor jeder großen Entscheidung (im Geschäfts- oder Privatleben) werfen Sie einen Blick auf Ihre Top-Five-Denkfehler. Lassen Sie ein paar Beispiele Revue passieren, um Ihre Aufmerksamkeit zu schärfen.

Nach sechs Monaten wiederholen Sie den Workbook-Teil und damit Ihre Selbstbewertung. Falls Sie keine Zeit oder Lust haben, den ganzen Workbook-Teil ein zweites Mal durchzuarbeiten, nehmen Sie die zehn oder 15 Kapitel mit dem höchsten Denkfehlerindex. Wo sind Sie besser geworden? Welche Denkfehler sind aus den Top-Five verschwunden? Welche sind zu den Top-Five hinzugekommen? Wie hat sich Ihre Top-Five-Zahl verändert? Diese müsste gesunken sein.

Hinweisen möchte ich Sie noch auf mein Buch *Die Kunst des klaren Denkens,* in dem ich ebenfalls 52 systematische Denkfehler abgehandelt habe. Gut möglich, dass Sie für einige von ihnen eine besondere Anfälligkeit zeigen. Insofern kann ich Sie nur ermuntern, sich auch mit diesem Buch zu befassen, den darin befindlichen Workbook-Teil durchzuarbeiten und die Denkfehlerindizes zu berechnen. Dann werden Sie wissen, welche Denkfallen in der Summe für Sie am gefährlichsten sind.

Zum Schluss: Erwarten Sie nicht, dass Sie alle oder auch nur einige Denkfehler komplett ausmerzen können. Das geht nicht. Diese Fehler sind »fest verdrahtet« und werden Sie durch Ihr ganzes Leben begleiten. Was Sie hingegen erwarten dürfen: dass Sie die Qualität Ihrer Entscheidungen um einige Prozentpunkte verbessern. Damit haben Sie schon viel erreicht.

LITERATUR

Die wichtigsten Zitate, Studien, Leseempfehlungen und Referenzen zu diesem Buch finden Sie unter www.dobelli.com/anhang.

Tückische Denkfehler vermeiden!

Rolf Dobelli
Die Kunst des klaren Denkens
52 Denkfehler, die Sie besser anderen überlassen

Piper, 400 Seiten
€ 22,00 [D], € 22,70 [A]*
ISBN 978-3-492-05900-8

Unser Gehirn ist für das Leben als Jäger und Sammler optimiert. Heute leben wir in einer radikal anderen Welt. Das führt zu systematischen Denkfehlern – die verheerend sein können für unsere Finanzen, unsere Karriere, unser Glück. Rolf Dobelli nimmt die tückischsten »Denkfallen« unter die Lupe, in die wir immer wieder tappen, und zeigt, wie wir sie vermeiden. Für die Neuausgabe des Bestsellers wurde das Buch komplett überarbeitet und um einen umfangreichen Workbook-Teil erweitert.

PIPER

Leseproben, E-Books und mehr unter www.piper.de

Einfach abschalten

Rolf Dobelli
Die Kunst des digitalen Lebens
Wie Sie auf News verzichten und die Informationsflut meistern

Piper, 256 Seiten
€ 20,00 [D], € 20,60 [A]*
ISBN 978-3-492-05843-8

Wir sind immer bestens informiert und wissen doch so wenig. Warum? Weil wir ständig News konsumieren – kleine Häppchen trivialer Geschichten, schreiende Bilder, aufsehenerregende »Fakten«.

Doch News tun uns nicht gut: Sie vernebeln unseren Geist, verstellen uns den Blick für das wirklich Wichtige, machen uns depressiv und lähmen unsere Willenskraft. Der Bestsellerautor Rolf Dobelli lebt seit vielen Jahren komplett ohne News – und schildert in seinem bisher persönlichsten Buch die beglückende Wirkung dieser Freiheit.

PIPER

Leseproben, E-Books und mehr unter www.piper.de